名师名校名校长

凝聚名师共识
团结名师关怀
打造名师品牌
培育名师群体

程明道题

基于核心素养的
高中物理教学研究

徐 勇 / 主编

西安出版社

图书在版编目（CIP）数据

基于核心素养的高中物理教学研究 / 徐勇主编.
西安：西安出版社, 2024. 8. -- ISBN 978-7-5541
-7663-4

Ⅰ. G633.72

中国国家版本馆CIP数据核字第20248GC342号

基于核心素养的高中物理教学研究
JIYU HEXIN SUYANG DE GAOZHONG WULI JIAOXUE YANJIU

出版发行：西安出版社
社　　址：西安市曲江新区雁南五路 1868 号影视演艺大厦 11 层
电　　话：（029）85264440
邮政编码：710061
印　　刷：北京政采印刷服务有限公司
开　　本：787mm × 1092mm　1 / 16
印　　张：16.25
字　　数：283千字
版　　次：2025 年 3 月第 1 版
印　　次：2025 年 3 月第 1 次印刷
书　　号：ISBN　978-7-5541-7663-4
定　　价：58.00 元

编 委 会

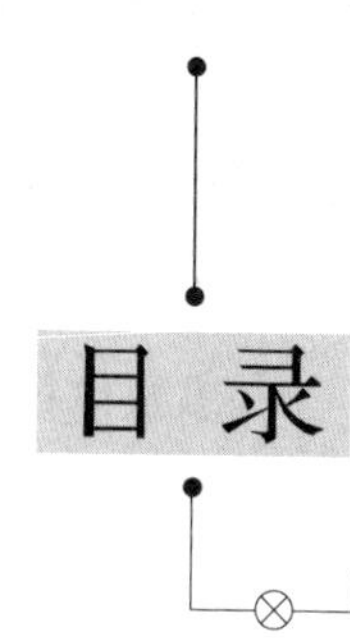

目录

第一章 教学论坛

第二章 命题研究

第三章　教育技术

第四章　物理实验

第五章　科学备考

第六章　物理学史

第一章

教学论坛

基于高中物理核心素养的 LICC 课堂观察应用研究

——以一节探究课"力的分解"为例

四川省绵阳南山中学双语学校　彭俊杰

1　问题的提出

教育部颁布的《普通高中物理课程标准（2017 年版）》指出，物理核心素养是物理学科育人价值的集中体现，是学生在接受物理教育过程中逐步形成的适应个人终身发展和社会发展需要的关键能力和必备品格，是学生科学素养的重要组成。提升学生物理学科核心素养的主阵地是物理课堂。因此，要提高高中生的物理学科核心素养，就必须保证物理学科核心素养在高中物理课堂中的落实。于是如何测评物理学科核心素养是否在物理课堂中得到体现和落实就成为关键。但传统教学评价在评价目的、评价内容、评价方法等方面有一定局限性。比如，在评价目的方面侧重考核教师，而忽视评价对促进教师成长的功能；侧重教师对学生的评价，而学生自己评价的权利少，处于被动地位。在评价内容方面侧重知识内容，着重于课堂活动中的书本知识，以讲授为主，且过分强调经典知识，脱离社会现实。在评价方法上多集中于结果评价，忽略行为过程评价。基于此，本研究试图基于物理核心素养的内容，以 LICC（即"学生学习（Learning）、教师教学（Instruction）、课程性质（Curriculum）、课堂文化（Culture）"的缩写）课堂观察范式为工具，探索在实际课堂教学中如何应用 LICC 课堂观察范式对物理课堂进行观察评价，从而有效改善课堂教学，提升学生物理核心素养。

2 基于物理核心素养的 LICC 课堂观察范式的应用

2.1 高中物理核心素养的内容及解读

物理核心素养主要由“物理观念”“科学思维”“科学探究”“科学态度与责任”四个方面构成。“物理观念”“科学思维”“科学态度与责任”在同一层面，对应核心素养的不同方面，而“科学探究”则与上述三个方面略有不同，它既是学生要学习和掌握的一种探究能力，包括提出问题、解决问题、实验能力、论证能力、交流合作等，同时也是学习科学知识、发展科学思维、形成科学态度的手段和途径，“物理观念”“科学思维”“科学态度与责任”三方面通过科学探究来逐步达成相应的目标。因此，本文主要以物理课堂教学中对“科学探究”素养的培养为例。

2.2 LICC 课堂观察范式

2002 年，陈瑶在《课堂观察指导》中将课堂观察方法界定为“研究者或观察者带着明确的目的，凭借自身感官（如眼、耳等）及相关辅助工具（如观察表、录音录像设备等），直接或间接从课堂情境中收集资料，并依据资料做相应研究的一种教育科学研究方法”。从定义可以看出该概念更多地指向教育研究，视课堂观察为教育研究的方法和工具。2008 年，崔允漷等学者将课堂观察表述为通过观察课堂的运行状况进行记录分析和研究，并在此基础上谋求学生课堂学习的改善、促进教师发展的专业活动。从定义可以看出该概念侧重教育实践取向，将课堂观察作为一种教育研究活动。2010 年，崔允漷等学者提出的 LICC 课堂观察范式包含四个维度：学生学习（Learning）、教师教学（Instruction）、课程性质（Curriculum）、课堂文化（Culture）。该范式通过对当今课堂教学的研究、反思，认为对一节课的评价应该从教师、学生、内容、氛围四个维度展开，同时每个维度下存在着不同的观察视角，从观察视角出发又可以细分出不同的观察点（即 4 个维度 20 个视角 68 个观察点，见表 1）。

表 1

要素	视角	观察点举例
学生学习（L）	（1）准备；（2）倾听；（3）互动；（4）自主；（5）达成	以“达成”视角为例，有 3 个观察点： ·学生清楚这节课的学习目标吗？ ·预设的目标达成有什么证据（观点/作业/表情/板演/演示）？有多少人达成？ ·这堂课生成了什么目标？效果如何？
教师教学（I）	（1）环节；（2）呈示；（3）对话；（4）指导；（5）机智	以“环节”视角为例，有 3 个观察点： ·由哪些环节构成？是否围绕教学目标展开？ ·这些环节是否面向全体学生？ ·不同环节/行为/内容的时间是怎么分配的？
课程性质（C）	（1）目标；（2）内容；（3）实施；（4）评价；（5）资源	以“内容”视角为例，有 4 个观察点： ·教材是如何处理的（增/删/合/立/换）？是否合理？ ·课堂中生成了哪些内容？怎样处理？ ·是否凸显了本学科的特点、思想、核心技能以及逻辑关系？ ·容量是否适合该班学生？如何满足不同学生的需求？
课堂文化（C）	（1）思考；（2）民主；（3）创新；（4）关爱；（5）特质	以“民主”视角为例，有 3 个观察点： ·课堂话语（数量/时间/对象/措辞/插话）是怎样的？ ·学生参与课堂教学活动的人数、时间怎样？课堂气氛怎样？ ·师生行为（情境设置/叫答机会/座位安排）如何？学生间的关系如何？

2.3 物理核心素养与 LICC 课堂观察范式的关系

物理课程的教育价值在于培养学生上述四个方面的核心素养，让学生具备科学的思维和意识，掌握科学研究的方法，适应社会发展所需的物理学知识，了解科学的起源和树立科学的世界观、严谨的科学态度和实事求是的科学精神。从学习评价的角度来看，物理核心素养主要体现在情境与问题、知识与技能、思维与探究、交流与反思的综合运用能力。因此，物理核心素养的培养与提高关键在课堂。课堂观察为我们反思当前的物理教学和改进物理教学提供了研究载体。

高中物理探究课堂有其独特的特点，它的教学过程是教师为主导、学生为主体的双向互动，教学模式以探究发现为主，在学生学习、教师教学等方面均不同于以往的传统课堂，因此，对高中物理探究课堂的观测也不能仅依托以往的、一般的课堂观察标准。LICC 课堂观察范式是当前比较成熟的课堂观察范式。表 2 是高中物理探究课堂的特点与 LICC 课堂观察范式比对情况。

表 2

高中物理探究课堂的特点	LICC 范式观察要点
学生围绕特定问题展开探究活动，并依据事实形成解释	学生学习（互动/达成）
教师按照科学研究过程进行教学设计，并从中对学生进行指导，起到支架作用	教师教学（环节/指导）
在知识建构过程中，师生、生生间互动较多，给予学生充分的展示机会	教师教学（对话）
给学生提供充分的课程资源，允许学生通过使用恰当的资源进行探究并形成结论	课程性质（目标/资源）
教师积极鼓励学生发表自己的看法，师生关系民主和谐	课堂文化（民主/关爱）

对比发现，无论是从观察维度还是从观察视角来看，LICC 课堂观察范式均能对高中物理探究课堂进行有针对性、有目的性的观察。因此，综合 LICC 课堂观察范式中的 4 维度 20 视角，同时依据规范的课堂观察程序，可在高中物理探究课堂中选取适当的观察点，再细化出观察量表，观测者便可对一节课进行有针对性的观察记录，以此来测评科学探究素养在课堂中的落实情况。

3　课堂观察范式的应用实例

3.1　研究对象的选取

为了更直观地观察和对比新老教师在物理探究课堂的实际教学效果的差异，本研究选取了两位被观察者：一名教龄有 35 年的物理高级教师和一名刚参加工作的应届毕业青年教师。两者授课内容均为教科版高一物理教材中的第二章第六节——力的分解，授课班级学生成绩层次相当，授课时长均为 45 分钟。观察者为本文作者和本学科物理组组长。

3.2　观察量表的设计

针对物理探究课堂的内容特点并结合 LICC 课堂观察范式，以表 1、表 2 中各主要维度为框架，参考被观察者、同学科多位物理教师和两名高校教授的意见，最终设计出针对物理探究课堂的 LICC 课堂观察范式量表，用以记录此次课堂观察，主要观察内容见表3、表4。该量表在测评维度指标选取方面，按照 LICC 课堂观察范式将一级指标确定为“学生学习”“教师教学”“课程性质”“课堂文化”4 个维度。然后依据四个维度，结合表2 确定了9 个二级指标，再根据9 个二级指标细化出25 个具体的课堂测评三级指标。同时，为了更简洁直观地进行综合比较，还针对各指标赋予了分值，按照完成情况依次为4 分、3 分、2 分、1 分。

3.3 结果分析

分别对两位教师本节课进行课堂观察，并根据量表内容，按照完成情况进行赋分，其中4 分表示“很好”，3 分表示“较好”，2 分表示“基本完成”，1 分表示“一般或未完成”。老教师最后测评结果见表3。

表3

<table>
<tr><th rowspan="2">一级指标</th><th rowspan="2">二级指标</th><th rowspan="2">三级指标</th><th colspan="4">得分</th></tr>
<tr><th>4</th><th>3</th><th>2</th><th>1</th></tr>
<tr><td rowspan="8">学生学习</td><td rowspan="2">互动</td><td>1. 教师与学生间有多次互动</td><td>√</td><td></td><td></td><td></td></tr>
<tr><td>2. 学生间有适当的讨论交流</td><td>√</td><td></td><td></td><td></td></tr>
<tr><td rowspan="6">达成</td><td>3. 学生知道“力的分解”“分力”等基本概念</td><td>√</td><td></td><td></td><td></td></tr>
<tr><td>4. 学生知道力的分解遵循平行四边形定则</td><td>√</td><td></td><td></td><td></td></tr>
<tr><td>5. 多数学生掌握两种常用的力的分解的方法</td><td>√</td><td></td><td></td><td></td></tr>
<tr><td>6. 多数学生了解科学探究的一般流程</td><td></td><td>√</td><td></td><td></td></tr>
<tr><td>7. 探究过程正确使用教具，可对收集到的数据进行分析处理与评判，并最终形成结论</td><td></td><td>√</td><td></td><td></td></tr>
<tr><td>8. 通过探究，增强了学生物理学习的兴趣与信心，同时培养了学生实事求是的科学态度</td><td>√</td><td></td><td></td><td></td></tr>
<tr><td rowspan="6">教师教学</td><td rowspan="3">环节</td><td>9. 教师按照科学探究的流程进行探究活动的教学设计</td><td>√</td><td></td><td></td><td></td></tr>
<tr><td>10. 教师课上按照探究活动流程进行探究式教学</td><td>√</td><td></td><td></td><td></td></tr>
<tr><td>11. 教学环节完整，时间分配合理，符合科学探究的特点</td><td></td><td>√</td><td></td><td></td></tr>
<tr><td rowspan="3">指导</td><td>12. 教师课上引导学生探究力的分解遵循平行四边形定则</td><td>√</td><td></td><td></td><td></td></tr>
<tr><td>13. 指导具有启发性，反馈调控及时、准确</td><td>√</td><td></td><td></td><td></td></tr>
<tr><td>14. 讲解突出重点，强调准确有效，结论得出具有充分性</td><td>√</td><td></td><td></td><td></td></tr>
</table>

续 表

一级指标	二级指标	三级指标	得分			
			4	3	2	1
教师教学	对话	15. 提问目的明确，问题具有一定难度且符合学生认知水平	√			
		16. 讲授语言清晰流畅，具有科学性、艺术性与创新性	√			
		17. 提问面向全体学生，恰当探查与提示，注重思考启发，及时根据反馈予以评价	√			
课程性质	目标	18. 教学目标清晰明确	√			
		19. 学生学习目标清晰明确	√			
	资源	20. 演示实验目的明确，现象明显，启发性好，观察方向清楚		√		
		21. 能依据本节探究需要提供相应资源供学生探究		√		
		22. 根据需要适当选择不同媒体呈现教学内容			√	
课堂文化	民主	23. 教师鼓励学生积极发表自己的看法，允许学生有不同意见	√			
		24. 师生间畅所欲言，及时给予学生反馈，积极评价学生，不随意批评学生，课堂气氛活跃	√			
	关爱	25. 尊重学生，以学生为主体，教师为主导，关爱每一位学生	√			

由表 3 可知，老教师较好地完成了本节探究课，各项内容也基本完成，最后得分为 93 分。稍微美中不足的是对于教学内容呈现方式的多样化选择方面有待提升。另外，也可以发现学生的实际探究过程还是存在一些不足。

青年教师最后评测结果见表 4。

表 4

一级指标	二级指标	三级指标	得分			
			4	3	2	1
学生学习	互动	1. 教师与学生间有多次互动		√		
		2. 学生间有适当的讨论交流		√		
	达成	3. 学生知道“力的分解”“分力”等基本概念		√		
		4. 学生知道力的分解遵循平行四边形定则		√		

续 表

一级指标	二级指标	三级指标	得分			
			4	3	2	1
学生学习	达成	5. 多数学生掌握两种常用的力的分解的方法			√	
		6. 多数学生了解科学探究的一般流程			√	
		7. 探究过程正确使用教具，可对收集到的数据进行分析处理与评判，并最终形成结论		√		
		8. 通过探究，增强了学生物理学习的兴趣与信心，同时培养了学生实事求是的科学态度	√			
教师教学	环节	9. 教师按照科学探究的流程进行探究活动的教学设计	√			
		10. 教师课上按照探究活动流程进行探究式教学		√		
		11. 教学环节完整，时间分配合理，符合科学探究的特点			√	
	指导	12. 教师课上引导学生探究力的分解遵循平行四边形定则			√	
		13. 指导具有启发性，反馈调控及时、准确			√	
		14. 讲解突出重点，强调准确有效，结论得出具有充分性			√	
	对话	15. 提问目的明确，问题具有一定难度且符合学生认知水平			√	
		16. 讲授语言清晰流畅，具有科学性、艺术性与创新性			√	
		17. 提问面向全体学生，恰当探查与提示，注重思考启发，及时根据反馈予以评价		√		
课程性质	目标	18. 教学目标清晰明确	√			
		19. 学生学习目标清晰明确		√		
	资源	20. 演示实验目的明确，现象明显，启发性好，观察方向清楚		√		
		21. 能依据本节探究需要提供相应资源供学生探究		√		
		22. 根据需要适当选择不同媒体呈现教学内容	√			

续 表

一级指标	二级指标	三级指标	得分			
			4	3	2	1
课堂文化	民主	23. 教师鼓励学生积极发表自己的看法，允许学生有不同意见	√			
		24. 师生间畅所欲言，及时给予学生反馈，积极评价学生，不随意批评学生，课堂气氛活跃	√			
	关爱	25. 尊重学生，以学生为主体，教师为主导，关爱每一位学生	√			

由表4 可知，青年教师基本完成了本节探究课，最后得分为 74 分。与表 3 对比可知，两者在课程性质和课堂文化两个方面差距不大，但在学生学习和教师教学方面有明显差异，尤其在教师教学方面差异较大，主要体现在指导和对话环节，青年教师明显不能很好地应用教学技能达到预期目标。

4 结语

基于物理核心素养的内容，应用 LICC 课堂观察范式一方面有其独特的优势，该范式中学生学习被置于课堂观察的核心地位，而且有结构清晰的观察维度和严格的观察程序，能够很大程度上避免传统听评课随意、肤浅、功利化等问题，在某种程度上有利于教师根据物理核心的要素结合各观察维度进行教学设计，从而有效改善课堂教学，提升学生物理核心素养。但另一方面，该范式也有些不足之处，主要体现为观察结果的信效度一定程度上依赖于听课人的自身能力，而且一次听评课活动耗时较长，观察成本较高。总体而言，LICC 课堂观察范式是一种值得深入尝试的观察范式，尤其是基于物理核心素养内容的应用将在很大程度上克服传统听评课的局限，更好地提升物理课堂教学质量。

参考文献：

[1] 中华人民共和国教育部．普通高中物理课程标准（2017 年版）[M]．北京：人民教育出版社，2018.

[2] 蔡铁权．教学设计——基于学习环境的教和学 [M]．杭州：浙江教育出版社，2010.

［3］何嘉欢，李贵安，徐小红．基于 LICC 范式的高中物理探究课堂观测之量表建构［J］．教育测量与评价，2016（10）：46－53.

［4］崔允漷．论课堂观察 LICC 范式：一种专业的听评课［J］．教育研究，2012，33（5）：79－83.

［5］兰璇．论课堂观察 LICC 模式的专业性［J］．当代教育科学，2009（10）：32－34.

作者简介：彭俊杰，中学物理高级教师，国家级物理骨干教师，绵阳市优秀骨干教师。在 20 多年的教学实践中，努力践行有趣、有效、有用的课堂理念，深受学生的喜爱。参加“第三届全国中学物理教学名师大赛”并获高中组一等奖。参与主研的两项四川省科研课题均被四川省教科院评为一等奖。培养多名物理教师参加国家级赛课均获全国一等奖。

［本文是四川省绵阳市 2018 年教育科研课题（绵教体函［2018］354 号）“基于高中物理核心素养的 LICC 课堂观察应用研究”的阶段研究成果。］

培养学生物理核心素养的教学策略

四川省绵阳南山中学 卢礼金

物理学科核心素养是物理学科育人价值的集中体现，是学生在接受物理教育过程中逐步形成的适应个人终身发展和社会发展的必备品格和关键能力，是学生科学素养的重要组成部分。物理核心素养主要由“物理观念”“科学思维”“科学探究”“科学态度与责任”四个方面的要素构成。基于物理核心素养的一般教学过程：科学探究—掌握科学方法—训练科学思维—形成物理观念—养成科学态度—学会担当科学责任。下面例谈在教学实践中培养学生物理核心素养的一些教学策略。

1 基于物理核心素养确定教学的目标

教学目标是期望学生在完成学习任务后达到的程度，是预期的教学效果，是组织教学、设计教学、实施教学的基本出发点和归宿，因此，教学目标的阐述必须明确，要符合新课程理念，贯彻学科核心素养。

【例 1】“楞次定律”的教学目标

（1）通过探究螺线管中感应电流方向的实验，观察记录感应电流的方向；

（2）多角度分析实验现象，讨论交流，逐步明确感应电流方向的规律性；

（3）归纳概括出感应电流方向所遵循的规律；

（4）能用语言准确表达楞次定律的内容；

（5）理解楞次定律的内容，尤其是理解定律中“阻碍”的含义；

（6）初步应用楞次定律，总结判断感应电流方向的步骤。

2 通过创设问题情境激发学生的学习兴趣

2.1 创设问题情境导入新课

问题情境具有悬念性、新颖性、趣味性等特点，能够激发学生的学习兴趣。教师在新课开始时可以用学生熟悉的图片、视频材料导入，从熟悉的生活现象提问，利用一些违背思维定式的现象导入，利用小游戏引入，通过演示实验导入等。恰到好处的导入能创设良好的教学情境，帮助学生启迪思维，引导学生全身心地投入课堂学习。

【例 2】“闭合电路的欧姆定律”的导入过程

为了让学生纠正“电源两端的电压不变”的这一错误认识，建立电源的电动势与内阻的概念，可创设下列冲突的物理情景。设计如图 1 所示电路，其中 $E_1=3\text{V}$，$E_2=6\text{V}$。

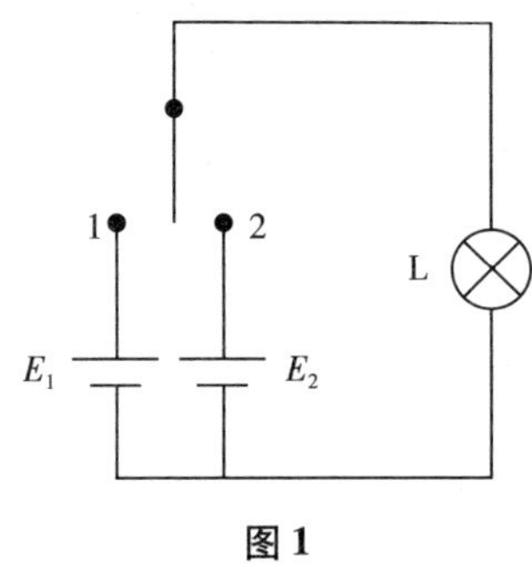

图 1

（1）将开关扳到位置 1，让学生先观察灯泡的正常发光；

（2）如果教师把开关扳到位置 2 将会出现什么情况？

学生回答：“不能连上去，灯泡会烧坏的！”

（3）把开关扳到位置 2，观察灯泡的亮度如何变化？

实验现象：灯泡没有烧坏，亮度比先前还暗一些。

（4）请同学们猜想是什么原因引起这种变化。

学生猜想：灯泡亮度变暗，是不是电源两端的电压发生了变化？

（5）引入电源的电动势和内阻的概念。

2.2 创设问题情境讲授知识

教学中要把握好知识、问题、情境三者之间的关系。具体地说，教学设计是“知识—问题—情境”，就是把物理知识转化为问题，将问题融合于情境之中，即“知识问题化”“问题情景化”；而学生的学习则是“情境—问题—知识”，也就是在物理情境中思考问题，在思考问题中掌握知识。

【例3】“运动的合成与分解”的教学过程

（1）通过演示实验“红蜡块随玻璃管的运动”引入合运动与分运动的概念；

（2）运动的合成与分解遵循的规律：平行四边形定则；

（3）几种常见的合运动与分运动，合运动性质和轨迹的判定；

（4）“小船渡河”问题中运动的合成，分析渡河时间最短和渡河位移最短两类问题；

（5）“绳连物体”问题中运动的分解，将物体的速度沿绳和垂直绳两个方向分解，讨论关联物体的运动。

3 在科学探究中让学生重演知识的发生过程

科学探究是针对生产生活中的实际情境，运用物理观念进行科学思维。在教学中应关注知识发展的历程，让学生亲身体验探究的过程。通过学科教学活动，从学科知识到学科素养重演物理核心概念的形成过程，基本规律的发现过程，重要的物理实验设计、操作、数据分析、处理过程，分析物理问题的思维过程。

3.1 概念教学

在概念教学中，使学生明确建立物理概念的过程，理解物理概念的内涵、了解物理概念的外延，弄清相关概念的区别和联系。通过实验器材演示、多媒体的展示、导学案的设计，营造生动、直观、具体的物理情景，让学生在具体的物理情景中去观察、分析、比较，概括抽象出物理概念。

【例4】“自由落体运动”的教学过程

（1）利用纸片和纸团等随手可得的物品作教具，创设不同物体下落的具体情境；

（2）设计实验说明重的物体比轻的物体下落快；

（3）设计实验说明不同重量的物体下落一样快；

（4）根据实验情景分析得出空气阻力对物体下落快慢的影响；

(5) 通过牛顿管实验，抽象出所有物体在真空中下落快慢相同的共同特征；

(6) 形成自由落体运动的抽象概念。

3.2 规律教学

“无论是物理知识的教学，还是物理问题的解决，都要引导学生发现和提出问题，根据解决问题的需要，收集和选择有用信息，基于证据和逻辑对问题做出合理解释，培养学生准确表述问题解决过程与结果的意愿和能力。”。在规律教学中，按规律发现过程设计教学，即：提出问题、猜想与假设、制订计划与设计实验、进行实验与收集证据、分析与论证、评估、交流与合作。让学生经历物理规律发现的生动过程，体验探索和发现的喜悦，领悟科学实验的方法，培养科学情感，形成科学态度。

【例5】“牛顿第三定律”的教学过程

(1) 实验观察：观察多种情景下物体之间的相互作用；

(2) 分析归纳：无论是不同种类的物体（固体、液体、气体等），还是不同性质的力（重力、弹力、摩擦力、电磁力等），两个物体之间的作用总是相互的；

(3) 猜想假设：一对相互作用力的方向相反，大小可能相同；

(4) 设计方案：学生设计实验方案，讨论交流后决定用两只弹簧秤对拉进行研究；

(5) 实验探究：学生分组实验并进行交流，多数学生是将弹簧秤水平放置的，也有学生将弹簧秤竖直或斜向摆放，结果两个力的大小都是相等的；教师采用传感器演示，发现作用力和反作用力之间的关系与运动状态无关；

(6) 归纳结论：作用力和反作用力总是大小相等、方向相反、作用在同一条直线上。

3.3 习题教学

在习题教学中，解决物理问题是学生抽象思维的形成、发展、提升的重要环节。注重过程分析，让学生亲历物理问题的解决过程。从实际问题出发，确定研究对象、分析物理过程、建立物理模型、选择规律、建立方程、求解讨论。

【例6】如图2所示，绝热隔板 K 把绝热的气缸分隔成体积相等的两部分，K 与气缸壁的接触是光滑的。两部分分别盛有相同质量、相同温度的同种气体 a

和 b。对气体 a 加热一段时间后，a、b 各自达到新的平衡，则（　　）

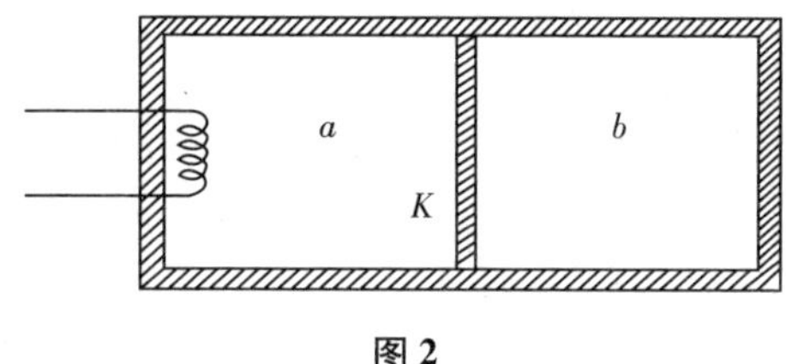

图 2

A. a 体积增大了，压强变小了

B. b 温度升高了

C. 加热后 a 分子热运动比 b 更剧烈

D. a 增加的内能大于 b 增加的内能

解答过程：

（1）a 加热后若体积不变则压强比 b 大，因而活塞向右移动；

（2）平衡后 a、b 压强相等；

（3）活塞对 b 做功导致 b 内能增大，温度升高；

（4）b 温度升高、体积缩小导致 b 的压强增大；

（5）a、b 初体积相等，a 末体积比 b 大，压强相等，故 a 温度比 b 高；

（6）a 的温度升高比 b 多，a 增加的内能比 b 多。

4　注重物理科学方法和科学精神的教育

4.1　渗透思想方法，加强科学方法的教育

在物理课程中有许多研究物理问题的思想方法，比如：理想模型、理想实验、比值定义法、控制变量法、微元法、图像法、等效替代法、假设法、极限思维法、整体法、隔离法、类比法等，在物理课堂教学中将这些方法渗透于教学之中，内化为学生自己的研究问题和解决问题的方法。

4.2　挖掘物理学史，加强科学精神的教育

在物理教材中，介绍了很多物理学中的重大发现、科学家的科学生涯和他们可贵的品质。比如，密立根的油滴实验，密立根进行了几百次的测量之后，对测定油滴的电量进行分析时，发现油滴所带的电量虽不相同，但都是某个电荷量的整数倍，这个电荷量被后来认为是元电荷量 e，这个电量后来被科学界

认为是最小电量，但密立根在实验报告中还记录了他得到一些电量是这个电量的$\frac{1}{3}$、$\frac{2}{3}$，他当时并不理解，但他客观记录在报告上，随着科学进一步发展，夸克理论提出，这个电量刚好是夸克所带的电量。这段物理学史，会使学生为密立根严谨的科学态度所折服，科学家的可贵品质会激励、影响学生的人生，使他们逐步形成科学态度和科学精神。

参考文献：

［1］胡卫平．物理学科核心素养的内涵与表现［J］．中学物理教学参考，2017，46（15）．

［2］谢胜兵．创设教学情景，构建高效物理课堂［J］．中学生数理化，2014（3）．

［3］中华人民共和国教育部．普通高中物理课程标准（2017年版）［M］．人民教育出版社，2018.

［4］刘岩华．基于核心素养的高中物理教学设计［EB/OL］．https：//www. docin. com/p－2071245289. html

作者简介：卢礼金，中学正高级教师，四川省特级教师，绵阳市突出贡献教师。在长期的教学实践中，卢礼金名师工作团队总结出了高中物理“三块四环”的独特课堂教学模式，深受同行推崇。卢礼金凭着“生活即教育”的教育理念和“轻松、愉快、高效”的教学风格，深受学生爱戴。主研完成省级以上课题3项，在省级以上刊物发表论文18篇，出版教学专著6部，为省、市骨干教师做专题报告20多次。

［本文是四川省绵阳市2018年教育科研课题（绵教体函［2018］354号）“基于高中物理核心素养的LICC课堂观察应用研究”的阶段研究成果。］

物理课堂教学中创新能力培养的主要途径

四川省绵阳南山中学 徐光强

在大力推广素质教育的今天，创新教育应该是今后教学工作的重中之重。创新教育要真正落到实处，并非一件易事。要做到这一点，教师在教学中必须不断激发学生的学习兴趣，引导学生主动学习，给学生提供更多思考和创造的时间和空间。而培养学生的创造精神和创新能力已成为素质教育的核心。为了适应国际化、信息化社会的发展要求，我们的教育必须加强对学生创新意识、创新能力的培养，这早已成为教育界的共识。那么，怎样培养学生的创造精神和创新能力呢？在具体的课堂教学中有哪些途径呢？具体该如何操作呢？这是需要我们进一步研究和解决的问题。下面，针对这些问题笔者谈一谈自己粗浅的看法。

1 必须把培养学生的创新能力纳入具体的课堂教学目标设计

我们不能只是把培养学生的创新意识和创新能力当成口号挂在嘴边，这样是没有用的，我们必须把培养学生的创新能力纳入具体的课堂教学目标设计。

课堂教学目标的设计，不仅要考虑学生需要掌握的基础知识、基本技能，更应该考虑到发展其创新意识、创新能力、创新思维和创新精神等方面。从教材的方方面面挖掘培养学生创新意识、创新能力的素材，精心设计培养学生创新意识、创新能力的教学内容。这些内容可以是教学的重点、难点，也可以是实验，生活中的实际问题，还可以是物理学家的创新经历或教材中的“小实验”和“阅读材料”。只要教师有心，一定能挖掘到学生进行创新教育的好素材。其次就是根据学生的情况，设计适应于不同层次学生的创新目标。

在这一过程中，要求教师站在学生的角度，预想他们遇到的问题，而这些问题哪些有利于学生创新意识和创新能力的培养，同时在设计问题的过程中应注意：一是要有适当的难度，要让学生通过思考才能解决，即“跳一跳才能得到”；二是问题要有一定的探索性，能够让学生在探索的过程中产生兴趣；三是设计的问题要能够激发学生的创新意识，使学生在思考问题、解决问题的过程中体会到创新的成就感；最后要以能否调动学生创新的积极性作为标准来选择教学方法。

2　必须营造一种适合学生创造的课堂环境和课堂氛围

一所好的学校，或者是名牌学校，并不仅仅是因为有好的老师，更重要的是有好的学习环境和学习气氛。在良好的环境和气氛里，学生能够“不用扬鞭自奋蹄”，同样，我们要求学生创新，就要营造一种适合学生创新的课堂环境和气氛。

教育心理学研究也表明：民主、宽松、平等的课堂教学氛围能使学生心情舒畅、精神振奋、思维活跃，能使师生在教学过程中的心理状态达到最佳，这样就能发挥学生的主观能动性，同时增强其求知欲和创新意识，进而提高其创新能力。可以想象，一种过于严肃、独断或者死气沉沉的课堂氛围，学生心生畏惧或者情绪低落，心烦意乱，那么学生的创新意识，创新能力又从何谈起呢？那么，如何创设一种和谐、民主的课堂气氛呢？我们可以尝试以下方法：

2.1　缩短师生距离，消除心理障碍

首先，教师应该告诉学生，老师和他们就像一群奔向海边去捡贝壳的大人和小孩，老师只是充当向导而已。在课堂上，大家都是凡人；在人格上，教师和学生是平等的。为了打破教师在学生心目中的神秘感和敬畏感，还可以举一些自己小时候出现的“蠢”事，以及现在存在的一些缺点和不足，让学生知道教师也是凡人，也有缺点或犯错误的时候，这样尽可能地消除教师在学生心目中的“伟大”形象，使他们能畅所欲言地发表自己的观点和想法。

2.2　充分信任学生，给予创造机会

在青少年时期，人的思维活跃，想象力丰富，创新的积极性较高，教师要为其提供积极思考、主动探索、大胆质疑的机会和条件，只有这样才能将学生

的创新潜能挖掘出来。我们在听课时常常发现：授课教师向学生提出问题，学生还未答完，教师就为了赶时间完成本节课的教学任务而代为回答，这样的提问未能给学生充分的思考时间，多次出现以后，学生就会感到自己没有得到教师的尊重，同时也会失去了学习的信心和求知欲，这对于创新意识和创新能力的培养是相当不利的。

2.3 积极鼓励发言，尽量予以肯定

学生在教师的引导下，认真思考，讨论交流后，对某一个问题有自己的看法，可能有的观点还不成熟，甚至是错误的，但教师都应该鼓励，特别是一些独特的见解，更值得教师表扬。对于学生的任何观点不要轻易加以否定，让学生尽可能求新求异，教师不应该强行让学生服从自己的思维模式，用教材和自己的结论去束缚学生的创新思维，要让学生在创新活动中有一种成就感，从而激活其创新意识，培养其创新能力。

3 坚持以启发式、讨论式教学，激发学生的创新意识

传统的教育观念强调以掌握知识为目的，不太注重学生的主体性，教师和教材享有绝对的权威，在教学过程中，学生只能被动地接受。这样使得学生缺乏学习的主动性，根本就谈不上创新意识的培养和创新能力的提高。现代教育理论认为，学生获得知识，并不是简单地接受，而是在探索问题的过程中获得体验和领悟，即“悟物即理”。教师要在教学过程中最大限度地调动学生的积极性、主动性和创造性。

积极实行启发式教学和讨论式教学，激发学生独立思考和创新意识，切实提高教学质量，让学生感受、理解知识产生和发展的过程，培养学生的科学精神和创新思维，重视学生收集处理信息的能力、获取新知识的能力、分析和解决问题的能力。这也是全面推进素质教育的要求。

为了调动学生学习的积极性，让其自主学习、自主探索、让其创新意识得到充分发挥，让其个性得到充分发展，在教学过程中，教师要以“导”为主，通过启发式、讨论式教学，充分调动学生探索知识规律的主动性和积极性，开发学生的思维能力，活跃课堂气氛，使学生积极思考，真正成为教学活动的主体，充分发挥学生的主观能动性。

例如，在“单摆”教学中，首先可以向学生展示几个生活现象：秋千上人

的摆动，钟摆的摆动，教室里电灯的摆动，要求学生分析其特点，建立单摆模型，然后想一想它们为什么总是绕某点摆动，是什么力提供回复力。在研究单摆的规律时，引导学生对演示实验仔细观察，知道单摆的等时性。此时教师又顺势提出问题：单摆摆动的快慢（周期）和哪些因素有关？要求学生大胆猜想，并设计实验证明自己的观点。在这个过程中，教师要加以引导，且与学生一起讨论，然后通过设计的实验证明猜想的正确性，去伪存真，最后得出单摆的周期和哪些因素有关。这种启发式、讨论式教学能让学生积极，主动参与到教学活动中，进一步培养他们的主体意识和主动探索精神，发挥其主观能动性，激发其创新意识，提高其创新能力。这样在探索中获得的知识和方法，学生印象特别深刻，也许会终生难忘。

4 把培养发散思维和质疑能力作为课堂教学的主要内容

培养具有创新能力的人才，必须先培养其创造性思维。发散思维则是创造性思维的核心。发散思维是根据已有的信息，从不同的角度和方向进行思考，不拘泥于已知的原理、方法和结论，寻求新的途径和方法，提出新的方案和见解的一种思维方式，又叫求异思维或辐射思维。与常规思维相比，发散思维更能激发学生的想象力和创造力。在课堂教学过程中，老师要把激发学生的求知欲，培养学生的质疑能力、发散思维能力、创新思维能力放在首位。学生不具备发散思维，就无法提出问题；提不出问题，就不能进行创造；不能创造，我们的素质教育就是一句空话。那么，又该如何培养学生的发散思维能力呢？

4.1 重视从知识的发生、发展过程中培养学生的发散思维能力

传统的教学，通常是在揭示新的概念、规律之前，给学生提供几个实例，即给学生提供一定的感性认识，然后引导或教师直接提出这些概念或规律，接着就是训练。在这一过程中，有关知识的产生，发展过程安排时间较少，而大量时间用于训练，这样知识的产生过程没有充分向学生展示，没有让学生在这一过程得到进一步的创新，学生还是处于一种被动接受知识的过程，这样培养出来的学生只能是“高分低能”。

要改变这种状况，只有将面向结论的教学转到面向过程的教学，即侧重于知识的产生和发展过程，让学生的创新在这一过程中得到充分的发挥。在这一

过程中，教师不给条件、不定框框、不加限制、让学生在宽松的无拘无束的环境中开启思维，充分展开横向思维、纵向思维和逆向思维，寻求规律，寻求问题的答案。在教学过程中，教师要展示科学探索物理规律的物理情景，让学生根据当时已有的知识提出解决问题的方案，尽可能模拟科学家研究问题的过程，让学生在研究问题的过程中学会分析、综合、归纳、演绎、猜想、实验等研究问题的方法，同时提高其创新能力。

4.2　重视培养学生质疑能力，促进其创新意识、创新能力的提高，从而培养学生的发散思维能力

质疑是在经过充分思考后提出的疑问。人们通过质疑、思疑、释疑而获得成功的例子很多。伽利略对亚里士多德的论断“力是维持物体运动的原因”质疑，进而得出惯性定律；爱因斯坦对牛顿时空观的质疑，提出相对时空观，建立狭义相对论。爱因斯坦曾说过：“提出一个问题往往比解决一个问题更重要，因为解决问题也许仅仅是一个数学或实验上的技能而已，而提出新的问题，却需要创造性的想象力。”由此可见，培养学生质疑能力是相当重要的。我们可以从以下几个方面指导学生进行质疑。

4.2.1　对权威质疑

这个权威可以是教师、教材或专家。例如，课本变压器一节中提到“理想变压器工作时的电流和它们的匝数成反比”，若副线圈是多个输出，这个结论就不正确了；又如，2000 年物理高考 14 题，验证动量守恒的实验，根据课本实验装置，两小球做平抛运动的起点分别是滑轨末端和支柱，而本题的实验装置，两小球做平抛运动的起点应是滑轨的末端，如果平时对这些问题没有引起足够的质疑，就很难给出正确作答。

4.2.2　对实际经验质疑

人们在生产、生活中总结一定的经验，这些经验有的是正确的，有的是错误的。例如，物体做自由落体运动时，很多学生由于受“经验”的影响而误认为重的物体下落快，轻的物体下落慢；又如，“220V 100W”和“220V 60W”的灯泡串联到 220V 的电压上，由于受到功率越大，灯就越亮的影响，而误认为 100W 的灯泡要亮些。这就是平时对这样的问题没有引起足够的思考、质疑，而凭“经验”最终导致错误的结论。

事实证明，如果教师善于引导学生质疑，学生就会逐渐养成质疑的勇气和质疑的习惯，久而久之，就会帮他们养成个性，形成能力。

4.2.3 加强实验教学，培养学生积极探索和解决问题的能力

传统的实验，往往都是教师做，学生看、听，十分被动，导致其对实验的原理、方法、步骤、条件等理解不深。为此，我们在进行实验时，要让学生积极参与，亲自体会实验的过程。我们指导学生实验，不仅要求他们学会实验的具体做法，掌握一定的实验技巧，获得一定的感性认识，更重要的是让他们掌握探索物理问题的实验方法，为培养创新能力打下良好的基础。例如，教师通过选择典型的实验（可以是演示实验、学生实验、教材的小实验或生活中的实验），指导学生在实践中掌握“放大法”“替代法”“叠加法”“等效法”等实验方法。除此之外，教师还应该把某些学生实验和演示实验设计成探索性实验，给学生提供更广阔的思维空间和创新空间。例如，牛顿第二定律、玻意耳定律、欧姆定律等都可以设计成探索性实验，这样可以启发学生的思路，激发学生的求知欲，提高学生的感性认识，活跃课堂气氛，而且学生在探索物理规律的过程中可做到手脑并用，锻炼和培养学生的创新能力。

5 保证作业形式多样化，促使学生创新能力的进一步提升

一般说来，人的创新能力和知识的积累是相关的，没有知识的积累和平时的训练，创新只能是空中楼阁，不可能达到应有的深度和广度。但传统的作业过于偏重知识的整理和巩固，形式也较单调，久而久之学生会感到乏味，做作业仅仅是应付老师和家长，这样的作业就失去了培养学生创新能力的机会，很难适应当前素质教育的需要，所以必须改进传统的作业模式以适应社会的发展。

5.1 加强理论联系实际的作业，培养学生学习知识的兴趣

物理学研究的是自然界的规律，它来自自然，服务自然。而我们课本中理论联系实际的问题较少，不能很好地培养学生用物理知识解决实际问题的能力，教师在这方面应该设计一些实际问题，让学生得到充分的训练。例如，学习“力”一章时，要让学生对拔河过程中两队进行受力分析，制作弹簧秤；学习了“功率”后，让学生测出自己走或跑到教室，人做功的功率；学习“自由落体”后可要求学生利用水龙头滴水法测定重力加速度；学到“热学”，让学生

分析高压锅内的气压、温度，医院的输液装置的原理，热气球的工作原理；学习“电磁学”后，让学生分析电饭锅、显像管，电动机的工作原理，测定电动机的功率……让学生在学习前人创新的基础上，相信自己也能做到，从而使他们的创新欲望和创新能力得到进一步提高。

5.2 加强探索性的作业，培养其探索和创造的秉性

探索性问题能够很好地培养学生的创新能力，能够让学生主动探索知识，进行创造性思维。在教学中，应加强探索性的作业。例如，学习“单摆”后，要求学生设计测定重力加速度的多种方法；学习“库仑定律”时，要求学生分析感应电动机产生的电荷能使空气导电吗，这是为什么；人两只手同时接触两个小金属球，会触电吗，为什么。学习“变压器”后，可向学生提出问题：直流电接到变压器的原线圈，在副线圈一定没有电压吗？通过这些富有探索性的作业，让学生体会到探求问题的乐趣，培养其创造能力。

5.3 “商量”着布置作业，培养其主动求知的欲望

我们知道，强迫一个人做某一件事，他不一定能够做好；同样，教师安排一定量的作业，学生未必愿意做，但又不得不做。如果我们让学生自己给自己布置作业，他们就会主动去做，积极去做，这样就更能培养学生学习的积极性，增强其主体意识。“商量”着布置作业包括作业量和内容，可以是全班相同，也可以不同，教师给一个范围，在这个范围内学生自己定作业，这样让学生感到自己受到教师的尊重，提高了他们学习的主动性，培养了他们的主体意识，教学效果也得到了提高。

总之，中学物理教学实施创新教育的主要渠道仍然是课堂教学，我们在课堂教学中，充分利用已有的教学条件、合理有效的教学手段和方法，激发学生的学习兴趣，培养学生独立思考的习惯、鼓励学生大胆质疑创新，这样才能培养出适应现代化社会发展的创新人才。

参考文献：

[1] 张耀华．谈物理课实施素质教育的若干问题［J］．中学物理教学参考，1998（7）：2－4.

[2] 李江林．大学物理教育与科学素质的培养［J］．现代物理知识，1998，11（1）：31－33.

[3] 阎金铎，田世昆．中学物理教学概论［M］．北京：高等教育出版社．1991.

作者简介：徐光强，中学高级教师，绵阳市优秀骨干教师。在长期教育教学实践中，细心研究，善于挖掘。主研完成省级课题1项，在省级以上刊物发表教研论文20篇。

学生说题活动在物理习题课教学中的实践

四川省绵阳南山中学　胡志刚　吕敏

随着中学课堂教学研究的不断深入，课堂教学方式也在不断发生改变，尤其是习题课教学作为师生互动和交流的最佳平台，将会出现新的特点，习题课的教学氛围和展开形式很大程度上影响着学生的学习质量和教师的教学质量，因为很多高阶的思维活动往往都是通过习题课得以提高和深化的。说题教学与老式教学最大的区别是学生能否成为课堂的真正主角，而台上短暂几分钟的展示靠的是学生台下一系列的深度学习。说题能促进学生的深度学习水平提升，进而使物理学习过程成为学生的自我探究和提升的过程，而不简单是老师的复读机和录播器。

1　学生为什么要在课堂上说题

美国著名学习专家埃德加·戴尔（Edgar Dale）在20世纪50年代就提出了“学习金字塔”理论，并于20世纪60年代在美国国家训练实验室向全世界正式发布了这个理论。戴尔先生认为，单纯地听讲和阅读所带来的“知识留存率”，分别只有5%和10%。也就是说，学生即使上课时听教师讲解、下课后认真复习，大脑所能记住的知识仍然不超过所学内容的10%。原来传统的学习方式只有这么低的“知识留存率”，听起来是不是挺可怕？学习金字塔理论不仅颠覆了我们对学习方式的固有认知，还揭示了一个被我们忽视的道理：当一个人采用不同的学习方式学习时，知识留存在大脑中的比例是截然不同的。

美国肯塔基大学创新教育系副主任海蒂·安德生教授在她的一篇论文中指出：戴尔的“学习金字塔”揭示了一个重要的学习规律：学习者通过主动模式所学的并加以内化的知识，要比只通过“听”“读”“观察”的被动模式有效得多。学习内容留存率最高的活动是主动把所学内容讲给他人听，高达90%；而留存率最低的学习方式就是课堂听教师讲解，这恰恰是被动式学习的典型。我们的说题活动正是对主动学习的践行。

2 说题活动的主要操作要领

2.1 教师课前准备工作

2.1.1 设计说题活动

在深入挖掘教材和了解学生认知水平的基础上，制订活动计划，主要包括说题时间的确定、预估学生的研题时间、说题节数、精心选取试题、编写说题设计等。

2.1.2 选取说题的试题

试题是说题的基础素材，是活动开展的生命线。教师应在研读课程标准、深入挖掘教材、了解学生认知水平的基础上精心选取试题。

2.1.3 示范指导与编写说题设计

此阶段主要包含发放示范材料、教师适当点拨等流程，通过此阶段帮助学生了解说题内涵、激发学生的说题兴趣、初步培养学生的说题能力。

说题设计的编写因人而异，一般主要从教材分析、课标要求、学情分析来精选试题，课标要求主要是关注“理解”和“掌握”层次的内容，为试题选择提供必要的依据；学情分析是全面客观地阐述学生的年龄特征、认知规律、学习方法及已有知识和技能基础等，为优化说题设计提供参考；说题设计是基于上述几个方面选取试题并提供说题的主要方向，说题设计常用框架参见案例。

2.2 学生课前准备工作

学生课前准备工作：学生拿到试题自主解题、小组讨论、撰写说题稿、尝试说题。

自主解题是说题的基石，它是学生以原有的经验系统为基础，对试题信息进行编码和加工，并由学生自我探究。研题是说题精彩纷呈的必要酝酿期，在自主解题的基础上，小组成员交流解题思路和经验，不断开阔思路。学生探究试题的题源题意、知识网络、解法证法、易错易误、思想方法、变式变形、拓展延伸、归纳总结、感想感悟等方面。撰写题稿是前期学习的成果总结。一般要根据试题的特征，从说题内容的六个方面中选取几个方面深入细致地撰写说题稿件，必要时可制作汇报课件辅助论述，此过程应注重发挥课代表及组长的组织作用，在充分研讨的基础上，汇总并撰写组员思维的精华。

2.3 学生课上说题

说题的基本环节一般包括：说题意、说思维、说策略、说注意、说规律。从意义上看，说题意是基础，说思维是关键，说策略和说注意是重点，说规律是目标。

（1）说题意。归纳出题目的立意结构。在解答习题时，最重要、最关键的一步就是理解题意，弄清楚习题中各个条件及其关系，从而展开思维。基本要求是说出已知条件、所求结论及其关联，并尽可能地分析出问题的背景、题目所要考查的知识点及考查意图。

（2）说思维。思维是掌握事物本质规律、获得新知识、解决新问题的重要途径。学生的思维能力得以发展、学习成绩得以提高，首先要掌握合理的思维方法和逻辑推理规律。基本要求是要说出思维方式、过程和依据。“说题”是讲出怎么解题，而不是讲题的答案是什么。

（3）说策略。要求学生说出解题的步骤，即选取研究对象（如某一单体或系统），选择研究过程（研究过程至关重要），选择合适的物理规律（比如牛顿第二定律结合匀变速直线运动、动能定理结合动量定理、动量守恒结合能量守恒等，研究方法直接影响解题的难易程度），说出相应的定理公式。常用的策略有转化、临界、整体结合隔离等。

（4）说注意。要求学生说出解题时应注意的问题，如所选定理的适用条件，以及一些细节问题如物理量的单位，字母统一等。

（5）说规律。学习物理的最终目标是形成概念、掌握规律，从而达到举一反三、触类旁通的目的，要求学生从一题多解、一题多问、一题多练、多题一解等不同角度着手说出其中蕴含的思路规律，并且尽可能地将相关定理进行类比和对比，力争概括出一般的原理并交流心得体会，进而提高思维的灵活性，以便在以后的考试中做到得心应手。

（6）说拓展与延伸。说出自己的感想与创意变式，应引导学生多角度、多方位地对原题进行改造和引申，从不同的方面和不同的角度、不同的情况来说明问题，充分暴露思维过程，教师与学生要积极互动、主动参与，通过探索，

提出猜想。具体操作：可以改换试题的相应条件，形成新的变式试题或找出同类试题。教师开展“说题”教学活动后，及时把学生的变式和盲点误区进行深度教研，对后续“命题”有水到渠成和定点爆破之功效。

2.4 师生评题，课下总结

师生评题是说题活动的升华部分，师生在说题后，针对试题发表看法，在交流和认知冲突中不断对原有经验进行调整和重组。学生说题结束后，师生共同总结所涉及的知识、方法、思想、策略等，不仅有助于学生形成系统的知识网络，而且有助于培养学生的探究意识，促进学生的全面发展。学生说题的过程是一个环环相扣的操作流程，对说题人的个别指导也是课下总结的一个重要环节，拿到学生的说题设计，在课后一起讨论研究，教师的单独指导是重要的环节。尤其对学生的改编试题进行思路讨论，升级使用，对学生本人也是极大的鼓励。美籍数学教育家波利亚说过：“如果没有了反思，他们就错过了解题的一次重要而有效益的方面”。

3 物理说题案例——习题课：“不同参考系下的运动合成与分解”

3.1 试题呈现

【试题一】如图 1 所示，大船在海面上沿由东向西的航道以 20 km/h 速度行驶，船的西南方向有一汽艇距离大船 20 km、距离航道 12 km，则汽艇速度至少为多少时才能追上大船？若汽艇速度为 15 km/h，则至少要多长时间才能追上大船？

【试题二】如图 2 所示，在宽度为 d 的街道上，有一连串汽车以速度 v 鱼贯驶过，已知汽车的宽度为 b ，两车间的间距为 a 。一个行人想用尽可能低的速度沿一直线穿过此街，试求行人穿街所需的时间？

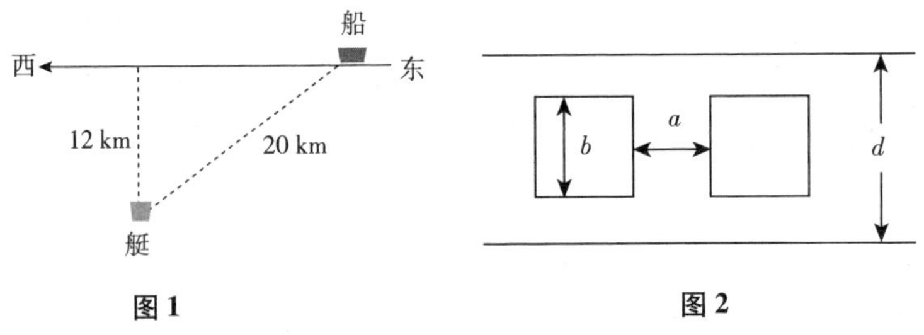

图 1　　图 2

【试题三】如图 3 所示，物体 A 置于水平面上，物体 A 前固定有动滑轮 B，D 为定滑轮，一根轻绳绕过 D、B 后固定在 C 点，BC 段水平，当以速度 v 拉绳头时，物体 A 沿水平面运动，若绳与水平面夹角为 α，物体 A 运动的速度是多大？

【试题四】如图 4 所示，两只小环 O 和 O'分别套在静止不动的竖直杆 AB 和 $A'B'$上，一根不可伸长的绳子，一端系在 A'点上，绳子穿过环 O'，另一端系在 A 上，若环 O'以恒定速度 v'沿杆向下运动，$\angle AOO' = \alpha$，求环 O 的运动速度。

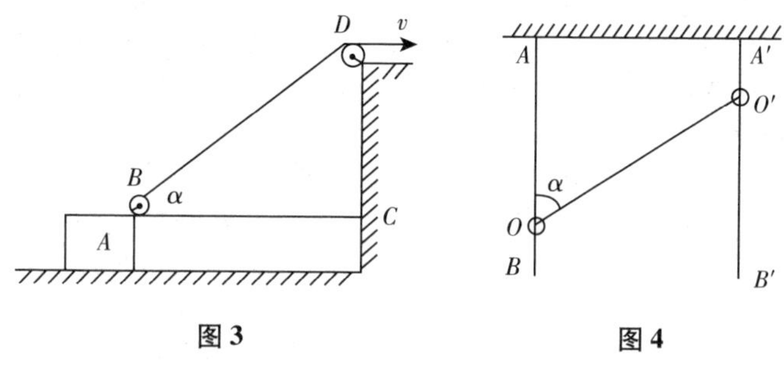

图 3　　　　图 4

3.2　说题讲义设计案例【试题二】

表 1

题源：	不同参考系下的运动合成与分解说题		**说题人班级、姓名：**	
一、说任务场景	已知条件（尤其是隐含条件挖掘）	所求问题（与已知的关联可能性分析，题意情景重述）	问题的背景、题目可能要考查的知识点及考查意图	画草图或图像，标注题给条件，说出如何将这些信息转化为物理条件并构建物理模型
	街道宽度为 d，所有汽车以速度 v 匀速行驶，汽车的宽度为 b，两车间的间距为 a	尽可能低的速度沿一直线穿过此街，试求所需的时间	知识点是速度的合成与分解，背景是极值情况分析问题	

续 表

题源：	不同参考系下的运动合成与分解说题		说题人班级、姓名：	
二、说解题思维、解题策略	说思维（解此题的可能性方案分析），说核心概念，可能的定理或定律，类似模型是什么	说策略依据（破题），说出审题后发现的破绽，问题反推，分析问题，倒逼题给条件	说过程（解题流程说明），选择研究过程，选择合适的物理规律，从已知到未知问题的流畅表达，实现你的求解计划	说注意、易错易误点，检验关键步骤，确保每一步的正确性
	核心概念是速度的合成与分解 类似模型是小船渡河模型	在地面参考系里看此问题比较复杂，因为车在运动，人也在运动。换个参考系考虑问题情景，以车为参考系，问题迎刃而解	以车为参考系，认为车是静止的，这时候在车参考系里看到的情景是人对车的相对运动为“看到”的真实运动，此运动是人对地的速度和地对车的速度合成而来。 $v_{人对车}=v_{人对地}+v_{地对车}$	不同参考系下的速度合成与分解，注意换了坐标系就是换了人所“看到”的真实速度—合成出来的对角线
三、说收获心得	说规律与方法	说变式与拓展	说新旧知识类比点	说难点位置 做题感悟
	不同参考系下的运动合成与分解，类似小船过河模型中的极值问题，只是在处理问题时候，换了参考系，换参考系后问题复杂度显著降低	【试题三】和【试题四】都是类似题型的拓展	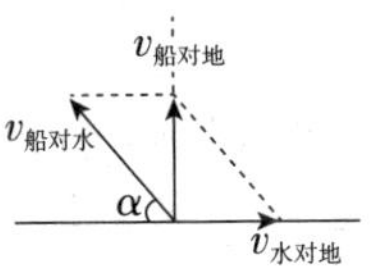 $v_{船对地}$ $v_{船对水}$ α $v_{水对地}$ （地面参考系中的合成图） 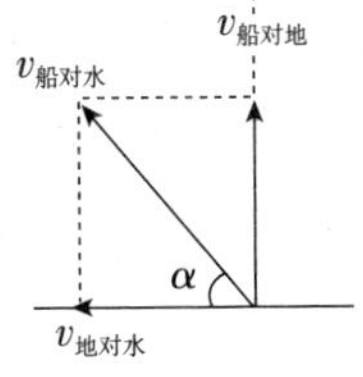 $v_{船对地}$ $v_{船对水}$ α $v_{地对水}$ （流水参考系中的合成图）	此题难点在于换参考系思考问题的大胆尝试，复杂的物体运动可以考虑换参考系场景下简化求解

3.3 教学启示

3.3.1 选题

为学生提供真正精准的试题，学生说题活动的试题务必难度恰到好处。难度预估合理，试题难度过低，学生说题的收获甚微；试题难度过高，学生说题难以深入。因此在试题选择时应依据所教学生的思维水平，合理设置试题的教学目标。试题是师生活动的载体，并构成课堂的线索，其遴选的重要准则是能实现三维目标、能暴露思维障碍。学生自主说题教学的独特优势在于充分暴露学生的思维过程，选取试题时应注重展示学生的知识盲点、易错点和关键点。试题选择时更需体现丰富的思维价值，试题选取应注重体现分析与综合、比较与类比、抽象与具体化等思维，凸显自主探究的“好题”，应具有一定的探索性或创造性，以激发学生学习的能动性，进而培养其探究意识和创造精神。

3.3.2 反思感悟

运动的合成与分解是经典模型“小船渡河问题”的基础知识，借助“小船渡河问题”来进行一系列的极值问题深化理解后，学生对运动合成与分解的概念和方法都有了一定程度的理解，通过此次说题，再度引发学生思考如何区分合运动与分运动。通过此四道题的说题过程，学生会理解：将看见的运动作为合运动的判断依据是行之有效的方法。可是这个“看见”是可以在不同坐标系下看到的不同情况。合运动一旦确定，坐标系也就确定了，故合运动会因所选参考系的不同而有所不同，只有选定了参考系才能准确描述合运动。合运动与参考系的选取有关，这样的结论又是学生的思维认识再上一个台阶的表现。

4 结束语

学生说题作为一种习题课的新形式，直接指向习题，是师生最关心的核心词汇，然而目前学生说题的内容、实践、评价、能力培养等方面的探索还比较欠缺，大多数教师也没有真正养成教学习惯。本文基于实践的探究总结出了一些教学流程，不足之处请同人多提宝贵意见。

参考文献：

[1] 杨柳惠．高中学生数学说题活动研究［D］．福州：福建师范大学，2014.

[2] 何秀祝．小学数学课堂教学中培养学生数学活动经验的策略［J］．小学时代，2019（29）：34－35.

[3] 夏上．初中物理“说题”教学的实践与思考［J］．中学物理，2021，39（8）：6－9.

作者简介：胡志刚，理学硕士，凝聚态物理专业毕业，中学一级教师。在四川省绵阳南山中学工作12年之余，历经平行班物理教学、实验班物理教学、清北班物理教学、物理竞赛教学工作。荣获四川省优秀教练，南山中学优秀党员、优秀班主任，南山中学十大杰出青年等称号。喜欢实验探究，荣获四川省第十四届教具制作大赛一等奖；工作之余喜欢研读心理学书籍，考取国家三级心理咨询师证书。在教学中始终秉承探究式学习，反对以灌输知识为目的的填鸭式教学。

吕敏，南山中学一级教师，荣获教育部“一师一优课”一等奖，四川省物理竞赛优秀教练，论文省市一等奖，市物理教师课堂教学展示一等奖，自制教具比赛市一、二等奖，“课堂教学大比武”市二等奖，“信息化教学大赛”市二等奖，南山中学优秀党员，南山中学精品课展示一等奖，新加坡留学项目优秀指导教师等奖励及称号。

（本文是绵阳市教育科研课题“提升高中物理教师命题能力的校本化行动研究”阶段成果。）

基于核心素养的基本规律教学设计与实践

四川省绵阳南山中学 赵翌梅

1 问题的提出

21 世纪是信息化的时代，信息的更新更是日新月异，其获取方式极其广泛而便捷，人们面对多变的世界只有不断地接纳新的信息，接受新的挑战才能紧跟社会发展的步伐。为社会培养所需的人才是学校教育的一个重要使命，随着人类文明的进步，教育的目标也在不断演变。

自新中国成立以来，许多教育学者一直致力于探索教育应该培养什么样的人。“双基”的提出体现了我国教育对基础知识和基本能力的重视，而后提出的“三维目标”中特别明确了情感态度与价值观的要求，突出了教育的育人价值，更是增加了形成性评价的比重，缓解了以往重视结果而忽视过程的影响，培养学生的综合能力。虽然“三维目标”的提出让许多教师开始重视实验和多媒体的应用并取得了不错的效果，但在升学的压力下，灌输式的课堂依然很普遍，这样培养的人才是不符合社会要求的。

21 世纪，世界各国对核心素养展开了深入研究。“核心素养”的概念最早出现在欧盟理事会和经合组织（OECD）的 2003 年出版《核心素养促进成功的生活和健全的社会》的研究报告中，为了推进实践增强核心素养的可操作性，2005 年 OECD 继而推出了《核心素养的界定与遴选：行动纲要》。OECD 把个体的成功生活，社会的和谐发展作为核心素养目标，而联合国教科文组织的研究是以终身学习为目标的，以欧盟与美日为代表的研究是以能力为目标的。虽然各国对核心素养的研究不尽相同，但是不难发现培养全面发展的人是各国共同的诉求。

近年来，我国也开始了核心素养的探究之路。2016 年在北京师范大学举行的发布会上提出了核心素养体系总框架。继而物理教育学者根据物理学科的特点制定了物理核心素养，包括物理观念、科学思维、科学探究、科学态度与责任。物理核心素养是指学生在接受对应学段的物理教育后，具备适应社会发展和终身发展的必备品格和关键能力。为了将物理核心素养渗透到实际物理课堂当中，《普通高中物理课程标准（2017 年版）》应运而生，相较于 2003 版的旧课标而言，它的必修与选修课程都更加重视学生的物理核心素养的培养，而且列出了学生在整个学段中必须要做的实验。自新课标颁布以来，如何在教学中落实物理核心素养是学者们持续关注的热点。

2 现状调查

侯好对江苏部分高中生进行了物理核心素养的调查，研究表明学生主观能动性差，对教师的依赖过多，质疑意识与创造精神缺失，而且动手能力较差，思维能力不强。此外，学生科学态度与责任意识薄弱。教师主导过度使得学生的主体性没有得到体现，科学探究及合作学习机会不多。赵志成对扬州部分高一学生的核心素养现状的调查表明，学生对物理观念的广度和深度了解不足。由于课堂与社会对理科的关注度高，大部分学生已经具备一定的科学思维，这有利于培养学生的物理核心素养。这些学生的实验探究理论掌握得比较好，但是学生还欠缺自主进行实验探究的能力，甚至连实验的目的都是以分数为导向的。张亚婷对高中三个年级学生进行了调查，她发现物理观念方面：大量学生对物理学科的兴趣不足，部分学生的观念受到前观念和思维习惯影响，不擅长将物理知识应用到实际生活中。科学思维与创新方面：部分学生对知识的理解只停留在被动接受的层面，从而影响了科学思维建构的深刻性，此外还有思维片面化带来的科学推论能力薄弱，而且学生习惯了教师单一讲授式的教学，没有主动质疑，训练批判性思维的意识。在科学探究与交流方面，师生对科学探究的观念不强，对实验探究过程、结果缺少评估的意识。科学态度与责任方面：多数学生具备较为严谨的科学态度，他们获取课外物理知识的主要途径来自物理课堂。王彩云的调查对象是河南的小城市，结果表明：大量学生学习的目的在于考出好成绩，并且学生的关键能力不强，处于被动接受知识的状态，他们不主动关心社会问题、科研进展、学术问题等。任俊红调查了合肥的一所重点高中的师生，她发现这些学生解题能力较强，但是解决实际问题的能力欠缺，学生对科学思想方法的内涵并不理解，没有清晰的科学探究思路与方法。

调查结果显示，物理教师对物理核心素养的践行程度不同，探究性实验这一部分，教师常常以讲解实验代替学生动手。部分教师还提出物理知识与生活严重脱离，并且应试教育仍然占据主导等问题。88% 的高中物理教师了解过物理核心素养，但能准确知晓的仅占总人数的$\frac{1}{3}$，大多物理课采用“讲授式”教学模式。任俊红的研究中教师们的态度引人思考，教龄 20 年以上的教师不认可核心素养，成绩依然用分数衡量，虽然一部分教师接受核心素养，但是他们担心耗费的课时过多，影响学生练习做题，成绩下滑，并且一部分的教师明确表态不知如何实践。

综上所述，学生的科学思维方面的培养是不足的，学生的实验探究能力偏弱，他们很少经历科学探究的过程。教师们错误地以为实施核心素养下的物理教学不能让学生的学业成绩提高，因此他们不主动学习核心素养，有不少的教师和学生坚持“唯分数论”的观点。

3 物理规律课的不足

物理规律反映物理运动中诸多要素之间内在的必然联系，表现为某种物理状态下或某物理过程中相关物理概念之间在一定条件下所遵从的关系 。物理课堂教学的关键部分之一是物理规律教学。物理规律课教学不单单是让学生掌握物理规律，还要掌握科学研究方法，提升观察能力、实验能力、思维能力以及运用规律来分析、解决问题的能力，还要激发学生对科学探究的积极情感。

然而，笔者通过调查与分析总结了物理规律课的不足之处，物理观念方面，学生难以将碎片化知识整合。例如，滑动摩擦力的公式$f = \mu N = \mu mg$ ，如果学生记住了压力大小等于重力的大小，他们在运用摩擦力的计算公式时，只是依靠机械的记忆，理不清正压力只是有时恰好等于重力的大小，由于没有正确理解规律，就在物理观念形成中出现了障碍。科学思维方面，注重“题海战术”，忽视学生的自主思考。科学思维强调让学生自己得出物理规律。要想学生真正做到“一会百会”，那么不能单纯依靠教师课上的讲授和黑板上的演算，而应该让学生通过自我思考、自我内化形成。科学探究方面，课堂上忽视规律建立过程的探究比较普遍。科学态度与责任方面，忽视科学介绍，与生活联系不足。不少的教师在物理规律教学之后就让学生直接练习习题，用这种方式加深学生对规律的理解，而忽视了介绍物理走向生活与社会，造福人类的事例，使得学生的科学态度与责任难以发展。

4 基于核心素养的规律教学模式的特点分析

基于规律教学的特点及学生核心素养的现状，笔者设计了基于核心素养的规律教学模式，如图所示。

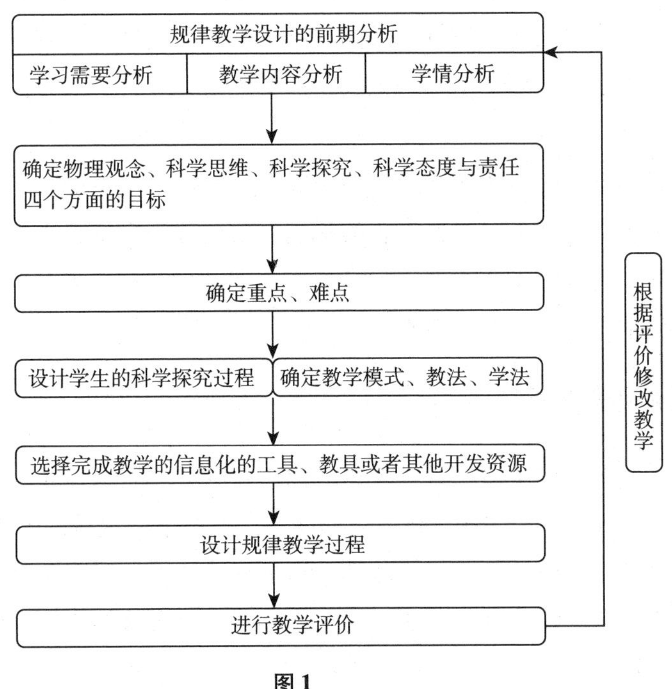

图 1

4.1 确定物理核心素养的四个层次的目标

2017 版课标提出的物理观念包含了物质观、运动观、相互作用观和能量观等。科学思维包括模型建构、科学推理、科学论证、质疑创新等要素。科学探究过程包括提出问题、假设与猜想、设计实验和制订方案、获取信息和处理信息、得出结论并作出解释、交流与反思几个环节。基于 STSE 的科学态度与责任包含三个要素：科学本质、科学态度、社会责任。其中的科学本质指的是如何看待“科学”，需要学生了解社会离不开科学的发展，但是科学的发展也会带来一些挑战，引导学生形成正确的科学态度与科学价值观，而且应该让学生理解物理学的人文关怀与社会责任。

4.2 设计科学的探究过程与适当的教学模式、教法、学法

物理规律是通过科学探究过程得出的。高中生物理核心素养的现状表明，大量的学生经历科学探究的机会少，未能形成科学探究思维，并且他们欠缺自主进行实验探究的能力，不少学生对物理学习的兴趣不足，也不擅长将学习的物理知识应用于实际。因此物理规律课的教学应该选择探究模式和实验法进行教学，辅以讨论法和兴趣法能让学生较为完整地经历科学探究。课前教师可以用有趣的问题来引导学生参与到学科探究中来，并且在整个过程中适当引导和启发学生得出规律，这样才能更好地落实对学生的物理核心素养培养。一般来说，我们得出物理规律的过程有两类：实验探索法与理论探索法，因此教师可以在设计学生的科学探究过程时根据物理学史上物理学家的探究经历进行“量身定制”。学生则宜采用小组学习、合作、讨论的学习方法自主地得出物理规律。

5 基于核心素养的物理规律教学的培养策略

5.1 设计科学探究的环节

在规律教学课中或者课后，应该尽量留一部分时间让学生亲身经历科学探究过程，为他们提供可选择的实验器材，把主动权还给学生。科学探究始于问题，他们真正想要去探究的问题是他们自己提出的问题，因此教师要创造学生提出问题的机会，经过思考提出假设与猜想，然后设计实验方案并实施方案，对实验结果进行分析与论证，反思与评估，这个过程中可以以小组为单位，也利于成员之间的合作与交流。

5.2 重视科学思维的培养

模型建构：在对客观事物进行抽象、概括的基础上，抓住关键因素，构建能反映其本质特征的理想模型的科学抽象过程。高中物理课程中的质点、单摆等理想模型以及简谐运动等理想过程都属于建构的模型，学生学习这些内容更容易形成科学抽象思维。如果教师在授课时先给学生呈现大量的贴近生活的客观事物或者运动形式，让学生从不同的对象中找出共同的特点，引导学生归纳出这一类的本质特征，那么学生就更容易建立起抽象的模型。

科学推理不仅包括逻辑上的归纳、演绎和类比推理，而且还包括抽象与概括、分析与综合、比较与分类等思维方式，以及各种推理形式，比如常见的控

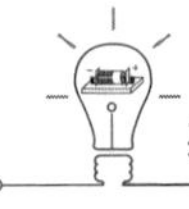

制变量、组合推理、因果推理等。不同的课型所运用到的思维方法一般不同，但是需要教师们根据实际情况，将一味地讲授转变为学生的主动思考，引导学生主动思考才是关键。

科学论证方面包括科学解释，反思自己与他人观点的不足，并提出修正后的观点，同时能回应他人的质疑的思维能力。在教学中，一方面教师应该注重搜集观点的环节，引导一定数量的学生说出自己的想法并作出解释，组织学生选择支持的观点，并说出不支持其他观点的理由，引起学生之间的激烈讨论，最后教师点拨学生的思维误区。另一方面，组织学生合作学习也是较好的一种方式，在互相配合中，学生之间时常引发讨论与并作出解释。根据调查，高中学生的质疑创新能力较弱。提高学生的批判思维应该是在一个平等、开放的课堂氛围中完成的。教师可以有意识地介绍物理学史上科学家敢于质疑权威的故事，告诉同学们科学的进步是不断修正的过程，要敢于发声，不畏权威。此外，也可以在日常课堂中点出一些优秀生犯的低级的错误，甚至是教师故意犯错，引起学生的注意，让学生强化他们正确的观点。

5.3 重视概念教学利于形成正确物理观念

第一，厘清学生的前概念，调整错误认知。错误的前概念会阻碍学生对新知识的理解和掌握，因此教师可以在了解学生前概念的前提下创设情境，启发学生思考，从而激发学生认知冲突，然后借机进行认知调整，纠正前概念。第二，学习新规律后，应该思考规律和各概念之间的联系，通过对知识的思考、迁移、运用逐渐促进物理观念的形成，并且可以利用物理观念解释和解决生活实际问题。第三，整合零碎的知识，形成完整的物理观念。摆脱教材对知识的框架束缚，整合学生各个方面的所学知识，将相关的概念、规律联系起来，帮助学生形成全面、深刻的物理观念。

参考文献：

[1] 韩雨蒙．初中物理融入核心素养理念的探索研究［D］．济南：山东师范大学，2018.

[2] 楮宏启．核心素养的概念与本质［J］．教育，2016（50）：22－23.

[3] 刘义民．国外核心素养研究及启示［J］．天津师范大学学报（基础版），2016，17（2）：71－76.

[4] 蒋天林. 基于学生物理核心素养提升的教学实践—“行星的运动”一课为例 [J]. 物理教师, 2017, 38 (1): 7-10.
[5] 侯好. 发展高中学生物理核心素养的课堂教学策略 [D]. 扬州: 扬州大学, 2018.
[6] 赵志成. 培养高中学生物理核心素养的教学设计研究 [D]. 扬州: 扬州大学, 2018.
[7] 张亚婷. 建构主义视野下高中生物理核心素养培养策略的研究 [D]. 扬州: 扬州大学, 2018.
[8] 王彩云. 高中生物理学科核心素养培养的教学策略研究 [D]. 信阳: 信阳师范学院, 2020.
[9] 任俊红. 基于物理核心素养理念的高中物理教学实践研究 [D]. 武汉: 华中师范大学, 2019.
[10] 阎金铎, 郭玉英. 中学物理新课程教学概论 [M]. 北京: 北京师范大学出版社, 2008.
[11] 中华人民共和国教育部. 普通高中物理课程标准 (2017 年版) [M]. 北京: 人民教育出版社, 2018.
[12] 廖伯琴. 高中物理学科核心素养解读及教学建议 [J]. 全球教育展望, 2019 (9): 83.
[13] 齐磊磊, 张华夏. 论模型———它的概念、分类与评价标准 [J]. 科学技术哲学研究, 2018 (3): 16-21.
[14] 廖伯琴. 普通高中物理课程标准 (2017 年版) 解读 [M]. 北京: 高等教育出版社, 2018.
[15] 刘晓彤. 基于物理核心素养的高中物理教学设计研究 [D]. 大连: 辽宁师范大学, 2018.

作者简介：赵翌梅，华中师范大学物理教育硕士，南山中学云教直播班物理教师，南山中学资源库信息员。曾获绵阳市中学物理教师实验操作技能竞赛一等奖、绵阳市论文一等奖、四川省论文二等奖、“人教杯”教学技能展示活动二等奖，连续多次获得南山中学教学质量突出贡献奖。

基于高考评价体系的物理备考策略

四川省绵阳南山中学　王静

高考评价体系主要由“一核”“四层”“四翼”三部分内容组成，分别回答“为什么考”“考什么”“怎么考”的问题。同时，高考评价体系还规定了“情境”为高考的考查载体，以此承载考查内容，实现考查要求。近年，高考评价体系的理念已在高考命题中逐步体现，在高考试题中落地，为高考命题的稳定性奠定了基础，也为广大师生复习备考提供了依据，指明了高考备考方向。因此，作为高中物理教师必须立足高考评价体系，把握高考物理命题方向，才能科学有效备考，才能取得高考的胜利。下面基于高考评价体系的理念在近年高考命题中的体现，谈谈物理备考策略。

1　突出核心价值、落实立德树人

高考评价体系始终坚持以价值为引领，确保立德树人在高考中的落实力度和落实效果。作为考查内容的第一层，核心价值既是考查内容的重要组成部分，更是引领其他层次考查内容的总航标，必须将学科素养、关键能力、必备知识的考查置于核心价值的统领之下。

对照最近几年的高考物理命题，不少物理试题通过适当选取背景素材，将立德树人的要求融入物理试题的解答过程中，彰显高考评价体系的核心目标和育人功能。因此，在复习备考中要依托课堂和练习，聚焦于能够反映出核心价值的实际情境，引导学生关注我国近些年的科技成果和古代的科学成就，培养学生的民族自信心和自豪感，增强其为国家发展、民族进步作出努力的责任感和使命感，提升学生学习物理的兴趣。在复习备考中应体现物理学科的育人价值，突出核心价值引领，落实立德树人。

2 回归教材主干、夯实学科基础

高考评价体系的“四翼”是高考考查要求，即基础性、综合性、应用性、创新性四个方面的考查要求。基础性包括学科内容的基本性、通用性以及情境的典型性。高考强调扎实基础，要求学生必须扎实牢靠地掌握基础内容。

课堂回归教材，引导教学注重教材、注重基础，夯实物理学习和能力提升的根基。全方位覆盖物理学科的基础性内容，不留知识死角。让考点回归教材，研究教材内容，把教材读薄读透。加深理解基本概念和基本规律，落实推导重要公式、定理、定律，重要知识点要牢固掌握、熟练运用、灵活迁移。在主干知识上狠下功夫，厘清主干知识之间的联系，建立知识的网络体系，加大学科内综合的力度，做到远能见森林，近能见树木。

练习和模拟考试要命制一定比例的基础性试题，突出物理学科的基础性，突出主干内容、基础性内容。试题命制必须尽量涵盖基础性内容，试题素材来源于教材，贴近中学教学实际，增强学生的获得感，引导学生打牢知识基础，促进课堂回归教材。试题要注重对探究过程、研究方法、科学态度等基本内容的训练提升，夯实学生全面发展的基础。在考查重要概念和规律的基础上，要进一步培养学生灵活应用概念、规律综合分析复杂物理过程、解决复杂物理问题的能力。

3 创设实际情境、加强理论运用

情境是实现高考评价体系“四层”考查内容和“四翼”考查要求的载体，对考查和培养学生的物理学科素养具有关键作用。近年来高考题中出现的情境如“嫦娥四号”探测器于月球背面成功着陆，火星探测任务的“天问一号”探测器和“祝融号”火星车登陆火星，中国空间站天和核心舱发射准确进入预定轨道，中国科学家在稻城“拉索”基地探测到迄今为止最高能量的 γ 射线，我国已成功掌握并实际应用了特高压输电技术，自主研制“复兴号”动车组和运 20 重型运输机，我国古代著作《墨经》记载了小孔成像等。在复习备考中创设实际情境，突出情境的时代性，注重联系科技发展、生产生活、现代社会，强调情境与考查内容的有机融合，加强理论联系实际，促进学生更好地理解物理世界，激发学生学习物理的兴趣。

3.1 创设联系科技发展情境，培养学生建模能力

联系科技、生产、生活实践中的具体物理问题，抽象简化成特定的物理模型，培养学生模型建构的能力，培养学生物理学习和物理研究的重要能力，培养学生物理学科素养和科学思维。同时，引导学生了解当代科学技术发展的重要成果，在潜移默化中引导学生关注科技发展现状，体会物理学对社会进步及科技发展的重要推动作用。

3.2 创设联系体育运动情境，促进学生建立运动中的物理观念

联系生活中的体育运动，培养学生运用物理概念和规律解决实际运动中的相关问题，促进学生理解体育运动中蕴含的物理规律，引导学生积极参加体育运动，增强学生体育运动的兴趣。

3.3 创设生产生活情境，培养学生物理学科素养

联系生产生活实际的问题情境，引导学生了解物理技术应用对生产生活带来的影响，培养学生从实际情境中建立物理模型、运用物理观念思考问题和灵活应用物理知识分析和解决问题的能力。命制联系生产生活的物理试题，培养学生运用所形成的物理观念和科学思维分析和解决实际问题的能力，增强学生的实践意识，促进学生物理学科素养的形成与发展。

4 精心设计试题、加强能力培养

关键能力作为整个“四层”考查内容的重心，高考物理试题注重对学生关键能力的考查，结合物理学科特点，从有利于学生终身发展的视角出发，加强对信息获取与整理、批判性思维、实验探究、运用物理语言表达等能力的考查。

4.1 加强对信息获取与整理能力的培养

试题通过文字、图形、表格等方式呈现，加大试题信息的广度和容量，加大各种信息形式之间的融合。加强训练，培养学生从文字、图形、表格等多种形式的呈现材料中筛选、分类、归纳、整合相关信息，提取有效信息，构建物理图景，分析物理过程，解决物理问题的能力。

4.2 注重对批判性思维能力的培养

高考物理试题在考查学生物理学科素养的同时，也体现了对学生批判性思维能力的考查。批判性思维能力是高阶思维能力，在课堂中要重视学生批判性

思维的培养，从而提升学生思维品质、提高解决物理问题的能力。

4.3 强化运用物理学术语言进行表达能力的培养

结合学科特点，高考物理试题着重考查学生运用物理学的专业术语，阐释说明相关物理问题的能力，这种能力是培养学生适应未来学习、生活、工作沟通交流的基本能力。在平时的练习中，对于计算题要求学生规范写出必要的解题公式，还要培养学生运用物理学的专业术语清晰、有逻辑地展示解题过程的能力。如在呈现具体的公式之前，能够给出所列公式的物理依据，并将公式中的未知量进行具体的说明。同时，训练学生作答时要合理排版，工整书写。

4.4 突出对实验探究能力的培养

高考物理试题，既有源于教材的实验，也有一些情境新颖的实验，通过增强试题的开放性和探究性，引导学生加强实验能力的培养。注重实验设计、观察、操作和思维能力，提高实验技能。在实验的复习中要注重对基本实验拓展创新，注重通过物理实验解决实际问题的训练。在复习备考中要重视基本仪器的使用，重视理解实验的原理，突出实验操作的规范性，要突出实验思想方法、数据处理方法和误差分析方法的总结归纳，促进学生实验知识和实验技能的迁移，提高学生的实验应用能力和创新能力。

5 强化自我反思、做好查漏补缺

复习备考的过程节奏快、容量大，学生容易陷入忙于做题、忙于考试的困境。学生应该结合课堂复习和模拟考试的过程，反思自己掌握了哪些知识，掌握的程度怎么样，反思自己遗漏了哪些内容，还有哪些没有突破的重点和难点，还存在哪些问题等，从而形成一个系统、科学的复习计划和改进措施。学生应自己制作错题集、考试总结等进行查漏补缺，不断完善知识体系，提升综合能力。教师也应该实时指导学生纠错、总结、改进。

参考文献：

[1] 教育部考试中心．中国高考评价体系［M］．北京：人民教育出版社，2019.

[2] 教育部考试中心．中国高考评价体系说明［M］．北京：人民教育出版社，2019.

［3］教育部考试中心 . 2020 年高考物理全国卷试题评析［M］. 北京：人民教育出版社，2021.

作者简介：王静，中学高级教师，绵阳市优秀教师、优秀骨干教师。所教班级连续 7 年获得“期末统考质量突出贡献奖”10 余次，高考获得市特等奖和物理学科突出贡献奖，多篇论文在省级以上刊物发表。坚持以“教育无大事，无须高谈阔论，惊天动地；教育无小事，只需事事用心，润物无声”的教育理念，不忘初心，坚韧前行，不断追寻“求真、行善、至美”的教育理想，深受学生喜爱。

问题引领，任务驱动——高中物理教学中 PBL 教学模式的应用研究

四川省绵阳南山中学　李才银

PBL 教学模式（Problem Based Learning，基于问题的教育模式）已在国内外教育界产生了广泛的影响，我国新课程教育理念实行后，国家也大力倡导教师在教学过程中运用 PBL 教学模式。这种教学模式也被逐渐运用到了高中物理课堂教学中来，由于 PBL 教学模式始终围绕着学生为课堂主体开展教学环节，有利于提高学生积极主动地参与到课堂学习中来，进而通过解决问题提高学生的创新精神和独立解决问题的能力。

1　什么是 PBL 教学模式

PBL 教学模式是建立在问题的学习教学模式基础上的，由美国著名教授提出，随着国家逐渐实行新课程教育理念，当前的 PBL 教学模式已成为国内教师非常喜欢运用的教学模式，它能够从提出问题、分析问题、解决问题三个不同阶段展开教学，最后教师根据学生讨论的结果进行分析和总结，不断引导学生在解决问题中提高学习的主观能动性。PBL 教学模式的主要特点是以问题为导向，以学生为课堂的主体，教师在教学中起到引导作用。学生在课堂中主要通过不断解决问题获得经验，进而培养学生正确的物理思维方式。同时，PBL 教学模式与传统的物理教学模式相比，它可以摆脱死板、枯燥的物理课堂，逐步构建灵活、多样、创新课堂模式，所以 PBL 教学模式对于高中物理教学具有重要的意义。

2　为什么要在高中物理课堂上运用 PBL 教学模式

在传统的高中物理教学过程中，教师作为课堂的主体，长期运用照本宣科

的教学方式，学生缺乏独立思考、探究解决问题的能力，PBL 教学模式能够弥补传统教学模式的不足，这种教学模式要求学生在课堂上充分理解教学内容，不断挖掘教材中的问题，进而发挥自身主观能动性，在解决问题中促进自身逻辑思维能力和创造力的形成。其次，在传统教学模式下，很多学生学习过程中都认为学习的知识与以后的生活并无太大关系，而在课堂上采用 PBL 教学模式就可以将问题在熟悉的情景中展现出来，学生就可以将知识与现实生活取得连接，不断提高自身运用知识解决问题的能力。另外，在传统教学课堂上，大部分的学生都是被动参与课堂学习，并采用死记硬背的学习方法，这样的课堂状态不利于学生对知识点的灵活运用，但在 PBL 教学模式中，教师要求学生必须积极主动地参与到课堂学习中来，这样才能够真正让 PBL 教学模式发挥最大的教学作用，所以 PBL 教学模式对于高中物理教学来说，能够帮助学生在学习基础物理知识的同时不断提高自身物理能力的全面发展。

3 高中物理教学中 PBL 教学模式的应用策略

3.1 不断提炼教材中的问题

在高中物理教学过程中，教师要在上课之前将本节课所讲的内容提炼为多个问题，进而激发学生学习的兴趣。其次，在提炼问题的过程中，要根据当前学生的学习情况和解决问题的能力来设置循序渐进的问题，以此来帮助学生逐步理解和掌握本节课所学习的内容。这样不但能将抽象、复杂的物理知识转化为简单的探究项目，而且还方便学生通过探究分析对知识点进行总结与归纳。

例如，在学习“电磁感应”这部分内容中，教师要让学生通过学习知道电磁感应现象及其产生的条件，了解感应电流的方向和哪些因素相关，进而培养学生观察实验的能力和从实验中归纳、概括物理概念和规律的能力。在教学过程中，教师首先可以通过多媒体视频来播放奥斯特实验，并让学生们进行观察后回答问题：此实验称为什么实验？它揭示了一个什么现象？学生思考，教师导入新课。在导入新课的过程中，教师可以根据学生当前的学习情况提出一系列的问题，如教师可以提出：磁是否能生电？怎样使磁生电？如何进行？实验步骤又是怎样的？导体应怎样放在磁场中？是平放还是竖放？在什么条件下才能产生电磁感应现象？学生通过不断进行探究进而掌握本节课学习的知识点。

3.2 设置问题化教学情境

高中物理教师要根据实际教学情况和教学内容来设立不同的问题化教学情

境，可以将书本中的知识点与学生实际生活中的事物和现象相融合，这样有利于学生在熟悉的情景中提高探究的主观能动性，还有利于学生运用已知知识解决现实生活中的问题，提高自身解决问题的能力。首先，教师可以从学生日常生活出发，通过日常的情景让其感受物理知识。其次，教师还可以从日常的现象出发，让学生对日常生活中的物理现象进行分析和探究。

例如，在学习“动能和势能”这部分内容过程中，教师要让学生通过学习了解动能和势能，并通过探究物理动能受哪些因素影响的实验，提高学生分析能力和解决问题的能力，增强其对物理学科的热爱。在教学过程中，教师可以运用多媒体来展示水能推动风车、拉开弹弓能将弹丸射出等一系列的生活场景并提出问题：其中的原因是什么？其次，教师可以继续引导学生来观看草地上运动的足球和高速公路上行驶的汽车并提出问题：它们具有什么样的能量？进一步来探究物体的动能和哪些因素有关。另外，教师可以引导学生讨论树上结的苹果是否具有重力势能。通过讨论可以帮助学生理解日常生活中的动能和势能。

3.3　将实际复杂问题简单化

在日常高中物理学习过程中，教材中和试题中所见的物理问题都是将日常生活中的实际问题简化处理后呈现出来的，也就是学生日常所接触物理问题中的模拟型实验，但在模拟型实验的过程中仅仅也是模拟理想的状态，并不能够体现出问题的实际情况，所以学生日常所接触课本上和试卷上的物理问题与现实情况脱节，自然在解决问题的过程中不能充分运用所学知识，进而在一定程度上妨碍了物理知识在现实生活中的运用。所以作为高中物理教师要能引导学生逐步分析被简化的物理问题，同时还能够进一步培养学生从简化的物理问题出发分析问题，提高解决当前实际问题的能力。

例如，在解决一个物体从斜面上高 H 处由静止滑下，并紧接着在水平面上滑行一段距离后，在停止处相对开始运动处的水平距离为 S，不考虑物体滑至斜面底端的碰撞作用，并设斜面与水平面对物体的摩擦因数相同，求摩擦因数。本题中物体滑行明显可分为斜面和平面两个阶段，学生可以依据各阶段中的动力学和运动学的关系求解本题，也可以分为匀加速运动和匀减速运动求解问题。这道题显而易见可以运用动能定理进行解题，只要抓住始末两状态的动能变化，而不必追究从始至终过程中的运动细节，因此不仅适用于中间过程为匀变速运动的情形。所以教师要逐步引导学生在解决问题的过程中，将现实的复杂问题变得简单化，自然地将现实问题与当前所解决的问题相结合，找到现实问题中更好的解决方法，逐步培养学生自主解决问题的能力。

4 结束语

综上所述，作为高中物理教师，要能够正确运用 PBL 教学模式，不断促进高中物理课堂教学创新，在教学过程中要积极对学生进行正面引导，不断提高整个教学活动的灵活性和创造性，将学生的学习与思维结合起来，促进学生在高中物理学习过程中的全面发展。

参考文献：

[1] 范永梅.PBL 视域下的初高中物理衔接教学［J］. 物理教学，2019，41（10）：25－27＋43.

[2] 吴志山.PBL 教学：基于课程基地的物理教学方式变革［J］. 物理教学，2018，40（4）：6－8＋48.

[3] 李生仁，白琼燕.PBL 模式在高中物理教学中的应用研究［J］. 湖南中学物理，2018，33（3）：17－18＋98.

作者简介：李才银，绵阳南山中学校团委副书记、四川省优秀共青团干部、绵阳师范学院“名师讲堂”讲座教师、南山中学十大杰出青年教师、南山中学优秀教育工作者、南山中学优秀共产党员。先后荣获南山中学教学质量突出贡献奖、绵阳市青年党建大练兵知识竞赛特等奖、绵阳市中小学生防疫主题班会比赛特等奖。在各省级教育学术期刊发表多篇论文。参加第十届全国教育技术论文活动荣获全国三等奖。

以“情境”为载体，以“素养”为目标，以“问题”为导向

——在教学设计中贯彻落实新高考理念实例分析

四川省绵阳南山中学　李毅

1　高考连接

2022 年高考全国理综乙卷第 22 题：

用雷达探测一高速飞行器的位置。从某时刻（$t=0$）开始的一段时间内，该飞行器可视为沿直线运动，每隔 1 s 测量一次其位置，坐标为 x，结果如下表所示：

表 1

t/s	0	1	2	3	4	5	6
x/m	0	507	1094	1759	2505	3329	4233

回答下列问题：

（1）根据表中数据可判断该飞行器在这段时间内近似做匀加速运动，判断的理由是：______________________________。

（2）当 $x=507$ m 时，该飞行器速度的大小是：________________。

（3）这段时间内该飞行器加速度的大小是：________________（保留 2 位有效数字）。

参考答案：（1）相邻 1s 内的位移之差接近 $\Delta x=80$ m。（2）547 m/s。（3）79 m/s^2。

本题设计了加速度约为 $8g$ 的一个飞行器的匀加速直线运动情境，把物理实验中打点计时器的纸带记录改成了雷达记录，把打点计时器的计数周期改成了

雷达记录的每1秒钟，把打点计时器纸带上的几毫米变成了空间位移的几千米。对学生能力素养的考查，如果要加大试题的难度，不一定非要把试题设计得很复杂，在试题中渗透某些核心素养的考查，既能体现要考查目标，又能增加试题的区分度。

高考这一命题思路，为教师在教学实践中如何来贯彻落实新高考理念提供了一个参照方向，将学生在书本中所学习的知识拓展到现实情境中，看学生能否跨出物理知识的本位，把视野拓宽到生活、社会实践中去。教师的教学始终要植根于问题情境，解决真实而复杂的学科问题与现实生活问题，以此来培养和提高学生的核心素养和物理思维能力。

2 教学实例：简谐运动振动图像的建立过程

2.1 教学设计理念

（1）以学生“学科思维”的发展为目标，以物理学科“核心概念”的探究与理解为主线，让学生置身真实问题情境，亲历学科知识的形成过程或学科知识的应用过程，并由此学习物理学科知识和技能。

（2）通过创设真实情境，概括其共同属性并抽象出本质特征来形成概念。在学习物理规律时，重视通过实验和理论两个途径强化对规律的理解，并采取合理的教学路线来学习物理规律，促进正确物理观念的形成。

（3）基于物理核心素养的一般教学过程：经历科学探究、掌握科学方法、训练科学思维、形成物理观念、养成科学态度、学会担当科学责任。

2.2 教学过程实施

2.2.1 提出问题

研究简谐振动的位移随时间变化的规律。

2.2.2 问题研究，情境创设。

如图1所示，漏斗内装有细砂，将砂摆拉离平衡位置一个合适的偏角，使漏斗在一个固定的竖直平面内摆动（摆角很小，可认为是简谐运动），同时砂摆内的细砂不断漏出，在其正下方的木板上形成砂迹。

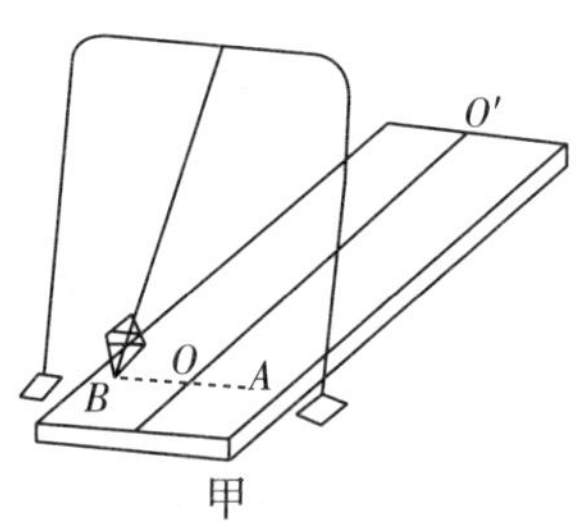

图1

回答以下问题：

木板不动，让砂摆沿垂直于 OO' 方向来回运动，细砂在薄板上形成一条以 A、B 为端点的线段。若规定由 A 到 B 为正方向，某次通过平衡位置沿正方向振动为计时起点，该线段上任意一点到 OO' 的距离表示为________。

思考与讨论：如何用砂迹同时记录砂摆振动的“位移”和“时间”两要素？

2.2.3 活动环节

学生分组，让他们通过实验，给出解决问题的策略，并阐述理由。

2.2.4 问题讨论

（1）沿垂直于该平面的 OO' 方向以速度 v 拉动木板时，得到的是图 2 中的________图，以速度 $2v$ 拉动木板时，得到的是图 2 中的________图。

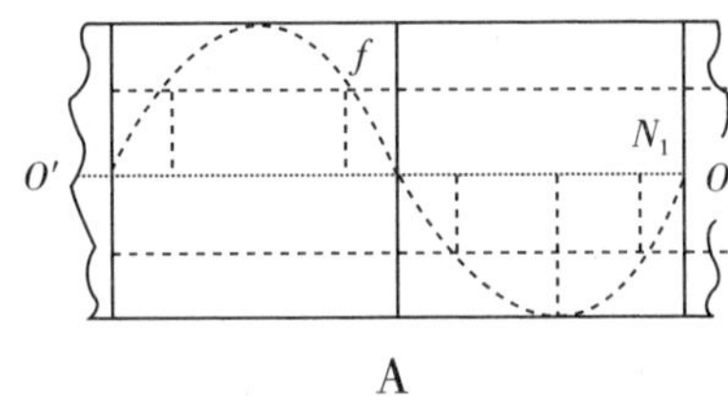

A

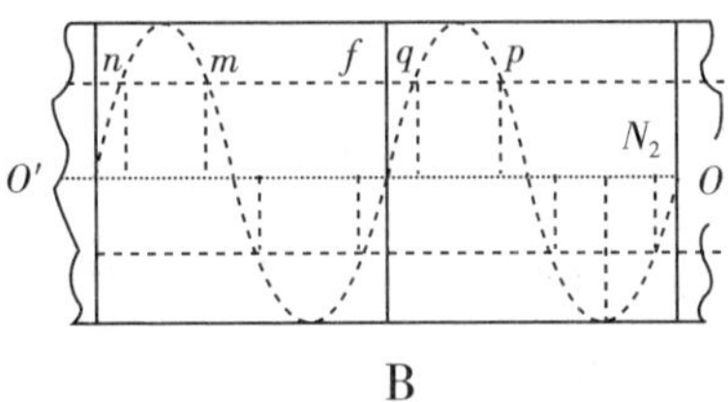

B

图 2

（2）细砂在木板上留下的痕迹是不是做简谐运动的砂摆的运动轨迹？________；砂迹上一点到 OO' 的距离代表________，当木板移动的速度一定，沿 OO' 方向上的距离仅与________有关，故可沿 OO' 建立________（填“位移轴”或“时间轴”），用来记录振动的________。在图 2 中，与 A 中的 f 点代表相同时刻的应该是 B 中的________点。

（3）本实验中，A 图与 B 图所代表的简谐振动，其振动的周期关系是________。

A. $T_a = T_b$ B. $T_a = 2T_b$

C. $T_b = 2T_a$ D. 以上结论都不正确

2.2.5 总结概括

（1）建立坐标系：以横轴表示简谐运动的________，纵轴表示简谐运动的物体运动过程中相对平衡位置的________，则图像上任意一个点就同时记录了质点振动的位移和对应的时间信息。

（2）图像的作用：

① 做简谐运动的物体在任意时刻相对于平衡位置的位移；

② 做简谐运动的物体振动周期和振幅；

③ 做简谐运动的物体的在任意时刻的振动方向。

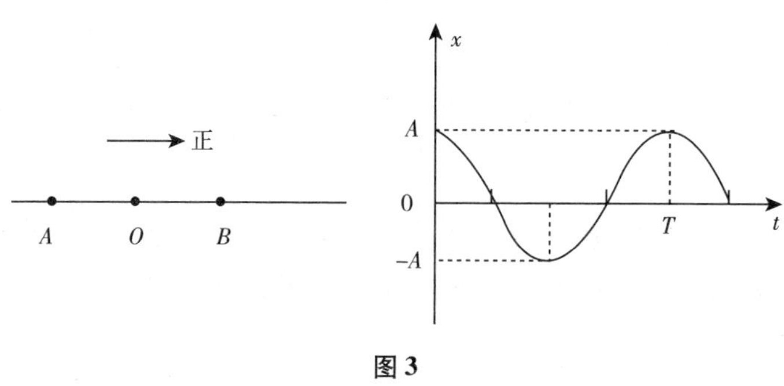

图 3

2.2.6 情境迁移

利用如图所示的装置研究平板小车在斜面上运动的加速度。砂摆用支架固定在水平地面上，在支架之间有一斜面，砂摆在支架平面内振动，让平板小车沿斜面运动通过支架。通过平板车上的砂迹研究小车沿斜面运动的加速度。

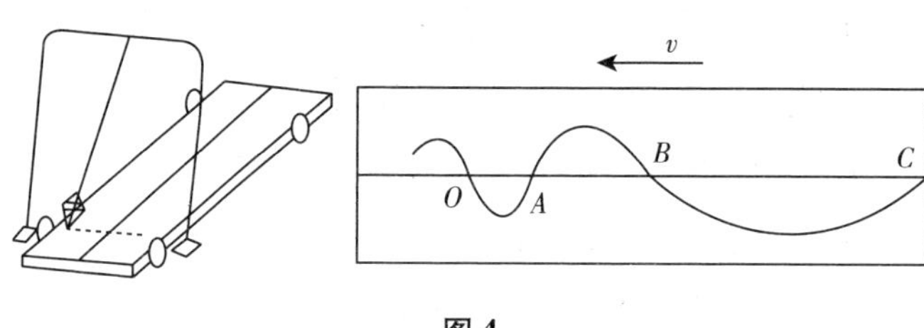

图 4

（1）实验中需要直接测量的物理量有____________________________。

（n 次全振动的时间 t、砂迹平衡位置间的距离 x_{AB}、x_{BC}）

（2）小车运动的加速度的表达式为____________________。（用你设定的物理量的字母表示）

3 结语

在高中物理教学素材中，还有很多素材值得教师去研究开发，把新课程理念融入日常的教育教学工作中，以适应新高考对学生的能力要求，把新课程教学理念落到实处，全面提升教学效率，是当下教师应该努力达到的目标。

参考文献：

［1］胡卫平．物理学科核心素养的内涵与表现［J］．中学物理教学参考，2017（8）．

［2］谢胜兵．创设教学情景，构建高效物理课堂［J］．中学生数理化，2014（3）．

［3］刘岩华．基于核心素养的高中物理教学设计［EB/OL］．https：//www. docin. com/p－2402005905. html.

作者简介：李毅，中学物理高级教师，常年担任物理备课组长，在教育工作中，一直践行“赏识教育、包容教育”的理念，平等看待每一个学生，让每一个学生在自身能力基础上都能获得智力的发展，身心和谐健康的成长，学习过程中愉悦的情感体验，激发学习的主动探究精神！先后获得绵阳市 A 组学校理科综合“一等奖”“特等奖”等教学奖励，先后担任了 4 届清北班的教学工作，3 届清北班班主任工作，所教学生先后有十多人考入清华、北大顶尖高校。所带历届班级多次获得过“绵阳市先进班集体”荣誉称号。个人也多次受到学校、市教体局的表彰，多次获得“绵阳市优秀班主任”“绵阳市教学骨干教师”荣誉称号。

新高考、新教材背景下高中物理教学策略浅析

四川省绵阳南山中学　杜富权

1　新旧教材差异化

1.1　新旧教材中知识点占比差别

通过查看新版本高中物理教材发现，重要的知识内容需要多个课时进行授课，这样更有利于学生对于重点知识内容的吸收，大部分物理知识体系没有发生重大改变，只是针对部分知识内容进行重点讲解，所占教材篇幅也正好证明了知识点的重要性，所以在新教材中重点显示的知识点内容是所有高中生应该重点学习并掌握的知识内容。

1.2　新旧版教材中插图的变化

插图在物理教材中占有重要地位，也可以称作物理教材的第二种教学语言，是物理教材不可或缺的组成部分。学习高中物理需要具有超强的逻辑思维能力，因为其知识内容相对于其他学科来讲非常枯燥、抽象。在多数高中生眼中，物理是他们最难学的一个科目，所以插图就起到了重要的作用，不仅让枯燥的知识点借用图案形式展示出来，也调动了学生学习物理学科的积极性，所以高中物理学科插图的更新也变得更加色彩鲜明，与知识内容适配度也不断提升。

2　在新高考、新教材背景下如何更好地进行教学

2.1　充分调动学生学习积极性

在高中学生认知里，无论是新教材还是旧教材，对于物理学科的感觉都是枯燥乏味的，导致多数学生对课堂上教师所讲授的知识内容逐渐失去了兴趣，如此便形成恶性循环，长久下去学生成绩必然会不断下降，因此提高学

生对新教材的兴趣就显得尤为重要，不能一味地只重视知识点的输出，而不考虑学生的吸收能力。教师应该让学生有足够时间思考当堂课程的重点教学内容，引导学生们自主学习，大胆做实验，让学生们逐渐发现物理学科真正的乐趣，从而调动学生学习积极性。

2.2 改变教学模式引导学生参与实践

高中物理知识可以分为概念性、规律性与实验性内容，学生最先接触到的是概念性理论知识，内容枯燥，学生不能保持长久兴趣进行学习。为了改变这一现象应将这种概念性知识转化成易被学生接受的有趣的内容，在课堂授课针对学生感兴趣内容进行互动，让学生不只是单调地学习。物理教师也要改善教学方式，将情景模式教学多种授课模式结合在物理课程中，通过这种教学模式改善以往教学单方面授课的弊端，从而强化学生在课堂中的主体地位。

2.3 改变师生角色发挥学生的主观能动性

高中物理的特点是教师难教，学生难学。以往的物理教学模式是教师扮演表演者，学生是观众。教师把知识嚼烂揉碎，学生被动地吸收。这样学生的思维只能是机械化、模式化，不懂变通、不懂创新。新高考、新教材要求教师要改变原来的教学模式，物理课堂上让学生扮演表演者，教师是导演，充分发挥学生的主观能动性，让学生在讨论中迸出思维的火花，在教师的引领下建立属于自己的知识体系，构建出变化多端的物理模型。只有这样，学生才能适应新高考的要求。

3 总结

综上所述，高考模式改革成“3+1+2”，新教材的出现，高中物理的难度可能让多数学生望而却步，所以在这种背景下，如何提高学生的学习兴趣，改变授课方式就显得尤为重要，本文已给出一些建议，希望能帮助学生解决学习物理过程中的困难。

参考文献：

[1] 刘雯霞．人教版新旧高中物理教材对比分析与教学思考［D］．洛阳：洛阳师范学院，2020.

[2] 杨雨晴．高中物理生活化教学策略研究［D］．大连：辽宁师范大学，2022.

作者简介：杜富权，绵阳市优秀教师，绵阳市有突出贡献教师。在长期的教学实践中，不断探索、总结更优的教育教学模式，凭借“教育来源于生活”的教育理念和“轻松、快乐、实效”的教学风格，深受学生喜爱。在省级以上刊物发表论文 8 篇。

优质高效物理课堂是怎样炼成的

绵阳南山中学双语学校　彭俊杰

笔者观摩了2010年10月在北京广渠门中学举行的第二届全国中学物理教学名师赛，并参加了2012年9月在青岛市城阳三中举行的第三届全国中学物理教学名师赛并获得全国一等奖。每届全国中学物理教学名师赛的31位参赛选手都是来自不同省份的35岁以上经验丰富的老师，比赛每四人一组，采取同课异构的方式（课题提前根据当地学校的教学进度拟定），通过激烈的角逐，最终评选出一等奖、二等奖。各位参赛选手紧扣新课改的理念，深入挖掘教材的内涵和外延，在课堂引入、实验设计、探究模式等方面亮点频出，对实际教学起到了很好的示范和导向作用，很多方面值得学习和借鉴。现将在观摩和参与比赛中感悟最深的几点写下来，供大家参考。

1　全课框架的设计必须在尊重教材的基础上创新

中学教育有三次主要的创造过程。第一次创造是写课程标准，第二次创造是编写教材，而实施教学是中学教育的第三次创造，也是最重要的创造过程，其创造主体就是课堂上的一线教师。具体而言，一堂课的教学设计要解决两方面的问题：第一方面是知识内容线索设计，体现为教师课堂上呈现的主板书，也即这堂课要解决哪些问题：第一个问题是什么，第二个问题是什么……知识内容线索设计要考虑得比较大、比较粗，可以创新，但是没有必要刻意与教材不同；第二方面是教学活动设计，即根据确定的问题设计师生活动，这方面必须创新，要考虑得比较全、比较细。

2　课堂引入要能够真正激发学生的兴趣和求知的欲望

一堂课如果不注重对课题引入的设计，很可能难以使学生精力集中，从而

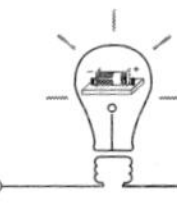

导致其犯困。因此，一堂优秀的课，它会紧扣本节要学习的内容，采用具有创新性的课堂引入方式，一下子调动起学生学习的积极性，使学生精神全部集中在想弄清现象所产生的道理上，于是教师因势利导，循序渐进地展开，慢慢地在学习中解决所创设的情景问题，让学生在思考、学习的过程中领悟到解决问题的方法。

例如，在案例“焦耳定律—电路中的能量转化”的课题引入中，某教师展示了用长方形塑料泡沫板画的一个苹果，然后问同学们如何将苹果取下来。学生回答中比较常规的方法是用小刀或钢锯锯下来，但是这样做不方便，而且“苹果”不整齐，还弄得到处都是泡沫灰。而教师展示了一个用电阻丝做的锯子，试着把“苹果”锯下来。开始时当然锯不下来，这也符合学生的认知。但是，教师接下来把电阻丝接入电路后，结果“苹果”图案周围的塑料轻松地被锯下来，每锯下来一块，同学们都不由自主地发出“哇……哇……”的惊叹声，从中足以看出学生对这个“电锯”的兴趣及想弄清原因的渴望。

3 课堂提问要有思维量，要给学生思考的时间，要问得一片寂静

在我们平常的教学中，容易提出一些假问题，比如问学生初中是不是学过什么知识，全体学生齐声回答“是”；又或者问学生对不对、是不是等思维含量极低的问题。这些问题不仅不能使学生在一问齐答中学到东西，反而给教师造成学生参与度高，课堂掌控很好的假象。真正的问题是需要思考的，真正的问题是应该有人答错的，教师从学生错误的原始思维中矫正找出正确的逻辑，培养全体学生的思维品质和学科素养。

例如案例：在学习“摩擦力”的课题中，教师这样创设情景引入课题：拿出一个接力棒，请一个强壮的男生和一个柔弱的女生一起拔河，一开始男生轻轻一拉女生就过来了，这当然符合学生的逻辑。教师一皱眉头说：“不对啊，我看一下接力棒。”教师于是顺手拿过接力棒用手一抹，再交还给两位同学说：“刚才的不算，重新拔。”结果这次女生一使劲——拔赢了！看到结果反转，同学们兴奋得使劲鼓掌。这时，教师马上抑扬顿挫地提出问题：“力量大的不一定能在拔河比赛中取得胜利，那决定输赢的关键在哪里呢?”全体学生鸦雀无声。这个引入来源于生活而高于生活，有情理之中的现象，更看到了意料之外的结果。原来教师在接过棒的一瞬间在男生握棒的那一头抹了润滑油。

4 探究性学习不要面面俱到，应在小问题上深研究

探究性学习是新课程理念的根本，其目的在于让学生在探究的过程中明白知识形成的过程，理解到规律和概念建立的需求，并从中领悟到物理思想和方法，从而培养物理学科素养。但如果课课都要探究、题题都要讨论，那只会面面俱到而重点不突出，求新求异难点难突破。

如在“摩擦力”的教学中，江西的一位老师在和学生探究滑动摩擦力与哪些因素有关时，探究了摩擦力与速度、粗糙程度、接触面积、材料四个因素的关系。这样的探究很全面，而且对实验器材做了创造性的改进，却没有得到评委的肯定，只得了二等奖，就是因为想做到面面俱到而迷失了课堂的核心。但湖北的一位老师只深入地研究了摩擦力与压力之间的关系，先让学生设计实验方案，再对设计的两个实验方案让学生对比分析优劣性，然后让学生自己选择一个方案进行实验，体现实验的开放性。实验的设计中一个研究小组在实验的小车下面贴了砂纸，另一组的没有贴（学生不知道）。所以虽然看似所有学生都进行了同样的一个实验，但最后却意外地得出了动摩擦因数与材料有关的结论，体现了实验设计的巧妙性。而最后在实验结果处理上，同组学生分别采用比值法和图像法处理数据，体现了实验数据处理的多样性。整节课看似平淡，实则处处体现了教师在培养学生能力方面的良苦用心，所以获得了一等奖。

5 课堂的亮点在于创新，创新源自对知识的熟练驾驭

一堂课留给同行印象最深的东西在于创新，可以是全新的实验装置，比如“闭合电路欧姆定律”中新疆一位老师自制的实验仪器能生动地反映电源内阻的变化，得到了专家的高度赞扬，也可以对常规仪器略加改进，比如江西一位老师将测摩擦力的弹簧由水平放置改为竖直固定，小小改动提供了大方便。还有老师自制的“热锯”“水果电池”等都充满了团队的智慧，为课堂增色不少。

6 课件使用的原则性和板书的必要性

赛课中，课件是必不可少的，因为不能“玩空手道”，课堂的板书和板书设计更不能少。课件不要太花哨，更不能加一些无关的动画干扰学生思维。课件主要辅助解决用常规手段不能或不好解决的问题，如这样几种情况：不可为

的实验；如 α 粒子散射实验；过程性实验，如自由落体运动实验；危险性实验，如爆炸；原理性实验，如汽油机的工作原理等。这些问题要讲清楚，必须借助课件。还有例题、训练题也可以用课件。但是有些重要的东西，想要学生做笔记，一般不宜直接用课件展示，在黑板上写，学生同步做笔记，实际上对学生是一种强化。另外试想一下，教师都不想写，学生愿意写吗？所以教师不仅要板书，而且还要把板书设计好，让学生愿意看，乐意记。

总之，新课改的课堂需要教师转变观念，在学生学习知识的同时不断地渗透学科思想，在问题解决中让学生领悟到学习方法，让学生在反思提炼中提高综合能力，为他们的自主学习、终身学习奠定坚实的基础。

作者简介：彭俊杰，中学物理高级教师，国家级物理骨干教师，绵阳市优秀骨干教师。在 20 多年的教学实践中，努力践行有趣、有效、有用的课堂理念，深受学生的喜爱。参加“第三届全国中学物理教学名师大赛”并获高中组一等奖。参与主研的两项四川省科研课题均被四川省教科院评为一等奖。培养多名物理教师参加国家级赛课均获全国一等奖。

（本文获第三届“全国中学物理教学名师赛”高中组一等奖）

浅谈新高考背景下高中物理“情境化”教学

四川省绵阳南山中学　左双全

西南大学杜明荣博士在其博士论文《高中物理试题难度的影响因数研究》中指出，影响高中物理试题难度的因素有15个，它们分别是：阅读量、条件的非充要性、考查知识点的多少、涉及的内容模块个数、物理过程的复杂性、数学过程的复杂性、问题目标的开放性、情境特征的物理建模难度、可猜答得分的概率、提示度、问题情境的新颖性、问题的表达方式、知识点在教学中的地位、分步设问的情况及背景知识的熟悉性。其中显著影响高中物理试题难度的因素有4个，分别是考查知识点的多少、物理过程的复杂性、情境特征的物理建模难度及数学过程的复杂性。这些因素普遍存在于物理试题中，其中对物理试题难度影响程度最大的是情境特征的物理建模难度，接下来依次是物理过程的复杂性、数学过程的复杂性和考查知识点的多少。它们对试题难度的影响趋势是情境特征的物理建模难度越大；试题的难度也就越大，试题所涉及的物理推理或物理方程个数越多，试题越难；试题涉及复杂的数学运算或推理有使试题难度增加的趋势，试题考查的知识点越多，试题的难度通常越大。

2019年11月教育部考试中心发布《中国高考评价体系》和《中国高考评价体系说明》，明确将情境作为高考评价体系中的考查载体。新课程、新教材强调情境化教学，教学不能脱离生活生产实际，学生要在教师设计的真实情境中自主学习，内化规律，形成物理学科核心素养。利用生活化背景，通过设置真实的问题情境，考查学生建构新知识并在真实存在且复杂的情境中进行迁移创新的能力。在真实问题处理中侧重考查学生的建模能力和提取条件的能力。

1 课堂教学要高度重视情境化教学

长期以来，高中物理教师普遍认为物理难教，学生认为物理难学，教师把物理概念、物理规律讲得很清楚，物理过程分析得很透彻，学生也听明白了，但学生在实际做题时很多不会做，特别是涉及联系实际的情境化试题就一片茫然。究其根本原因，我们对物理情境化教学重视程度不够。我们常说，无情境不物理。

物理学是一门实验科学，物理学者从观测与分析大自然的各种基于物质与能量的现象中找出其中的模式，这些模式（假说）称为“物理理论”，经得起实验检验的常用物理理论称为物理定律，物理学是由这些定律精致建构而成的。高中物理教师在教学过程中，要教会学生从物理视角看世界，解释自然，要从生活、生产实际情境中理解物理概念的形成，物理规律的建立，物理模型的构建。面对物理情境化的题目，如何进行物理条件提取、物理过程分析、数学模型构建，我们在教学中应给予高度重视。

2 在高中物理“情境化”教学中培养五种能力

2.1 理解能力

学习物理必须做到深刻理解物理概念、物理规律的确切含义，理解物理规律的适用条件，以及它们的应用；能清楚地认识物理概念和物理规律的文字表达形式和数学表达式，能够辨别各种概念规律的似是而非的说法；能理解相关物理知识的区别和联系。

2.2 严谨的逻辑推理能力

学好物理必须能根据已知的物理知识和物理事实、条件，对物理问题进行逻辑推理并论证，从而得出正确的结论与判断，并能把推理过程完整正确地表达出来。

2.3 分析与综合能力

要能够做到独立分析、研究遇到的问题，搞清楚物理过程、物理状态、物理情境等；要能把一个复杂的物理问题化解为几个较简单的问题，并能找出其间的联系；能找到解决问题的方法，并且运用所学物理知识综合解决问题。

2.4 应用数学知识处理物理问题的能力

学好物理必须能够根据具体问题列出物理量之间关系式，进行合理科学的推导与求解，可以灵活运用各种几何画图、数学图像等方式进行分析解答。

2.5 理解实验与科学探究能力

学好物理必须能够独立完成教材中所列的所有分组实验，明确实验目的，理解实验原理和方法，能根据控制变量法合理控制条件，会使用仪器仔细观察分析现象，通过记录、处理实验数据得出结论，并对结论进行分析和评估，从而发现问题、提出问题、制订方案。切不可为了节约时间，不能只在课堂上讲学生实验，一定要到实验室中去做实验，哪怕不是特别成功。

3 去“情境化”是破解情境化物理问题的关键

3.1 情境化试题的解答思路

学生对情境化试题通常感到“新、奇、趣、怪、繁”，一时半会找不到解决问题的切入点。

情境化试题的解答思路见下图1，具体就是通过审读题目，在明确对象、分析过程（或状态）的基础上，构建出符合题意的物理模型，从而把“实际的情境问题”转化为“物理问题”；接着通过选用相应的物理规律，列出方程，把“物理问题”转化为“数学问题”；最后求解作答，得出“问题结果”，并将其纳入原问题的情境中，进行“检验讨论”。在解答试题的过程中，过滤情境、构建物理模型的环节至关重要，它既是使复杂的实际问题转化为相应的物理问题的前提，也是正确选用物理规律、求解物理问题的依据，起着承上启下的关键作用。

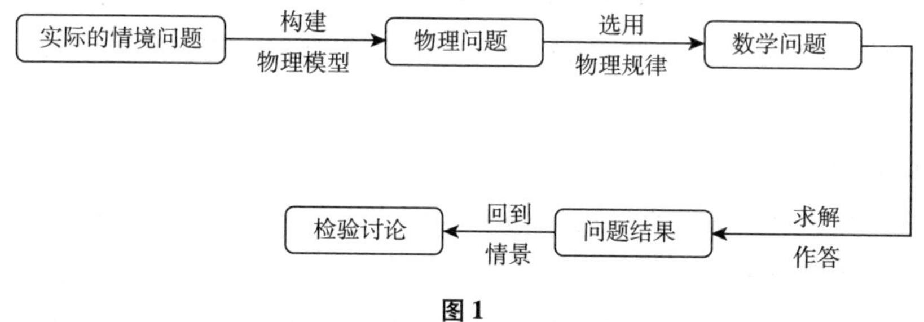

图1

3.2 去"情境化"的教学策略

破解情境化物理问题的关键是去"情境化"。通过对物理情境信息的感知、提炼，提取有用信息，过滤无用信息，挖掘隐蔽信息，涉及哪些物理状态，包含哪些物理过程，和平时哪些物理模型相似，将情境化试题"去情境化"，转化为非情境化试题，转化为比较熟悉的物理模型和物理问题。

情境化物理问题往往题干长，文字多，图表多，有的过程非常复杂，教师讲解情境化问题时一定不要太快，如果快节奏地把题讲完了，教师倒是感觉讲明白了，学生可能感觉也听明白了，课后学生做这类题目仍然一头雾水，教学的目的不是把内容讲完，而是要让学生掌握解决问题的思路方法，要让学生慢慢想，慢慢悟，把问题想清楚悟透彻，所以不能一味地追求快，该慢的时候一定要慢，要讲究"慢"的艺术，多给学生一点思考的时间，多给学生交流的机会，让学生充分地去阅读，充分地去思考，充分地去感悟。知识的学习，能力的培养，经验的获得，都需要课堂留出足够的时间让学生去消化，去反思，去领会，去体验。

4 在小练习、试卷中适当增加情境化试题

多选能突出物理学科的骨干知识，注重实践，如考查牛顿运动定律、动量和能量、电路、电场和磁场等内容的题目。

适当增加与热点联系的试题，这类热点试题具有开放性、新颖性，注重情境，重视思维方式和能力的培养。

适当增加表现出 STS 方面的试题，这类试题注重考查物理情景的分析能力，试题注重理论联系实际，将物理知识与科学、技术和生活生产相联系。

适当突出对物理实验能力考查，实验试题源于基础而又不落于俗套，推陈出新，要求学生能对所学知识进行有效迁移和对知识有灵活应用的创新能力。

参考文献：

[1] 杜明荣．高中物理试题难度的影响因素研究［D］．重庆：西南大学，2008.

[2] 尹庆丰．"情境化试题"对高中物理教学的启示［J］．物理教师，2019，40（9）：5.

［3］教育部考试中心．中国高考评价体系［M］．北京：人民教育出版社，2019.
［4］教育部考试中心．中国高考评价体系说明［M］．北京：人民教育出版社，2019.

作者简介：左双全，中学高级教师，绵阳市首批物理骨干教师，参研省级课题研究 1 项、市级课题研究 1 项，参与编写教辅用书《实效课堂－物理》（上册），在省级刊物发表论文 5 篇。在四川省高中校长培训班主旨发言《扎实做好德育工作，推动学校跨越式发展》。

第二章

命题研究

运用奥斯本检核表法改编高中物理习题

四川省绵阳南山中学　左双全

1　奥斯本检核表法简介

被誉为美国创新技法和创新过程之父的亚历克斯·奥斯本，在 1941 年编写的世界上第一部创新学专著《创造性想象》中，提出了奥斯本检核表法。奥斯本检核表法，是指以该技法的发明者奥斯本命名、引导主体在创造过程中对照 9 个方面的问题进行思考，以便启迪思路，开拓思维想象的空间，促进人们产生新设想和新方案的方法，主要涉及 9 个问题：能否他用、能否借用、能否改变、能否扩大、能否缩小、能否替代、能否调整、能否颠倒、能否组合，见表 1。奥斯本检核表法原本主要用于新产品的研制开发，后来由于它突出的效果被誉为“创造之母”。

表 1

创新角度	内容解读	物理解读
能否他用	现有的事物有无其他用途，或稍加改变后有无其他用途	用现有实验装置测其他物理量，用类似方法解决其他问题，如平抛到类平抛
能否借用	能否从其他领域、产品、方案中引入新的元素、材料、造型、原理、工艺等	引入传感器测位移、速度、拉力 同义替换，如发生全反射和在分界面的另一侧看不到光线是同一个含义
能否改变	现有事物的某些属性，如颜色、声音、式样、花色、工艺方法、象征意义等能否改变	改变横纵坐标研究问题；改变已知条件，如机车恒定功率启动改为恒定加速度启动
能否扩大	能否增加现有事物的长度、厚度、强度、频率、速度、数量、价值等	将研究对象由单一物体变为系统等

续 表

创新角度	内容解读	物理解读
能否缩小	现有事物的体积、长度、重量、厚度等能否缩小化、浓缩化、可拆分、简便化、省略化、短程化等	将球体的半径减半，物体的密度减小
能否替代	现有事物能否用其他材料、元件、结构、力、设备、方法、符号、声音、香味等替代	测电源电动势和内阻的实验方案除了伏安法，还有伏阻法、安阻法
能否调整	现有事物能否变换排列顺序、位置、时间、速度、计划、型号、元件等	比较型选择题，将相同或类似的情景放在一个题进行考查，如已知图中飞镖的落点，比较初速度大小 A B
能否颠倒	现有事物能否从里外、上下、左右、前后、横竖、主次、正负、因果等相反的角度颠倒过来使用	如图所示，交换两物体的位置，将水平面改为斜面
能否组合	能否进行原理组合、材料组合、部件组合、形状组合、功能组合等	按时间先后顺序组合物理过程，同一时刻通过细绳、弹簧、接触等方式将不同的物体组合在一起

2　高中物理试题的组成要素

要改编物理试题，首先要搞清楚物理试题的要素。构成物理试题的要素一般由研究对象、环境因素、初始条件、物理状态、物理过程、物理模型等要素组成。这些要素可能是显性的，也可能是隐性的，而这些要素中的任何一个都可以设置为物理试题的问题或改编的角度。

中学物理常见的物理模型有三种：

（1）物理对象模型。在研究过程中用来代替研究对象实体的理想化模型。如质点、点电荷、检验电荷、轻绳、轻杆、轻质弹簧、单摆、理想气体、理想变压器、匀强电场、匀强磁场等。

（2）物理过程模型。实际的物理过程都是诸多因素作用的结果，摒弃次要因素，抓住主要因素引起的变化过程为过程模型。如匀速直线运动、匀变速直线运动、自由落体运动、平抛运动、匀速圆周运动、简谐运动、绝热变化等。

（3）物理状态模型：如物体所处的静止或匀速直线运动的状态、完全失重状态，流体的稳恒流动；气体的平衡态；材料的超导状态，原子所处的基态和激发态等。

3 高中物理习题改编案例

3.1 “探究加速度与受力、质量的关系”实验

【原题 1】用图 1A 所示的实验装置探究加速度与力、质量的关系。

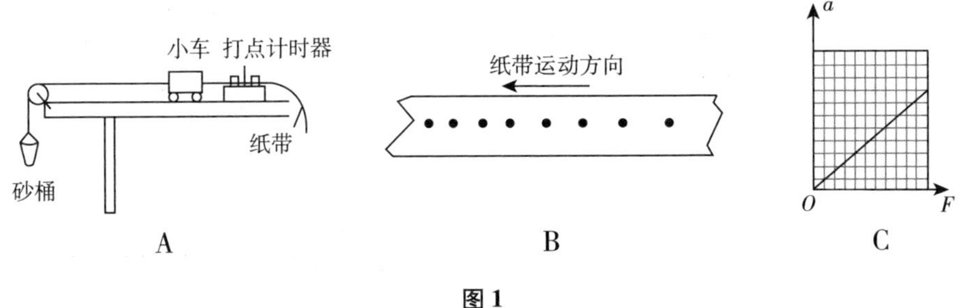

图 1

（1）完成平衡摩擦力的相关内容：

① 取下砂桶，把木板不带滑轮的一端垫高；

② 接通打点计时器电源，轻推小车，让小车拖着纸带运动。如果打出的纸带如图 B 所示，则应__________（选填“增大”“减小”或“不改变”）木板的倾角，反复调节，直到纸带上打出__________的点迹为止。

（2）某同学实验时得到如图 C 所示的 $a-F$ 图像（砂和砂桶总质量远小于小车质量），则该同学探究的问题是：在小车质量一定的条件下，__________成正比。

（3）上题中若砂和砂桶总质量过大，不能远小于小车质量，则可能会出现

图 2 中的__________。

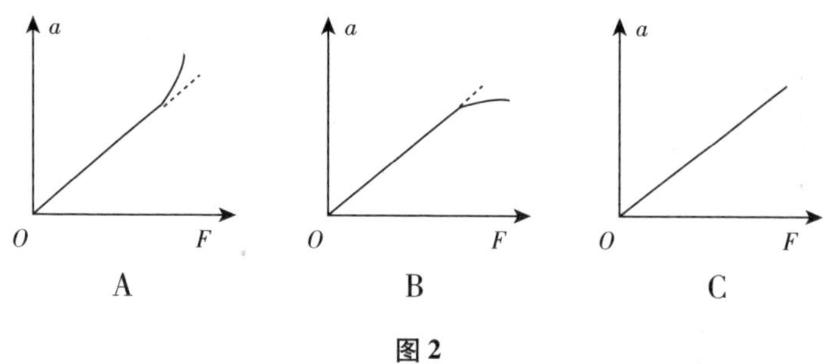

图 2

答案：（1）减小间隔相等。（2）小车的加速度与所受合力。（3）B。

在【原题 1】的基础上，运用奥斯本检核表法寻找试题改编角度，见表 2。

表 2

改编角度	示意图	改编说明
能否借用	图 1A 图	【原题 1】的装置图可用来探究“探究合外力做功和物体动能变化的关系” 添加一段打点的纸带，并给出点与点间距，【原题 1】的装置图可用来测小车和木板的动摩擦因数
能否借用	位移传感器（发射器） 小车 位移传感器（接收器） 轨道 钩码	在【原题 1】的基础上利用位移传感器与计算机相连，直接得出小车的加速度
能否借用	光电门 遮光条 滑块 气垫导轨 力传感器 连气泵 刻度尺 钩码	在【原题 1】的基础上用光电门代替打点计时器，结合遮光条的宽度可测滑块的速度，利用气垫导轨代替长木板，无须平衡摩擦阻力，用力传感器测滑块受到的拉力，无须满足$m \leqslant M$

续 表

改编角度	示意图	改编说明
能否替代	弹簧测力计 M 打点计时器 m	在【原题1】基础上增加动滑轮和弹簧测力计，弹簧测力计测出拉力，小车所受合力为弹簧测力计示数的两倍
能否改变	$\frac{1}{a}$ O M A　$\frac{1}{a}$ O M B　$\frac{1}{a}$ O M C　$\frac{1}{a}$ O M D	在【原题1】的基础上增加一问，改变横纵坐标。 （4）在完成实验操作后，用图像法处理数据，得到小车的加速度倒数$\frac{1}{a}$与小车质量M的关系图像正确的是______

3.2 圆盘上物体的圆周运动

【原题2】如图3所示，小物块A与圆盘保持相对静止，随圆盘一起做匀速圆周运动，则下列关于小物块A受力情况的说法中正确的是（　　）

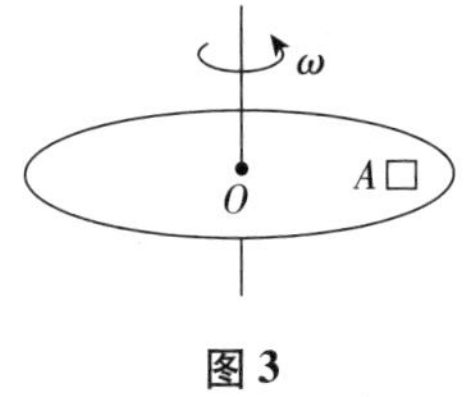

图3

A. 受重力、支持力和向心力

B. 受重力、支持力和指向圆心的摩擦力

C. 受重力、支持力和与运动方向相反的摩擦力

D. 受重力、支持力、指向圆心的摩擦力和指向圆心的向心力

答案：B。

在【原题2】的基础上，运用奥斯本检核表法寻找试题改编角度，见表3。

表3

改编角度	示意图	改编说明
能否扩大		在【原题2】的基础上，在圆盘上增加一个物体，如图所示，两个物体与圆盘保持相对静止，判断哪个物体受到的摩擦力更大？随着圆盘转速越来越大，哪个物体先发生相对滑动？如果给出 a、b 与转轴 OO'的距离和最大静摩擦力，可以定量计算出 b 开始滑动的临界角速度
能否扩大		在【原题2】的基础上，两个物体叠放在圆盘上。质量相等的 A、B 两物块叠放在一起，随圆盘一起做匀速圆周运动，比较 A、B 的向心力大小；若 B 先滑动，比较 B 与 A 之间的动摩擦因数、圆盘与 B 之间的动摩擦因数的大小关系
能否扩大		在【改编1】的基础上，用水平细绳连接两个物体。两个可视为质点的、相同的木块 A 和 B 放在转盘上，两者用长为 L 的水平细绳连接，木块与转盘的最大静摩擦力均为各自重力的 K 倍，A 放在距离转轴 L 处，整个装置能绕通过转盘中心的转轴 O_1O_2 转动，开始时，绳恰好伸直但无弹力，现让该装置从静止开始转动，使角速度缓慢增大，求绳子有弹力满足的条件
能否调整		在【改编3】的基础上，将用水平细绳连接的两个物体分居圆心的两侧。 如图所示，在匀速转动的水平圆盘上，沿直径方向放着用轻绳相连的物体 A 和 B，A 和 B 质量都为 m。它们分居圆心两侧，与圆心的距离分别为 $R_A=r$，$R_B=2r$，A、B 与圆盘间的动摩擦因数相同且均为 μ。若最大静摩擦力等于滑动摩擦力，当圆盘转速加快到两物体刚好还未发生滑动时，求绳子张力、圆盘的角速度。判断烧断绳子后，物体 A、B 是否仍将随盘一起转动
能否改变		将【原题2】中圆盘由水平放置变为倾斜放置，变换空间关系。 如图所示，一倾斜的匀质圆盘绕垂直于盘面的固定对称轴以恒定角速度 ω 转动，盘面上离转轴距离 2.5 m 处有一小物体与圆盘始终保持相对静止。物体与盘面间的动摩擦因数为$\frac{2}{3}$（设最大静摩擦力等于滑动摩擦力），盘面与水平面的夹角为30°，g 取 10 m/s^2。求 ω 的最大值

续 表

改编角度	示意图	改编说明
能否组合	A O r B	在【原题1】的基础上，用一根通过定滑轮的细绳将圆盘上的物体和另一物体相连。 细绳一端系着质量为 $M=0.6$ kg 的物体 A 静止于水平面，另一端通过光滑小孔吊着质量 $m=0.3$ kg 的物体 B，A 的中点与圆孔距离为 0.2 m，且 A 和水平面的最大静摩擦力为 2 N，现使此平面绕中心轴线转动，若物体 B 处于静止状态，角速度 ω 需满足什么条件？

3.3 天体运动

3.3.1 同义替换

用同义替换的方式改编试题。比如，地球的第一宇宙速度就可以表述为卫星的最小发射速度、卫星的最大运行速度、近地卫星速度和 7.9 km/s。

采用最新的卫星发射事实来改编天体试题，考查学生应用万有引力定律解决物理问题的能力。

3.3.2 因果颠倒

【原题3】一艘宇宙飞船沿着未知天体表面的圆形轨道飞行，航天员只用一块秒表运用相关知识就能确定的物理量有（　　）

A. 飞船的线速度　　　　B. 飞船的角速度

C. 未知天体的质量　　　D. 未知天体的密度

在【原题3】的基础上，颠倒环绕天体运行周期和中心天体密度，变成高考题：

【2020 年全国Ⅱ卷，15】若一均匀球形星体的密度为 ρ，引力常量为 G，则在该星体表面附近沿圆轨道绕其运动的卫星的周期是（　　）

A. $\sqrt{\dfrac{3\pi}{G\rho}}$　　　　B. $\sqrt{\dfrac{4\pi}{G\rho}}$

C. $\sqrt{\dfrac{1}{3\pi G\rho}}$　　　　D. $\sqrt{\dfrac{1}{4\pi G\rho}}$

4 结语

学会改编习题，其意义不仅仅在于编制出一些高质量的、新颖的习题，更重要的意义在于：可以使我们站在更高的层面上去认识习题的结构和功能，从而把握习题的典型性和难易程度；可以使我们在讲解例题和分析学生的疑难问题时做到提纲挈领，并能随心所欲地进行一题多变、一题多解、一题多问、一图多用、多题归一，进而提高我们的教学能力；可以减轻学生的学习负担，使学生在有限的时间里学到更多的东西。总而言之，运用奥斯本检核表法改编高中物理习题是一种好的思路。

参考文献：

[1] 余伟．创新能力培养与应用［M］．北京：航空工业出版社，2008.

[2] 王溢然．中学物理思维丛书之模型［M］．合肥：中国科技大学出版社，2015.

作者简介：左双全，中学高级教师，绵阳市首批物理骨干教师，参研省级课题研究1项、市级课题研究1项，参与编写教辅《实效课堂－物理》（上册），在省级刊物发表论文5篇。在四川省高中校长培训班主旨发言“扎实做好德育工作，推动学校跨越式发展”。

（本文是四川省绵阳市2020年教育科研课题“提升高中物理教师命题能力的校本化行动研究”阶段研究成果。）

定滑轮两侧绳子拉力相等条件的探讨

四川省绵阳南山中学　毛永辉

1　问题的提出

【题目1】（2002年全国高考物理第2题）图1中a，b，c为三个物块，M，N为两个轻质弹簧，R为跨过光滑定滑轮的轻绳，它们连接如图1并处于平衡状态，则下列选项可能正确的是＿＿＿＿＿（略去备选项）。

【题目2】（2002年全国高考物理第6题）跨过定滑轮的绳的一端挂一吊板，另一端被吊板上的人拉住，如图2所示。已知人的质量为70 kg，吊板的质量为10 kg，绳、定滑轮的质量及滑轮的摩擦均不计，取重力加速度$g=10\ m/s^2$。当人以440 N的力拉绳时，人与吊板的加速度a和人对吊板的压力分别为＿＿＿＿＿（略去备选项）。

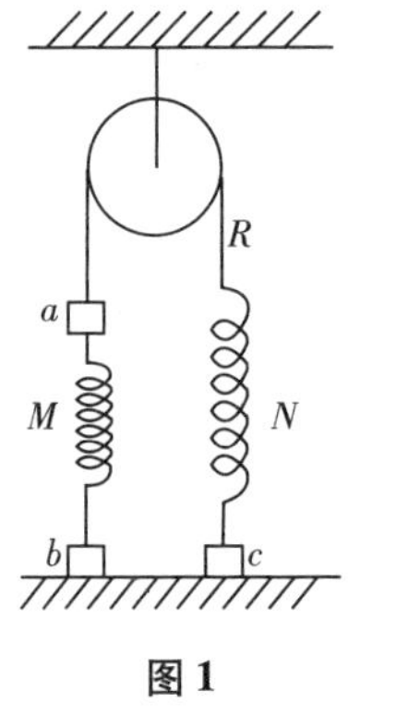

图1

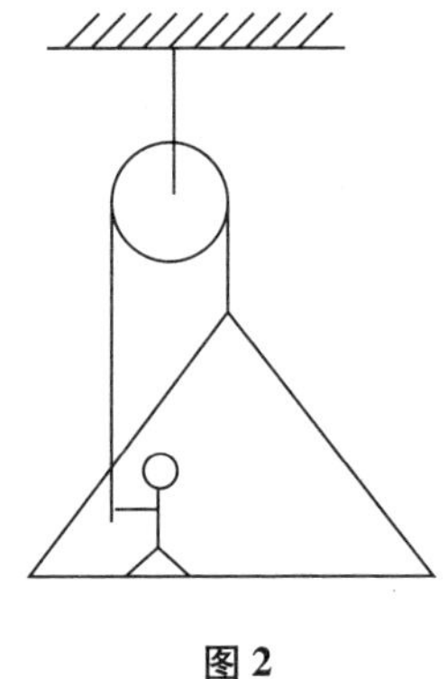
图2

解答这两个题目时，我们都认为定滑轮两侧绳子的拉力相等。但仔细阅读这两个题目，我们不难发现，它们对定滑轮和绳子的约束条件是不一样的，两道题目都忽略了绳子质量及与定滑轮的摩擦，题目1没有忽略定滑轮的质量，而题目 2 却忽略了定滑轮的质量。定滑轮两侧绳子的拉力相等，为什么题设条件不同呢？难道题目有问题吗？那定滑轮两侧绳子拉力相等的条件又是什么呢？本文将探讨这个问题。

2 影响定滑轮两侧绳子拉力的因素

为了更好地说明问题，考虑不忽略上述条件的情况，把问题抽象成：

如图 3 所示为定滑轮系统。将定滑轮看作质量为 m，半径为 R 的匀质圆盘。匀质绳的质量为 m_0，绳总长为 L，滑轮转动时受轴承摩擦力矩为 τ。两侧绳端均下悬重物，释放重物后，滑轮角加速度为 β（逆时针），且设此瞬时滑轮左侧绳比右侧长 l。求重物作用于两侧绳子的拉力差 $\Delta T = T_1 - T_2$。

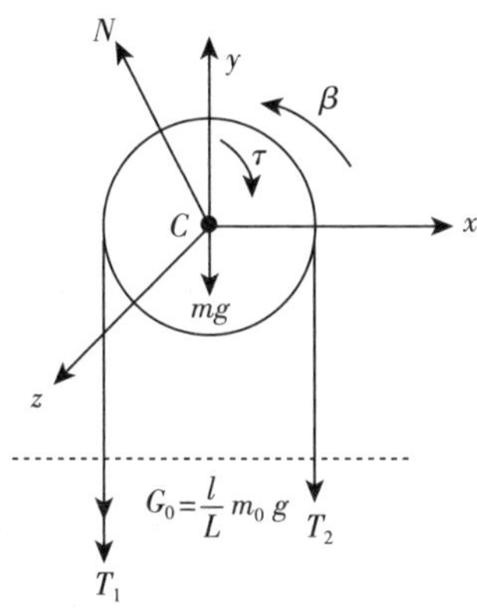

图 3

选择滑轮和绳子组成的质点系为研究对象，建立如图 3 所示的直角坐标系 $O-xyz$，z 轴垂直纸面向外。整个质点系对 z 的转动惯量包括两部分：

第一部分为滑轮转动惯量 I_{1z}，因为定滑轮是匀质圆盘，所以 $I_{1z}=\frac{mR^2}{2}$；

第二部分为绳子的转动惯量 I_{2z}，

$I_{2z}=\rho\int_V R^2\mathrm{d}V=m_0R^2$，其中 ρ 为绳子的密度。

质点系的总转动惯量 I_{2z}，

$$I_z=I_{1z}+I_{2z}=\frac{1}{2}mR^2+m_0R^2 \quad ①$$

质点系所受外力如图 3 所示，定滑轮受到的支持力 N 和重力 mg 均通过质心，故此两力矩为零。因滑轮两侧绳的对称部分所受重力对 z 轴的合力矩为零，故仅画出左侧多余部分绳所受重力 $G_0 = \frac{l}{L}m_0g$ 。

由刚体定轴转动定理 $\sum \tau_{iz} = I_z\beta_z$ ，有

$$T_1R - T_2R - \tau + \frac{l}{L}m_0gR = \left(\frac{1}{2}mR^2 + m_0R^2\right)\beta \qquad ②$$

整理②式得，

$$\Delta T = T_1 - T_2 = \frac{\tau}{R} - \frac{l}{L}m_0g + \left(\frac{1}{2}m + m_0\right)R\beta \qquad ③$$

由③式可以看出，滑轮两侧所受拉力差与绳、滑轮的质量，滑轮的半径，轴摩擦力矩及定滑轮的角加速度有关。

3 问题的讨论

对③式讨论：

（1）若绳子匀速拉动或滑轮匀速转动或定滑轮静止，此时定滑轮的角加速度 $\beta = 0$ ，同时忽略绳重和轴摩擦，即 $m_0 = 0$ ，$\tau = 0$ 。由③式可得，$\Delta T = 0$ ，即 $T_1 = T_2$ ，这正是题目 1 所采用的题设条件。

（2）如果定滑轮处于加速状态，此时它的角加速度 $\beta \neq 0$ 。如果也只忽略绳重和轴摩擦，即 $m_0 = 0$ ，$\tau = 0$ 。由③式可得，

$$\Delta T = \frac{1}{2}mR\beta \qquad ④$$

此时 $T_1 \neq T_2$ 。要满足 $T_1 = T_2$ ，还必须忽略定滑轮的质量，即 $m = 0$ ，由④式可得，$\Delta T = 0$ ，这正是题目 2 所采用的题设条件。

4 定滑轮两侧绳子拉力相等的条件

综上所述，定滑轮两侧绳子拉力相等的条件为：

（1）当绳子匀速拉动或滑轮匀速转动或定滑轮静止，同时必须忽略绳重和轴摩擦，则定滑轮两侧绳子拉力相等；

（2）如果定滑轮处于加速状态，同时必须忽略绳重、轴摩擦和定滑轮的质量，则定滑轮两侧绳子拉力相等。

本文给出的定滑轮两侧绳子拉力相等的条件不仅可以为教师在讲解同类问

题时提供参考，而且为命题人员在命制同类习题时提供了依据。

参考文献：

漆安慎，杜婵英．普通物理学教程：力学［M］．北京：高等教育出版社，1997.

作者简介：毛永辉，教育硕士（物理学科教学），中学高级教师，绵阳市高中物理骨干教师，绵阳市初高中衔接教学方案学科专家，绵阳市明星班主任，绵阳市优秀班主任，四川省卢礼金物理名师工作坊成员，四川省方永根名师鼎兴工作室成员，绵阳市教体局党委表彰优秀共产党员，绵阳市赛课一等奖。多次获得绵阳市高考评价物理学科特等奖，多次参与绵阳市中考和高中市级统考试题命制，校级十大杰出青年教师，多次获得校级教育科研先进个人，六篇论文获省、市优秀论文评比一等奖，在省级刊物发表论文二十余篇，主研多项国家、省、市课题。

（本文是四川省绵阳市2020年教育科研课题“提升高中物理教师命题能力的校本化行动研究”阶段研究成果。）

以“弹性碰撞”为情境改编物理习题的思考

四川省绵阳南山中学　刘兴叶

1 前言

首先我们要把握考向、考点，熟悉考纲、考试要求和考试说明；熟悉教材、教师用书、各省市考试题；明确学生所学知识的运用要求，了解各知识板块的掌握情况，明确各板块知识的重难点，需要考查的能力点。对于一道题的命制是为了考查学生什么，如基本知识、运用数学能力、实验能力，又或是综合分析能力，甚至于试题所要面对的学生群体的具体情况等。

试题的命制包括原创试题和改编试题，要求命题者要对所命制的题型涉及的知识点、能力要求进行深入研究，并将研究的结果结合对学生考查的方向，针对一个或者多个知识点来命题或者改编。

现以高中物理教科版选修 3－5“动量和动量守恒定律”中涉及的“弹性碰撞”的知识，以学生综合分析能力的考查为例，对命题角度和方法进行探究。

2 “一动一静”弹性碰撞模型

学生熟悉的基本情景：

如图 1 所示，在一光滑的水平面上，质量为 m 的 A 物体以初速度 v_0 与静止的质量为 M 的 B 物体弹性正碰。两个小球体积相同，碰后两物体的速度分别是多少？

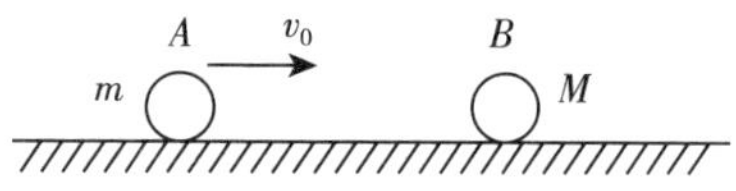

图 1

由动量守恒定律得：$mv_0 = mv_1 + Mv_2$，

再由前后机械能守恒得：$\frac{1}{2}mv_0^2 = \frac{1}{2}mv_1^2 + \frac{1}{2}Mv_2^2$，

解得：A 物体的速度 $v_1 = \frac{m-M}{m+M}v_0$，B 物体的速度 $v_2 = \frac{2m}{m+M}v_0$。

讨论：（1）若 $m=M$，则 $v_1=0$，$v_2=v_0$（速度交换）；

（2）若 $m>M$，则 $v_1>0$，$v_2>0$（碰后，两物体沿同一方向运动）；

（3）若 $m \geq M$，则 $v_1 \approx v_0$，$v_2 \approx 2v_0$；

（4）若 $m<M$，则 $v_1<0$，$v_2>0$（碰后，两物体沿相反方向运动）；

（5）若 $m \leq M$，则 $v_1 \approx -v_0$，$v_2 \approx 0$。

其中，学生对 $m=M$ 的情况很熟悉，因为学生脑海里有一个牛顿摆的模型。但是对另外的情况就不一定熟悉了。

3　以“弹性碰撞”为背景改编物理习题

在学生学习了动量守恒定律的应用后，为了训练学生的综合分析能力，对其中的一些情境，均可改编为对弹性碰撞知识的考查。

改编情境一：

如图 2 所示，轻弹簧、光滑水平面，质量为 M 的 B 球速度为 0，质量为 m 的 A 物体以初速度 v_0 向弹簧运动，两球体积相同，且之后的运动都在同一条直线上。

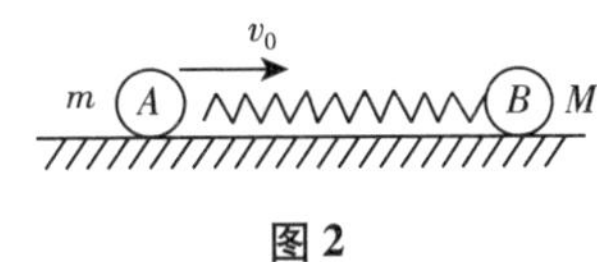

图 2

问题 1：弹簧的最大弹性势能是多少？（此问题是学生经常遇到的，所以很熟悉）

问题 2：当弹簧再次恢复原长时两物体的速度分别是多少？（弹簧恢复原长时，弹性势能为零，系统动能最大且与初动能相同）

A 物体的速度 $v_1 = \frac{m-M}{m+M}v_0$，B 物体的速度 $v_2 = \frac{2m}{m+M}v_0$，

若 $m=M$，弹簧再次恢复原长时，$v_1=0$，$v_2=v_0$（速度交换）。

问题 3：试分析 A，B 两物体的运动过程。（以 $m=M$ 为前提，研究该情景的过程）

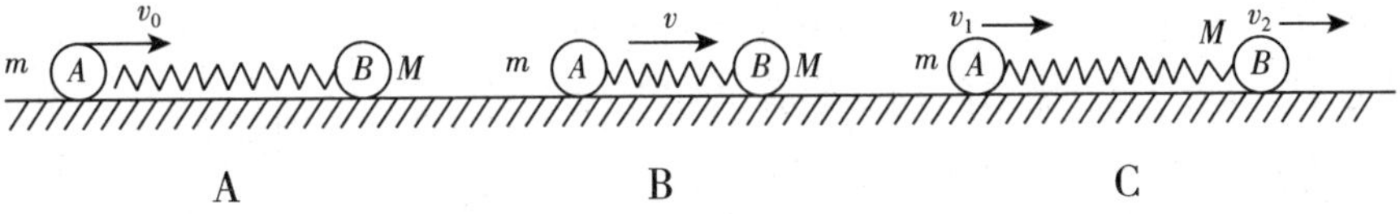

A　　　　B　　　　C

图 3

（1）A 位置为起始位置；B 位置为弹簧最短位置；C 位置为弹簧再次恢复原长位置；

（2）过程分析：

过程一：从 A 位置到 B 位置，弹簧压缩越来越短；A 做加速度增大的减速直线运动，B 做加速度增大的加速直线运动；

过程二：从 B 位置到 C 位置，弹簧仍压缩且越来越长；A 做加速度减小的减速直线运动，B 做加速度减小的加速直线运动；

（3）$m=M$，两个物体运动过程的 $v-t$ 图像大致如图：

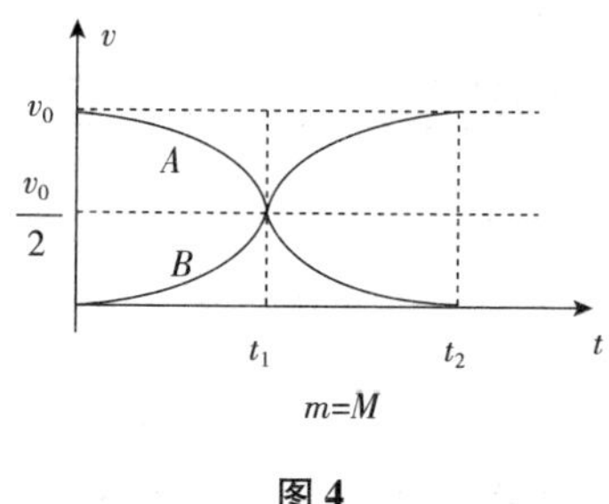

图 4

（4）$m>M$，两个物体运动过程的 $v-t$ 图像和 $m<M$，两个物体运动过程的 $v-t$ 图像大致如下：

对物体运动过程的分析，是考验学生能力很重要的一项，也是试题改编的一个方向。还可以将该模型拓展到三个物体之间的相互作用。

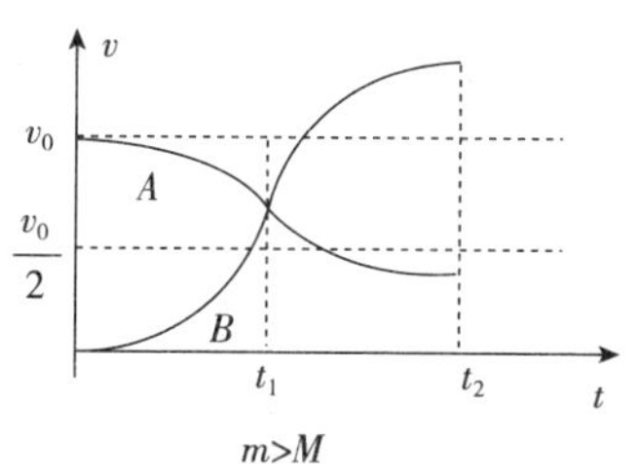

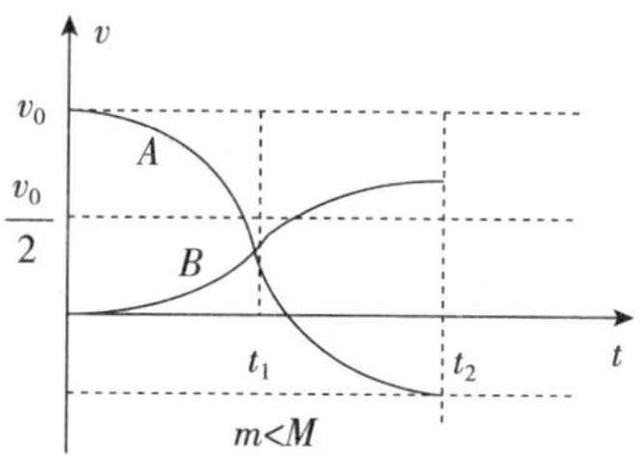

图 5

同情境变式：如图 6 所示，光滑水平面上两个质量分别为 m、M 木块之间用一轻弹簧相拴接，且接触面光滑。开始时，弹簧处于原长状态，两个木块都静止，现给 m 一个水平向右的适当的初速度

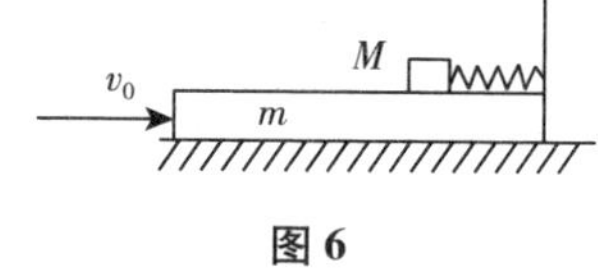

图 6

v_0，木块 m 足够长。

问题1：弹簧的最大弹性势能是多少？（弹簧最长时弹性势能最大，此时两木块速度相等）

问题2：当弹簧再次恢复原长时，两物体的速度分别是多少？（弹簧恢复原长时，弹性势能为零，系统动能最大且与初动能相同，过程分析同上）

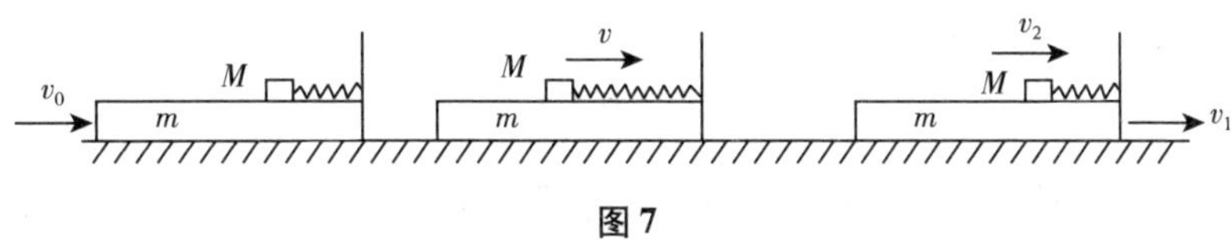

图7

改编情境二：

如图所示，在光滑水平地面上停放着质量为 M 的装有四分之一弧形槽的小车。现有一质量为 m 的小球以 v_0 的水平速度沿与切线水平的槽口向小车滑去，不计一切摩擦。

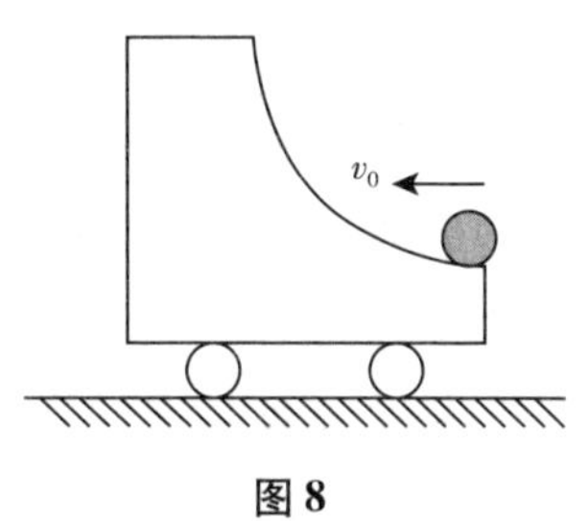

图8

问题1：若 v_0 的大小适当，小球将在小车上上升到一个最大高度，求这个高度。（此问是当小球在小车上上升到最大高度时，两个物体速度相等且在水平方向上，学生比较熟悉，容易解决）

问题2：在问题1的基础上，当小球再次回到小车右端时，小球和车的速度各是多少？（小球再次回到小车最右端时，整个系统只有动能，此时系统的动能和小球刚冲上小车时系统的动能相同）

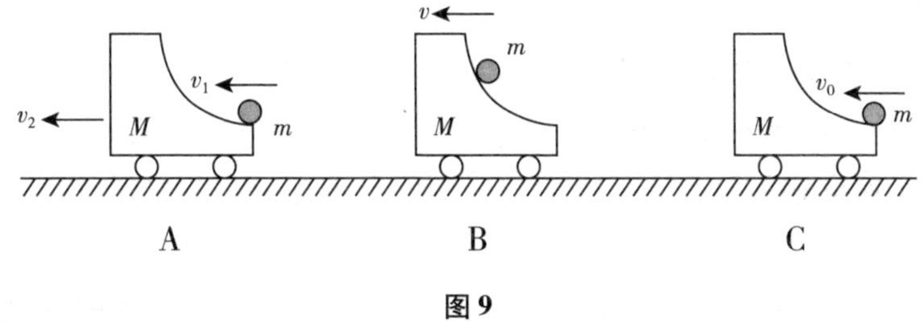

图9

（1）A位置为初始位置；B位置为小球在小车上上升到最大高度；C位置为小球再次回到小车最右端；

（2）小球再次回到小车最右端时，

小球的速度 $v_1 = \frac{m-M}{m+M}v_0$，小车的速度 $v_2 = \frac{2m}{m+M}v_0$。

问题3：小球离开小车后的运动情况如何？

讨论：（1）若 $m=M$，则 $v_1=0$，$v_2=v_0$（速度交换），小球相对地面做自由落体运动；

（2）若 $m>M$，则 $v_1>0$，$v_2>0$，$v_1<v_2$，即小球的速度向左，所以小球向左做平抛运动；

（3）若 $m<M$，则 $v_1<0$，$v_2>0$，即小球的速度向右，所以小球向右做平抛运动。

总体来说，该情景的实质也就是考查弹性碰撞问题，能够分析出两个物体的运动，联立动量守恒定律和机械能守恒定律，求解出两个物体最后的速度，其他的问题也就迎刃而解。

问题4：若 v_0 足够大，小球将在小车上端冲出小车，之后小球和小车的运动情况如何？

改编情境三：

如图所示，光滑的水平导轨上套有一质量为 M，可沿导轨自由滑动的滑块 B，滑块下方通过一根长为 l 的轻绳悬挂着质量为 m 的木块 A。开始时滑块和木块均静止，现有质量为 m_0 的子弹以 v_0 的水平速度击中木块 A 并留在其中（作用时间极短），不计空气阻力，木块 A 运动过程的最大高度不会超过水平导轨。

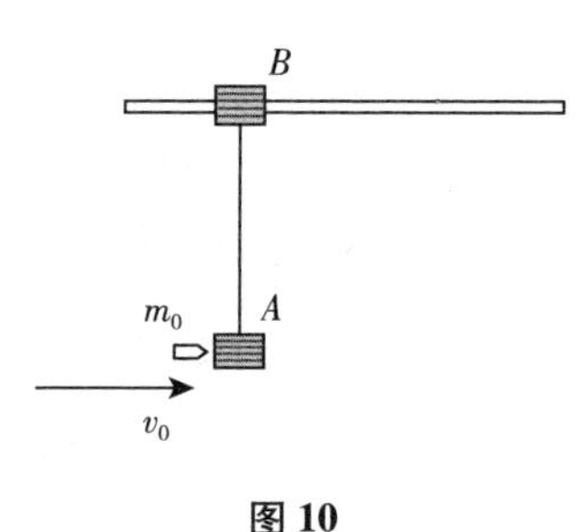

图 10

问题1：子弹击中木块后瞬间二者的速度？

问题2：木块 A 上升的最大高度？（木块 A 上升到最大高度时，木块 A、子弹和滑块 B 速度相等且在水平方向上，学生容易忘记要考虑到滑块 B 的速度，易错）

问题3：木块 A 再一次回到滑块 B 的正下方时，A、B 的速度分别是多少？

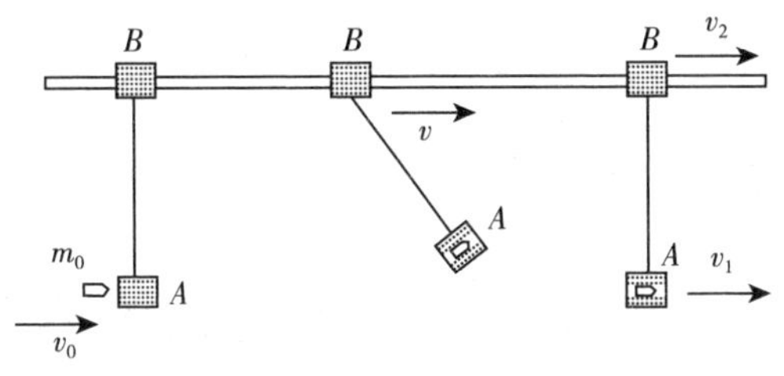

图 11

4 对习题命制的困惑和思考

很多时候茫茫题海中找不到合适的试题，但是一套针对性很强的物理试题太重要了，特别是月考、半期等考试试题，这就需要教师亲自命题，而试题的命制不仅需要花费时间和精力，同时还需要一些技术手段支持（如电脑作图能力）。诚然有些时候命制出来的试题并不理想，甚至试题条件、逻辑关系不严密等，导致教师命题积极性和信心上备受打击。不过，出错是难免的，正是在错误中，我们才能不断前进，不断成长，在成长中找到乐趣。

命题工作作为教学工作中的重要一环，不仅能推动教师更深入地研究新课程高考的命题精神和思路，又能够促使教师对教材和习题进行深入挖掘和研究，又可以为学生减负，减少对教辅资料的依赖，而且对提高学生解决问题及应考能力都有很大帮助。

作者简介：刘兴叶，中学一级教师，曾担任南山中学高 2019 级班主任，备课组长，清北班的物理教学，工作兢兢业业，班级和学科在各次考试中均能取得优秀的成绩，曾多次荣获高考绵阳市 A1 组学校（理科）物理学科特等奖，2019 年在四川省中学物理新课程教师课堂教学展评中荣获省级一等奖。

（本文是四川省绵阳市 2020 年教育科研课题“提升高中物理教师命题能力的校本化行动研究”阶段研究成果。）

2017—2021 年全国卷高考物理电场类试题评析

四川省绵阳南山中学　滕波

电场部分知识是高中物理学习中比较重要的章节，也是全国卷高考物理必考的知识点，但电场部分知识比较抽象，对学生的抽象思维和逻辑思维要求较高，教师在教学中也普遍感觉比较困难，以下是对近几年高考电场部分试题的整理和归类，以期从中发现规律、能力的要求。

1　场强叠加问题

【例 1】（2018 · 全国卷Ⅰ · 16）如图 1 所示，三个固定的带电小球 a、b 和 c，相互间的距离分别为 $ab=5$ cm，$bc=3$ cm，$ca=4$ cm。小球 c 所受库仑力的合力的方向平行于 a、b 的连线。设小球 a、b 所带电荷量的比值的绝对值为 k，则（　　）

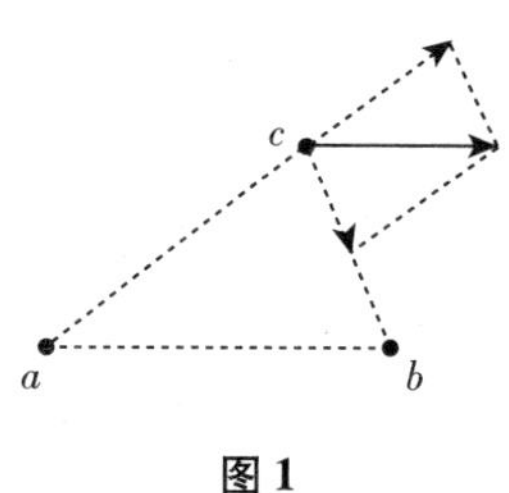

图 1

A. a、b 的电荷同号，$k=\frac{9}{16}$　　B. a、b 的电荷异号，$k=\frac{9}{16}$

C. a、b 的电荷同号，$k=\frac{27}{64}$　　D. a、b 的电荷异号，$k=\frac{27}{64}$

本题重点考查点电荷电场大小和方向分布的特点和规律，让学生在创设的情景中运用电场的矢量叠加原理进行定量的计算，试题较简单，但对点电荷在周围空间的大小、方向分布的基本知识要求较高，而且通过情景重点考查学生分析问题和运用知识解决问题的能力。

【例2】（2020·全国卷Ⅱ·20）如图2所示，竖直面内一绝缘细圆环的上、下半圆分别均匀分布着等量异种电荷。a、b 为圆环水平直径上的两点，c、d 为竖直直径上的两点，它们与圆心的距离均相等，则（　　）

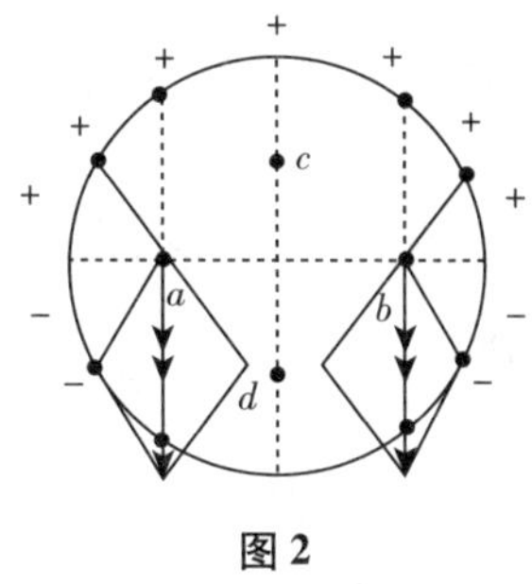

图2

A. a、b 两点的场强相等　　B. a、b 两点的电势相等

C. c、d 两点的场强相等　　D. c、d 两点的电势相等

本题考查电场叠加中的微元思想，利用圆的对称性可知 a、b 两点的电场强度大小和方向均相同（如图2所示），利用等量异种电荷等势面分布类比可知 a、b 两点的电势也相等。该题对学生的电场基本知识和知识的迁移应用能力要求比较高。

2　电场线及等势面分布类问题

【例3】（2020·全国卷Ⅲ·21）如图3所示，$\angle M$ 是锐角三角形 PMN 最大的内角，电荷量为 q（$q>0$）的点电荷固定在 P 点。下列说法正确的是（　　）

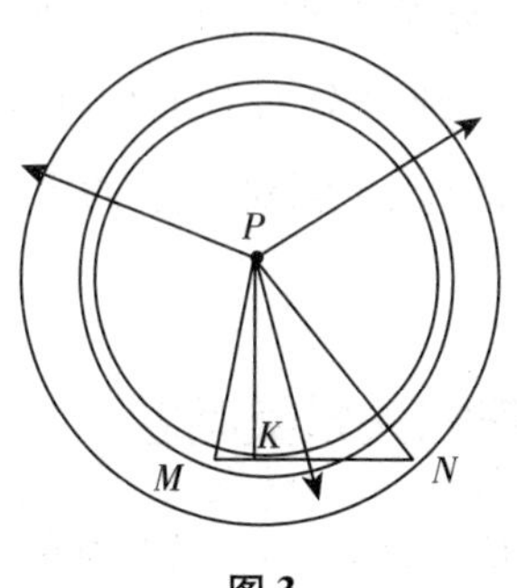

图3

A. 沿 MN 边，从 M 点到 N 点，电场强度的大小逐渐增大

B. 沿 MN 边，从 M 点到 N 点，电势先增大后减小

C. 正电荷在 M 点的电势能比其在 N 点的电势能大

D. 将正电荷从 M 点移动到 N 点，电场力所做的总功为负

该试题较简单，但对点电荷在周围空间电场强度（电场线）的分布的基本知识要求较高，考生还需要掌握孤立点电荷周围等势面分布的规律和特点（如图 3 所示），这样才能清楚从 M 到 N 点电势的高低分布，才能判断从 M 到 N 点移动正电荷电场力做功情况。

【例 4】（2021 · 全国甲卷 · 19）某电场的等势面如图 4 所示，图中 a、b、c、d、e 为电场中的 5 个点，则（　　）

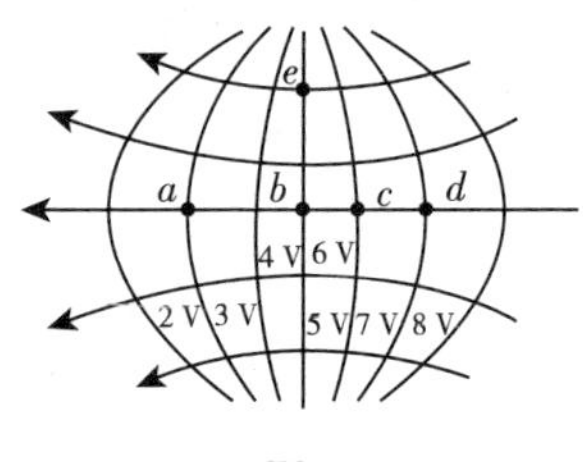

图 4

A. 一正电荷从 b 点运动到 e 点，电场力做正功

B. 一电子从 a 点运动到 d 点，电场力做功为 4 eV

C. b 点电场强度垂直于该点所在等势面，方向向右

D. a、b、c、d 四个点中，b 点的电场强度大小最大

今年全国甲卷对电场知识考查更为直接，考生必须清楚凡是等势面和电场线相交的地方必垂直，考生很容易画出所给等势面分布图对应的电场线分布图，再根据沿电场线电势逐渐降低得到各点电场强度的方向（如图 4 所示）；由电场线（或等势面）疏密分布判断电场强度的大小，同时考查正负电荷在电场中做功的相关知识。此题对考生的电场基本原理和基本知识掌握能力要求比较高。

3　匀强电场和电势差的关系类问题

【例 5】（2017 · 全国卷Ⅲ · 21）一匀强电场的方向平行于 xOy 平面，平面内 a、b、c 三点的位置如图 5 所示，三点的电势分别为 10 V，17 V，26 V。下

列说法正确的是（　　）

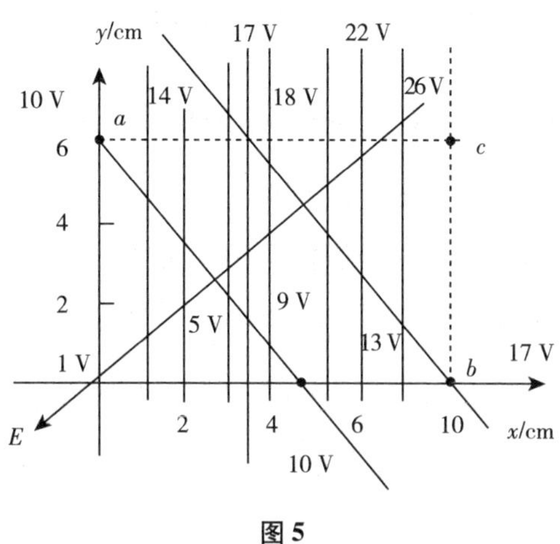

图 5

A. 电场强度的大小为 2.5 V/cm

B. 坐标原点处的电势为 1 V

C. 电子在 a 点的电势能比在 b 点的低 7 eV

D. 电子从 b 点运动到 c 点，电场力做功为 9 eV

该题重点考查考生对匀强电场条件下适用的公式 $U=Ed$ 的理解，考生必须清楚 d 是沿电场线的位移（或等势面的距离）；清楚匀强电场的等势面是一系列平行平面的特点；清楚匀强电场中同一直线上相同距离电势差相等的规律。利用所给几个点电势的已知条件找到和 b 点（或 a 点）等势的点，从而确定出等势面，根据等势面和电场线相交的地方必垂直的基本知识确定出电场线的方向（如图 5 所示），在根据几何知识找到相应的电势差 U 和对应沿电场线的位移 d，从而求得该匀强电场的电场强度 E。在此基础上再考查考生电势高低、电势能大小和电场力做功等电场相关知识。此题对考生基本电场知识、作图能力和知识的迁移应用的能力要求比较高。

【例 6】（2018 · 全国卷Ⅱ · 21）如图 6，同一平面内的 a、b、c、d 四点处于匀强电场中，电场方向与此平面平行，M 为 a、c 连线的中点，N 为 b、d 连线的中点。一电荷量为 q（$q>0$）的粒子从 a 点移动到 b 点，其电势能减小 W_1；若该粒子从 c 点移动到 d 点，其电势能减小 W_2。下列说法正确的是（　　）

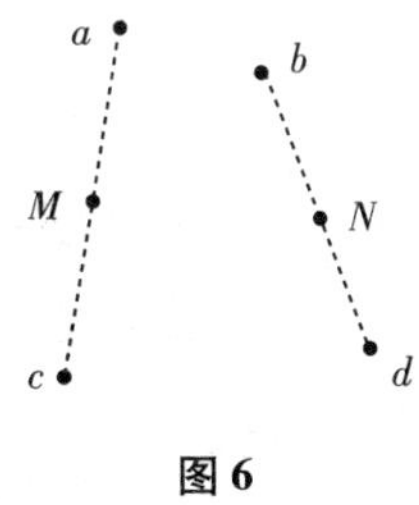

图 6

A. 此匀强电场的场强方向一定与 a、b 两点连线平行

B. 若该粒子从 M 点移动到 N 点，则电场力做功一定为$\frac{2}{W_1+W_2}$

C. 若 c、d 之间的距离为 L，则该电场的场强大小一定为$\frac{qL}{W_2}$

D. 若 $W_1=W_2$，则 a、M 两点之间的电势差一定等于 b、N 两点之间的电势差

该题考查了对公式 $W=qU$ 理解和应用的能力，知道电场力做功与路径无关，只与初末位置电势差和移动的电荷有关；同时考查了匀强电场中线段中点电势和两端电势的关系$\left(\varphi_M=\frac{\varphi_a+\varphi_b}{2}\right)$这一重要的推论。两个知识结合进行推演和判断，对考生的电场基本知识和相关推论的掌握，灵活应用能力要求比较高。

4 类平抛类问题

【例 7】（2019 · 全国卷Ⅲ · 24）空间存在一方向竖直向下的匀强电场，O、P 是电场中的两点。从 O 点沿水平方向以不同速度先后发射两个质量均为 m 的小球 A、B。A 不带电，B 的电荷量为 q（$q>0$）。A 从 O 点发射时的速度大小为 v_0，到达 P 点所用时间为 t；B 从 O 点到达 P 点所用时间为 $t/2$。重力加速度为 g，求：

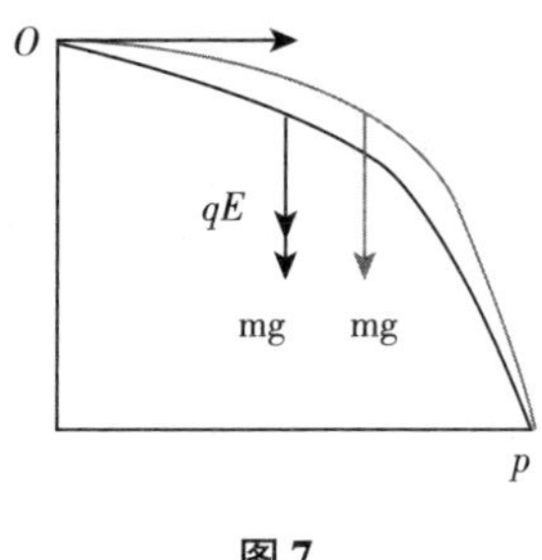

图 7

（1）电场强度的大小；

（2）B 运动到 P 点时的动能。

该题将带电体在匀强电场中的受力和平抛运动相关知识结合（如图 7 所示），通过受力分析可知 A 球做平抛，B 球做类平抛运动，只要抓住水平位移、竖直位移相等和时间关系，结合动力学很容易求解电场强度。同时该题也考查

了有电场力做功参与的动能定理。对考生运用已学知识解决所给情景问题的能力要求较高。

【例8】（2020·全国卷Ⅰ·25）在一柱形区域内有匀强电场，柱的横截面是以 O 为圆心，半径为 R 的圆，AB 为圆的直径，如图8所示。质量为 m，电荷量为 q（$q>0$）的带电粒子在纸面内自 A 点先后以不同的速度进入电场，速度方向与电场的方向垂直。已知刚进入电场时速度为零的粒子，自圆周上的 C 点以速率 v_0 穿出电场，AC 与 AB 的夹角 $\theta=60°$。运动中粒子仅受电场力作用。

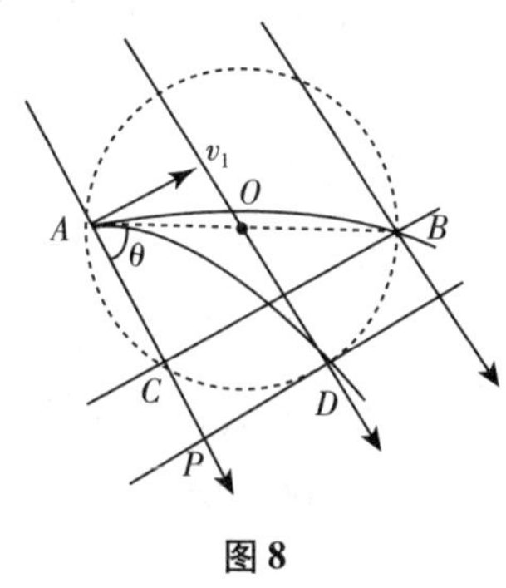

图8

（1）求电场强度的大小；

（2）为使粒子穿过电场后的动能增量最大，该粒子进入电场时的速度应为多大？

（3）为使粒子穿过电场前后动量变化量的大小为 mv_0，该粒子进入电场时的速度应为多大？

此题：（1）带电粒子在 A 点静止释放，仅受电场力从 C 点穿出可知匀强电场电场强度的方向为 AC 方向，从而画出相应等势面（如图8所示）。由动能定理可求解，该题较简单。

（2）因（1）问已知电场强度方向，为使带电粒子做类平抛运动穿过匀强电场动能增加量最大（即电场力做功最多），可知粒子沿电场线的位移要最大，即可判断从 D 点射出。根据牛顿第二定律和分位移公式分别列式，结合几何关系即可求解。

（3）因为垂直电场方向做匀速直线运动，所以粒子穿过电场前后动量变化量的大小为 mv_0，则沿电场线动量的增量为 mv_0 即可（即 C 点），因为 C 与 B 在同一等势面，可判断符合要求的射出点为 B 点，此问也是从 A 点到 B 点的类平抛运动。

从上述条件可知，考生必须对匀强电场的电场分布、等势面分布特点非常熟悉，对电场力做功与电势能变化、动能变化、动量变化的基本关系非常清楚，做出正确的判断，这样在解题中才能游刃有余。

综上所述，从近几年全国卷高考题来看，每年对电场都有考查，考查形式不断变化，但是对电场基本知识的掌握和运用知识解决问题的能力没有大的变化，符合当前高考评价体系的要求。教师在高考中物理教学中和高考备考的教学中应更加注重电场基本知识的教授，更注重提高考生运用知识解决问题的能力，着重培养学生运用所学物理知识解决生产生活中实际问题的能力。

参考文献：

［1］蒋炜波，赵坚．高考评价体系在物理学科命题中的体现及对教学的启示［J］．物理通报，2020（3）：2－8.

［2］张平．高考静电场考题分析与复习建议［J］．物理教学，2014（4）：60－66.

作者简介：滕波，中学高级教师，大学本科学历，绵阳市高考物理优秀教师，绵阳市优秀班主任。在长期的教育教学中形成了“严谨、风趣、高效”的课堂风格，深受学生的喜爱、同行的认可。研究方向为班主任德育、物理教育教学，在国家级、省级期刊发表十几篇文章。

（本文是四川省绵阳市2020年教育科研课题“提升高中物理教师命题能力的校本化行动研究”阶段研究成果。）

漫谈高考新情境试题引发的常规教学思考

——以2021年全国高考甲卷物理试题为例

四川省绵阳南山中学　姜州

2021年的全国高考已落下帷幕，高考物理学科的试题也呈现在大众面前。纵观每年的高考物理试题，我们都有同样的感慨，这些试题的情景设计往往都非常新颖。然而，当我们的学生面对这些试题时，只有极少数学生能够轻松解决，大多数学生都会感觉比较困难，甚至无从下手。因此，如何让学生在面对这些新情境试题时，能做到心中不慌，脑中有法，这是我们迫切需要思考的问题。我个人觉得，在日常的教学过程中，应当注重对学生以下四个方面的培养，这样也许会起到事半功倍的效果。

1　关注生活情境，挖掘考试素材

【例1】（2021全国甲卷15题）“旋转纽扣”是一种传统游戏。如图1，先将纽扣绕几圈，使穿过纽扣的两股细绳拧在一起，然后用力反复拉绳的两端，纽扣正转和反转会交替出现。拉动多次后，纽扣绕其中心的转速可达50 r/s，此时纽扣上距离中心1 cm处的点向心加速度大小约为（　　）

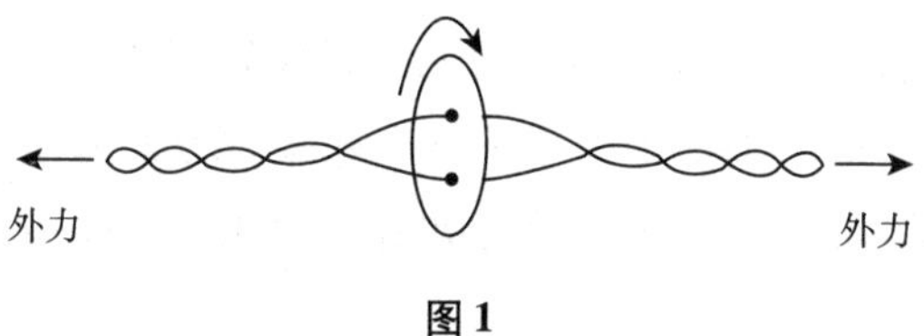

图1

A. 10 m/s^2　　B. 100 m/s^2

C. 1000 m/s^2　　D. 10000 m/s^2

今年的全国高考甲卷物理试题选择题第15题（图1），以一个非常传统的小游戏“旋转纽扣”为载体，重点考查了学生对向心加速度的理解和计算。虽然这个游戏对于00后的考生来说，年代显得有点久远，但题目总体难度不太大，学生也很容易上手。其实在每年的高考物理试题当中，都会出现一些以实际生活情境为载体的原创试题，这些试题往往给人一种耳目一新的感觉。学生在面对这些试题的时候，如果所涉及的生活情境比较贴近生活，还是比较容易上手，如果所涉及的生活情境学生不太熟悉，那么学生还是比较困惑的。因此，在平常的教学过程中，一方面要让学生多关注生活中与物理相关的现象，思考这些现象背后所蕴含的物理学原理；另一方面我们也可以设计一些由实际生活情境演变来的习题，让学生去思考和解答。当学生在考场上遇到类似的问题时，才可能随机应变。

2 关注科技动态，挖掘考试素材

【例2】（2021全国甲卷18题）2021年2月，执行我国火星探测任务的“天问一号”探测器在成功实施三次近火制动后，进入运行周期约为1.8×10^{5} s的椭圆形停泊轨道，轨道与火星表面的最近距离约为2.8×10^{5} m。已知火星半径约为3.4×10^{6} m，火星表面处自由落体的加速度大小约为3.7 m/s^{2}，则“天问一号”的停泊轨道与火星表面的最远距离约为（　　）

A. 6×10^{5} m　　B. 6×10^{6} m

C. 6×10^{7} m　　D. 6×10^{8} m

今年的全国高考甲卷物理试题选择题第18题，是以“天问一号”探测器为背景，考查学生对开普勒第三定律及万有引力定律的理解，这道题的计算较为烦琐，对学生运用数学方法处理物理问题的能力要求较高，同时考查了学生平时不太怎么关注的椭圆轨道，这对学生的建模能力要求较高。近些年来，我国在科学技术方面取得了许多举世瞩目的成就，比如高铁、计算机、天体物理等领域，如果学生在平时的生活中善于关注和收集这方面的信息，并对它们所涉及的物理方面的相关知识做深入地研究和分析，那么当他们在考场上遇到类似的问题时，才能做到游刃有余。

3 熟练使用不同的表述方法来描述同一个物理过程

【例3】（2021全国甲卷17题）如图2，一个原子核X经图中所示的一系列

α、β 衰变后，生成稳定的原子核 Y，在此过程中放射出电子的总个数为(　　)

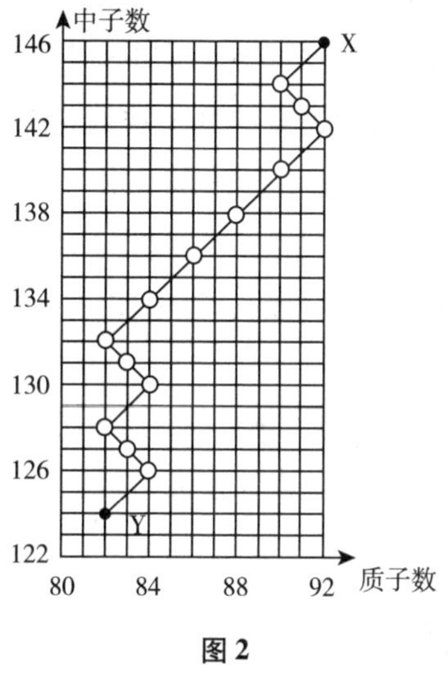

图 2

A. 6　　B. 8

C. 10　　D. 14

平常的物理教学中，我们面对同样的物理过程，往往可以采取不同的描述方式，这些描述方式对学生来说，要理解和消化的难易程度也是不同的。例如，对于同一个运动学过程，我们可以用文字来描述这个过程，也可以用运动学公式来描述这个过程，还可以利用运动图像来描述这个过程。所以，在平常的教学过程中，对于同一个物理过程，我们尽量采用不同的描述方式，让学生对于同一个问题，可以多角度地去分析和理解，并归纳总结出相似的东西。今年的全国高考甲卷物理试题第 17 题（图 2），考查了原子核的衰变，但是它和以往的考题不一样，以往的考题基本上都是通过文字来叙述。例如，发生了几次 α 或 β 衰变，学生很容易通过核反应方程，来计算出新的原子核的相关参数。今年的考题将这种文字描述变成了图像，与以往相比较虽然更加形象直观，但学生需要在读懂图像所反映的物理信息的前提下，才能更好地解决这个问题，这无形当中也增加了试题的难度。

4 避免大量重复地刷题，善于建构物理模型，达到举一反三

【例 4】（2021 全国甲卷 24 题）如图 3，一倾角为 θ 的光滑斜面上有 50 个减速带（图中未完全画出），相邻减速带间的距离均为 d，减速带的宽度远小于

d；一质量为 m 的无动力小车（可视为质点）从距第一个减速带 L 处由静止释放。已知小车通过减速带损失的机械能与到达减速带时的速度有关。观察发现，小车通过第30个减速带后，在相邻减速带间的平均速度均相同。小车通过第50个减速带后立刻进入与斜面光滑连接的水平地面，继续滑行距离 s 后停下。已知小车与地面间的动摩擦因数为 μ，重力加速度大小为 g。

（1）求小车通过第30个减速带后，经过每一个减速带时损失的机械能；

（2）求小车通过前30个减速带的过程中在每一个减速带上平均损失的机械能；

（3）若小车在前30个减速带上平均每一个损失的机械能大于之后每一个减速带上损失的机械能，则 L 应满足什么条件？

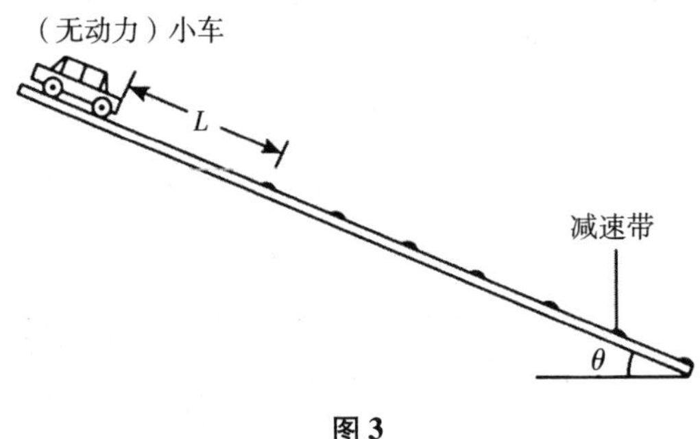

图3

高考作为选拔性考试，不仅考查学生的必备知识和关键能力，而且考查学生的学科素养和学科思维。作为理科学生，在高三复习阶段，大量做题是必不可少的环节，但是如果仅停留在只做题的层面，而不总结反思，那整个高三的复习将非常低效。所以，在日常的教学过程中，教师要精心选择习题，精心编制习题，精心评讲习题，要在评讲习题的过程中，引导学生通过分析物理情景，建构物理模型，选用适当的物理规律解决具体的问题，只有这样做，学生在遇到全新的物理情景时，才能够自己去建构物理模型，进而解决问题。2021年的全国高考甲卷物理试题第24题（图3），在网上讨论非常激烈，很多考生看到这个题目，第一眼的感觉是非常陌生，而后就感觉读几遍都没法弄懂题目所描述的物理过程，更是无法建立对应的物理模型解决问题。其实这个题目重点在考查学生对动能定理和能量守恒定律的灵活应用，只是由于题目情景非常新颖且文字描述又很长，所以导致学生很难静下心去梳理问题情景，也就不能建构出物理模型并解决具体问题。

5 总结

所谓“万变不离其宗”，尽管每年的高考都会出现许多新情境试题，但是当你认真去分析这些试题的时候，你会发现这里面有很多值得我们去思考和研究的问题，而这些问题反过来对我们日常的教学有着很强的指导意义。那些所谓的新情境试题，只不过是“换汤不换药”，当你拨开那层神秘的面纱以后，就会豁然开朗。因此，学生无论在新课学习阶段，还是在复习阶段，都要善于总结解题思路和方法，养成良好的学科思维品质。只有这样，无论试题如何推陈出新，他们都会很轻松地去面对和解决。

作者简介：姜州，中学二级教师，南山中学优秀青年教师，绵阳市优秀教师，参与市级课题 1 项，在省、市级刊物中发表多篇论文。

（本文是四川省绵阳市 2020 年教育科研课题“提升高中物理教师命题能力的校本化行动研究”阶段研究成果。）

从高考到强基浅谈运动关联问题的解题方法

四川省绵阳南山中学 姚林

无论是高考或是强基考试中涉及的运动关联问题主要有三类，绳相连问题、杆相连问题和面（点面接触、面面接触）相连问题。对于这几类问题，一部分学生往往由于没有理解问题的本质，导致乱分解，从而不能得出正确答案。现分别就高考和强基考试中遇到这类问题的解题方法进行总结和归纳。

高考中的运动关联问题往往只讨论速度关联，因此解决这类问题常常根据约束条件直接找速度之间的关系，从而很快得出正确的答案。现分别举例说明。

【例 1】绳相连模型

A、B 两物体通过一根跨过定滑轮的轻绳相连放在水平面上，现物体 A 以 v_1 的速度向右匀速运动，当绳被拉成与水平面夹角分别为 α、β 时，如图 1 所示。物体 B 的运动速度 v_B 为（绳始终有拉力）（　　）

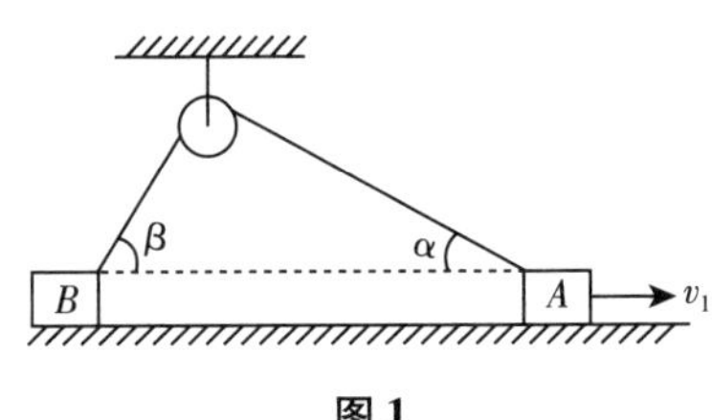

图 1

A. $\dfrac{v_1\sin\alpha}{\sin\beta}$　　B. $\dfrac{v_1\cos\alpha}{\sin\beta}$

C. $\dfrac{v_1\sin\alpha}{\cos\beta}$　　D. $\dfrac{v_1\cos\alpha}{\cos\beta}$

解析：A、B 两物体的速度分解如图 2，由于 AB 通过绳约束，且绳的形变量（伸长量）可以忽略不计，因而 A、B 两物体沿绳方向的分速度相同。

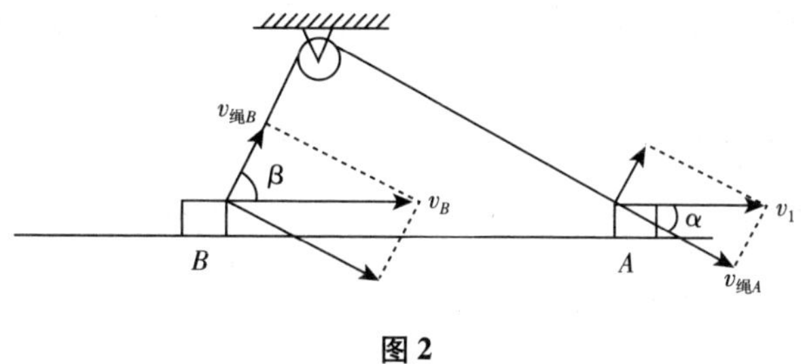

图 2

由图 2 可知：$v_{绳A}=v_1\cos\alpha$，$v_{绳B}=v_B\cos\beta$，

由于 $v_{绳A}=v_{绳B}$，所以 $v_B=\dfrac{v_1\cos\alpha}{\cos\beta}$，故 D 对。

【例 2】杆相连模型

如图 3 所示，一个长直轻杆两端分别固定小球 A 和 B，两球质量均为 m，两球半径忽略不计，杆的长度为 l。先将杆竖直靠放在竖直墙上，轻轻振动小球 B，使小球 B 在水平面上由静止开始向右滑动，不计一切摩擦，当小球 A 沿墙下滑距离为 l 时，下列说法正确的是（　　）

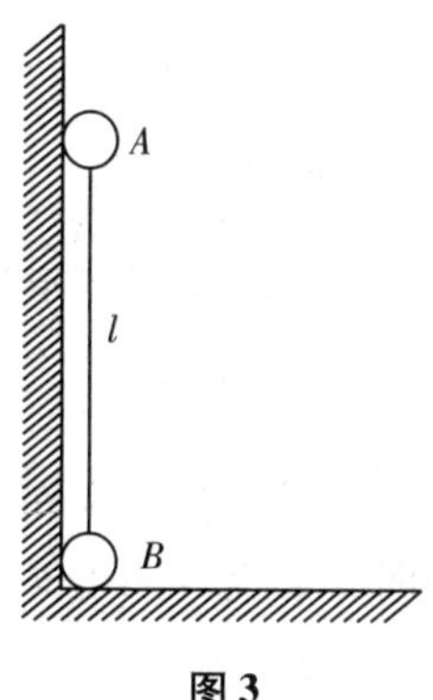

图 3

A. 小球 A 和 B 的速度都为 $\frac{1}{2}\sqrt{gl}$

B. 小球 A 和 B 的速度都为 $\frac{1}{2}\sqrt{3gl}$

C. 小球 A 的速度为 $\frac{1}{2}\sqrt{3gl}$，小球 B 的速度为 $\frac{1}{2}\sqrt{gl}$

D. 小球 A 的速度为 $\frac{1}{2}\sqrt{gl}$，小球 B 的速度为 $\frac{1}{2}\sqrt{3gl}$

解析：当小球 A 沿墙下滑距离为 $\frac{1}{2}l$ 时，设此时 A 球的速度为 v_A，B 球的速度为 v_B，根据系统机械能守恒得 $mg\frac{l}{2}=\frac{1}{2}mv_A^2+\frac{1}{2}mv_B^2$，由于 A、B 通过杆约束，且杆的伸长或压缩形变量可以忽略不计，两球沿杆方向上的速度相等，则有 $v_A\cos 60°=v_B\cos 30°$，联立解得 $v_A=\frac{1}{2}\sqrt{3gl}$，$v_B=\frac{1}{2}\sqrt{gl}$，故 C 项正确，A、B、D 错误。

【例 3】面相连模型

如图 4 所示，有一个沿水平方向做匀速直线运动的半径为 R 的半圆柱体，半圆柱面上搁着一个只能沿竖直方向运动的竖直杆，在竖直杆未达到半圆柱体的最高点之前（　　）

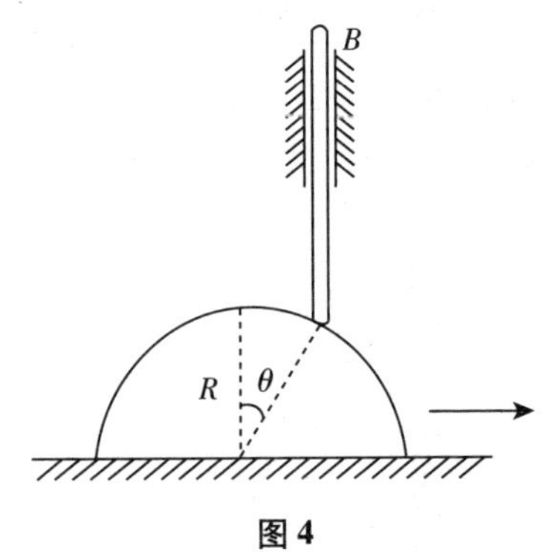

图 4

A. 半圆柱体向右匀速运动时，竖直杆向上做匀减速直线运动

B. 半圆柱体向右匀速运动时，竖直杆向上做减速直线运动

C. 半圆柱体以速度为 v 向右匀速运动，杆同半圆柱体接触点和柱心的连线与竖直方向的夹角为 θ 时，竖直杆向上的运动速度为 $v\tan\theta$

D. 半圆柱体以速度为 v 向右匀速运动，杆同半圆柱体接触点和柱心的连线与竖直方向的夹角为 θ 时，竖直杆向上的运动速度为 $v\sin\theta$

解析：如图 5 所示，O 点向右运动，O 点的运动使杆 AO 绕 A 点逆时针转动的同时，沿杆 OA 方向向上推动 A 点；竖直杆的实际运动（A 点的速度）方向竖直向上，使 A 点绕 O 点逆时针转动的同时，由于球面的约束，且球面和杆的形变量可以忽略不计，球面沿 OA 方向（弹力方向）与 OA 杆具有相同的速度。速度分解如图 5 所示，对 O 点，$v_1=v\sin\theta$，对于 A 点，$v_A\cos\theta=v_1$，解得 $v_A=$

$v\tan\theta$，O 点（半圆柱体）向右匀速运动时，杆向上运动，θ 角减小，$\tan\theta$ 减小，v_A减小，但杆不做匀减速运动，故 A 错误，B 正确；由 $v_A=v\tan\theta$，可知 C 正确，D 错误。

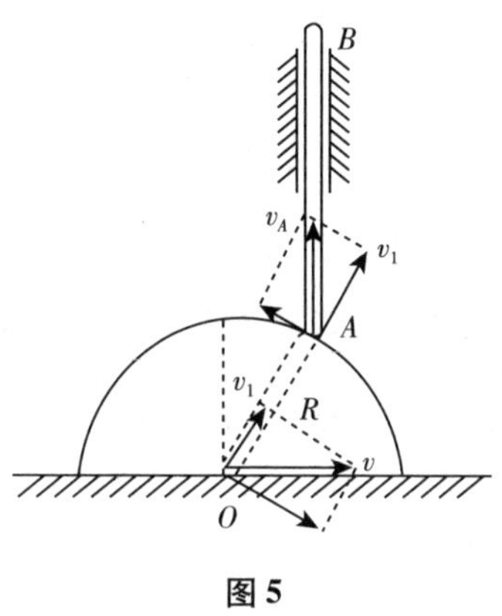

图 5

强基考试中涉及的速度关联问题要复杂一些，往往不能简单地用上述办法解决问题，有的还要求加速度，解题难度就更大了。但无论多复杂的问题都要考虑约束条件和物体的实际运动情况，利用物理和数学知识就能求解，现举例说明。

【例 4】升级版绳相连模型

如图 6 所示，AA_1和 BB_1是两根光滑的细直杆，并固定在天花板上，将绳的一端拴在 B 点，另一端拴在套于 AA_1杆上的珠子 D 上，另有一珠子 C 穿过绳及杆 BB_1以速率 v_1匀速下落，而珠子 D 以一定的速度沿杆上升，当图中的角度为 α 时，珠子 D 上升的速率 v_2多大？

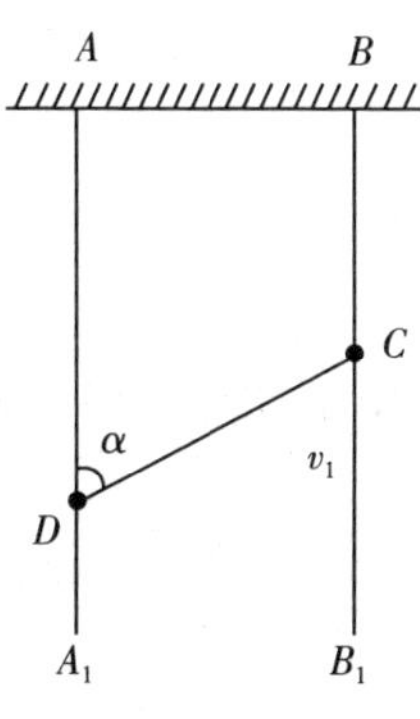

图 6

解法一：微元法

两珠子由最初的 CD 位置运动了一个极短的时间 Δt 后，C 珠下落至 C'点，则这段过程的下滑距离 $CC' = v_1\Delta t$，珠子 D 则相应地升至 D'点。由于 $\Delta t\to 0$，因此可以将珠子 D 在这段时间的运动视为匀速运动，速度用 v 表示，则 $DD' = v\Delta t$。由于绳不可伸长，故应有 $CC' + C'D' = CD$。设 E 为 $C'D'$与 CD 的交点，再在 CD 上找到两点，记为点 O 和 O'，使得 $OE = ED'$，$O'E = EC'$。则可得：$CC' = CD - C'D' = CD - OO'$，于是有 $CC' = CO' + OD$。由于 $\Delta t\to 0$，故 $C'O'$与 OD'均趋于零，等腰三角形 EOD'与 $EC'O'$的底角均趋于$\frac{\pi}{2}$，因此可以将两三角形视为直角三角形，因此 $CO' = CC'\cos\alpha$，$OD = DD'\cos\alpha$。结合前述的式子，有 $CC' = CC'\cos\alpha + DD'\cos\alpha$，即 $v_1\Delta t = v_1\Delta t\cos\alpha + v\Delta t\cos\alpha$，由此得珠子 D 沿杆上升的速度为 $v = \frac{1-\cos\alpha}{\cos\alpha}v_1$。

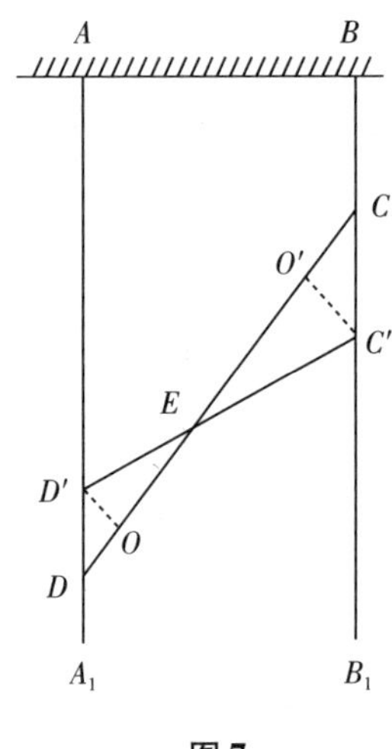

图 7

解法二：功率法

设绳的张力为 T，绳对系统不做功，应有：$Tv\cos\alpha + Tv_1\cos\alpha + Tv_1\cos 180^\circ = 0$，

则：$v = \frac{1-\cos\alpha}{\cos\alpha}v_1$。

解法三：转换坐标系法

以小球 C 为参考系，B 相对于 C 以速度 v_1向上运动，D 相对于 C 以速度 $v +$

v_1向上运动。这样，C 相当于一个定滑轮，B 和 D 相当于绳两端运动的物体，根据绳不可伸长的约束关系，易知 B 和 D 沿绳方向的分速度应该相等，故应有 $(v+v_1)\cos\alpha = v_1$，即 $v = \dfrac{1-\cos\alpha}{\cos\alpha}v_1$。

解法四：坐标求导法

以 A 点为坐标原点，水平向右为 x 轴，竖直向下为 y 轴。高绳的总长为 L，C 点的纵坐标为 y_C，则 C 点的横坐标为 $x_C = (L-y_C)\sin\alpha$；D 点的坐标为 $[0, y_C + (L-y_C)\cos\alpha]$。

由于 C 点的速度竖直向下为 v_1，所以有 $v_1 = y_C$，$0 = x_C = L\cos\alpha \cdot \alpha - y_C\sin\alpha - y_C\cos\alpha \cdot \alpha$。由于 D 点沿杆运动，所以 D 点的速度 $v = y_D = y_C - L\sin\alpha \cdot \alpha - y_C\cos\alpha + y_C\sin\alpha \cdot \alpha$。由以上几式联立解得：$v = -\dfrac{1-\cos\alpha}{\cos\alpha}v_1$，负号表示速度的方向竖直向上。

如果 C 有加速度且已知，用此方法还可以进一步对速度求导，求出 D 点的加速度，只是本题计算量较大，在这里就不展示计算过程了。

以上几种方法中，方法一容易理解，但运算较复杂；方法二和三比较巧妙，但理解难度较大，通用性不是很强；方法四对数学计算能力要求较高，通用性很强，还可用于求加速度。

作者简介：姚林，中学物理高级教师，所教的学生有 25 人考上北大、清华；所辅导的学生有近 30 人获物理竞赛全国一等奖，10 余人进入物理冬令营参加全国决赛；所辅导的学生王森、刘芮杉获物理竞赛金牌，温九等 4 人获银牌，陈森等 5 人获铜牌。曾担任南山中学物理教研组长、第三党总支副书记等职务。曾被聘为绵阳市中级专业技术职称评审委员会委员、四川省高中课程改革远程培训物理学科辅导员、国培计划——高中课改实验省教师远程培训项目物理学科辅导员、绵阳市普通高中课程改革物理学科专家组成员。曾多次获得绵阳市明星班主任、绵阳市优秀班主任、绵阳市师德标兵、绵阳市名中学教师、绵阳市优秀骨干教师、绵阳市物理学科带头人等荣誉称号。

2023年高考“振动和波”的命题趋势

四川省绵阳南山中学　毛永辉

振动和波是每年高考的选做题，也是选修3－4必考内容。由于波动问题（包含质点的振动）的抽象性，设问的多样性，答案的多解性，学生学习振动和波存在一定的困难。笔者在分析了近几年全国各套试卷中“振动和波”的试题后，探讨2023年高考“振动和波”的命题趋势。

1 “先传后振”型

【例1】位于原点的波源在 $t=0$ 开始沿 y 轴做简谐运动，它激起横波沿 x 轴正向传播，t_1时刻，波的图像如图1所示，此时波恰好传到 P 点，t_2时刻，$x=2.4$ m的质点第一次到达波峰。已知 $t_2=(t_1+1.1)$ s，则（　　）

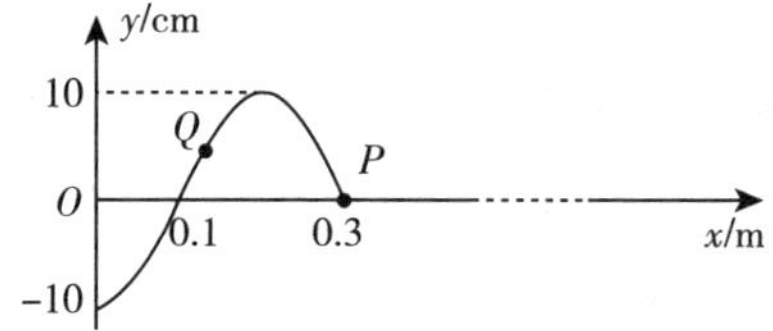

图1

A. 该波源的频率是0.2 Hz

B. t_1时刻起，质点 Q 比质点 P 先到达波峰位置

C. $t_1=0.3$ s

D. t_2时刻，P 点沿 y 轴负向运动

解析：由图知，波长 $\lambda=0.4$ m，波速 $v=\dfrac{\Delta x}{\Delta t}=\dfrac{2.2}{1.1}=2$ m/s，则周期 $T=0.2$ s，$f=\dfrac{1}{T}=5$ Hz，$t_1=\dfrac{3}{4}T=0.15$ s，故A、C错；t_1时刻，质点 Q 沿 y 轴负

向振动，质点 P 沿 y 轴正向振动，即质点 P 比质点 Q 先到达波峰位置，故 B 错；在 t_1时刻波的图像的基础上把波形沿 x 轴正向平移0.2 m 就是 t_2时刻波的图像，故 D 对。

点评：本题独具匠心，逆向考查波的形成和传播规律：（1）当机械波传播到质点所在位置时，带动该质点开始振动，每一个质点的起振方向均与波源起振方向相同。（2）波的传播速度 $v = \frac{\Delta x}{\Delta t} = \frac{\lambda}{T}$。

【变式 1】在例 1 的基础上，增加条件：在 $x' = 4$ m 处有一处于静止状态的接收器（图中未画出），则（　　）

A. 若波源向 x 轴正方向运动，接收器接收到的波的频率可能为 10 Hz

B. t_2时刻后，当 $x_1 = 0.1$ m 的质点位于波谷位置时，$x_2 = 0.7$ m 的质点也恰好位于波谷位置

C. 若遇到0.3 m 的障碍物，该波能发生明显的衍射现象

D. 从 t_1时刻到 $t_3 = 0.3$ s 时刻，质点 Q 通过的路程为 30 cm

解析：若波源向 x 轴正方向运动，接收器接收到的波的频率大于波源的频率，而波源频率为5Hz，故选项 A 对；$x_1 = 0.1$ m 的质点和 $x_2 = 0.7$ m 的质点相距0.6 m，即1.5 λ ，两质点振动反向，即当 $x_1 = 0.1$ m 的质点位于波谷位置时，$x_2 = 0.7$ m 的质点恰好位于波峰位置，故 B 错；波长为0.4 m，大于0.3 m 的障碍物，该波能发生明显的衍射现象，故 C 对；从 t_1时刻到 $t_3 = 0.3$ s 时刻，时间为0.15 s，即 $\frac{3}{4}T$ ，由于 t_1时刻质点 Q 不在平衡位置和最大位移处，质点 Q 通过的路程不可能为 3 个振幅，即30 cm，故 D 错。

点评：本题将波的形成和传播与波的特性（干涉、衍射和多普勒效应）结合起来，拓宽了知识考查面，同时考查同一列波两质点间振动情况的判断方法和非特殊点的路程计算。

【变式 2】一质点以坐标原点为中心位置在 y 轴上做简谐运动，振动图像如图 2 所示，其振动在介质中产生的简谐横波沿 x 轴正方向传播，波速为1 m/s。从 $t = 0$ 时刻开始振动，0.2 s 后停止，则再经过0.3 s 时的波形图是下图中的(　　)

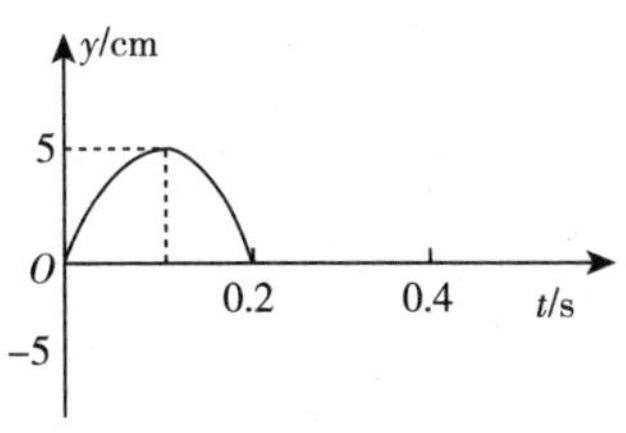

图 2

解析：由振动图像知 $T=0.4$ s，波源振动 $\Delta t_1=0.2$ s，简谐横波沿 x 轴正方向传播距离 $\Delta x_1=v\Delta t_1=0.2$ m，如选项 A 图所示，此后波源停止振动，再经过 $\Delta t_2=0.3$ s，已经产生的波形继续沿 x 轴正方向传播的距离 $\Delta x_2=v\Delta t_2=0.3$ m，如选项 B 图所示，故 B 对。

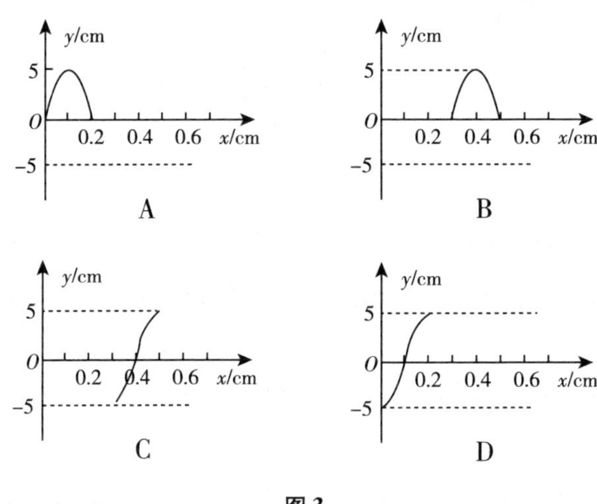

图 3

点评：本题的创新之处在于波源振动一段时间后停止振动，不产生新的机械波，但是已经产生的波继续传播。

2 “双波同传”型

【例 2】如图 4 所示为两列简谐横波沿同一绳传播在 $t=0$ 时刻的波形图，已知甲波向左传，乙波向右传。请根据图中信息判断以下正确的说法是（　　）

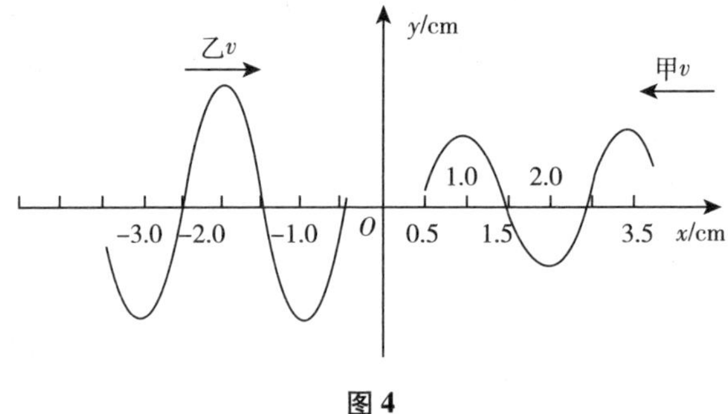

图 4

A. 由于两波振幅不等，故两列波相遇时不会发生干涉现象

B. 两列波同时传到坐标原点

C. $x=0.2$ cm 处的质点开始振动时的方向沿 y 轴负方向

D. $x=0.5$ cm 处为振动加强的点

解析：由于 $\lambda_{甲}=2$ cm，$\lambda_{乙}=2$ cm，又在同一种介质中传播，波速相同，波频率相同，能发生干涉现象，故 A 错，B 对；甲波先到达 $x=0.2$ cm 处，该处的质点起振方向与甲波的振源起振方向相同，由图像知，$t=0$ 时刻，甲波前端刚传到 $x=0.5$ cm 处，该处质点刚开始振动，由同侧法知，此时它的振动方向沿 y 轴的正方向，故 C 错；甲波 $x=2$ cm 处的质点位于波谷，乙波 $x=-1$ cm 处的质点位于波谷，两波谷到 $x=0.5$ cm 的距离相等，波谷与波谷在 $x=0.5$ cm 处相遇，故该处为振动加强的点，故 D 对。

【变式 3】在 $t=0$ 时刻向平静水面的 O 处投下一块石头，水面波向东西南北各个方向传播开去，当 $t=1$s 时水面波向西刚刚传到 M 点（图中只画了东西方向，南北方向没画出），OM 的距离为 1 m，振动的最低点 N 距原水平面 15 cm，如图 5。以下分析正确的是（　　）

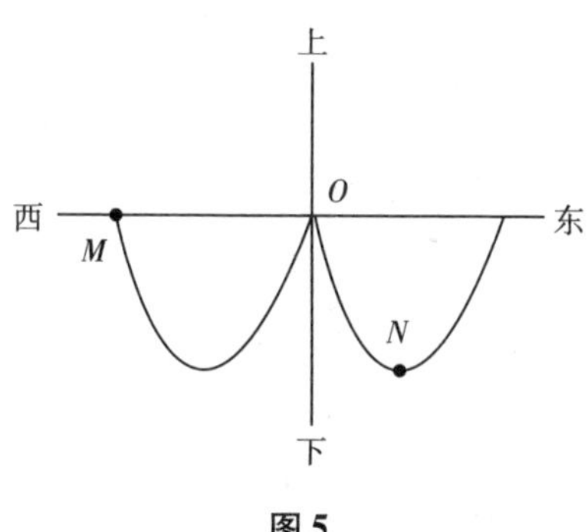

图 5

A. 该水面波的波长为 1 m

B. $t=1.25$ s 时刻，M 点和 O 点的速度大小相等，方向相反

C. 振动后原来水面上的 M 点和 N 点永远不可能同时出现在同一水平线上

D. $t=2$ s 时刻 N 点处于波峰位置

解析：OM 的距离为半个波长，该水面波的波长为 2 m，故 A 错；M 点和 O 点的距离等于半个波长，振动情况相反，故 B 对。$t=1$ s 后，M 点向下振动，N 点开始向上振动，有可能处于同一水平线，故 C 错；当 $t=1$ s 时水面波向西刚

刚传到 M 点，波的周期为 2 s，向东西南北各个方向传播的波的周期均等于波源的周期，$t=1$ s 时刻 N 点处于波谷位置，再经过 1 s（半个周期），N 点处于波峰位置，故 D 对。

点评：本题在实际的物理情境中考查“波速由介质决定，频率由波源决定”和波的叠加（含加强和减弱的条件）。

3 “波的多解”型

【例 3】一列横波沿直线传播，在波的传播方向上有 A、B 两点。在 t 时刻 A、B 两点间形成的波形如图 6A 所示，在（$t+3$ s）时刻 A、B 两点间形成的波形如图 6B 所示，已知 A、B 两点间的距离 $s=9$ m，则以下说法中正确的是(　　)

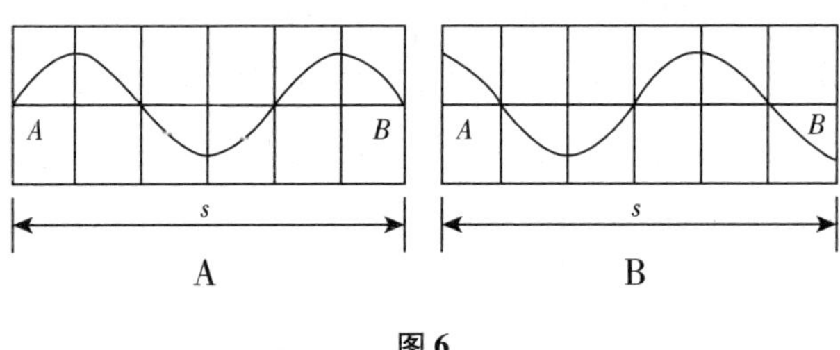

图 6

A. 若周期为 4 s，波一定向右传播

B. 若周期大于 4 s，波可能向右传播

C. 若波速为 8.5 m/s，波一定向左传播

D. 该波波速可能的最小值为 0.5 m/s

解析：根据题图可知，波长 $\lambda=\frac{9}{6}\times 4=6$ m。若波向右传播，则 $3=\left(n+\frac{3}{4}\right)T$（其中 $n=0$，1，2，…），周期 $T=\frac{12}{4n+3}$ s（其中 $n=0$，1，2，3…,），波速 $v=\lambda/T=(2n+1.5)$ m/s，可见，当 $n=0$ 时，周期最大为 4 s，波速最小为 1.5 m/s，n 取任何自然数，波速都不等于 8.5 m/s；若波向左传播，则 $3=\left(n+\frac{1}{4}\right)T$（其中 $n=0$，1，2，…），周期 $T=\frac{12}{4n+1}$ s（其中 $n=0$，1，2，…），波速 $v=\lambda/T=(2n+0.5)$ m/s，可见，当 $n=0$ 时，周期最大为 12 s，波速最小为 0.5 m/s，$n=4$ 时，波速 $v=8.5$ m/s；可见，选项 A、C、D 都对。

点评：本题独辟蹊径，把两个时刻的波形图画成两个图，可将两个波形画在同一个图上，便于应用平移规律列方程。

总之，在振动和波的复习中，只要厘清机械振动的特点、机械波的形成规律、描述振动和波的物理量及波的特性，不管命题者在形式上如何创新，相信学生都能顺利解决这类习题。

作者简介：毛永辉，教育硕士（物理学科教学），中学高级教师，绵阳市高中物理骨干教师，绵阳市初高中衔接教学方案学科专家，绵阳市明星班主任，绵阳市优秀班主任，四川省卢礼金物理名师工作坊成员。四川省方永根名师鼎兴工作室成员，绵阳市教体局党委表彰优秀共产党员，荣获绵阳市赛课一等奖，多次获得绵阳市高考评价物理学科特等奖，多次参与绵阳市中考和高中市级统考试题命制，校级十大杰出青年教师，多次获得校级教育科研先进个人，六篇论文获省、市优秀论文评比一等奖，在省级刊物发表论文二十余篇，主研多项国家、省、市级课题。

（本文系四川省绵阳南山中学申报的绵阳市2020年市级课题“提升高中物理教师命题能力的校本化行动研究”阶段研究成果之一。）

小球下摆过程中重力的功率变化

四川省绵阳南山中学　卢礼金

1　例题

如图 1 所示，一根不可伸长的轻绳长为 L，一端固定于 O 点，另一端连接质量为 m 的小球，使小球从水平位置 A 点静止释放，小球从 A 点摆动到最低点 B 点的过程中，重力对小球做功的瞬时功率如何变化？

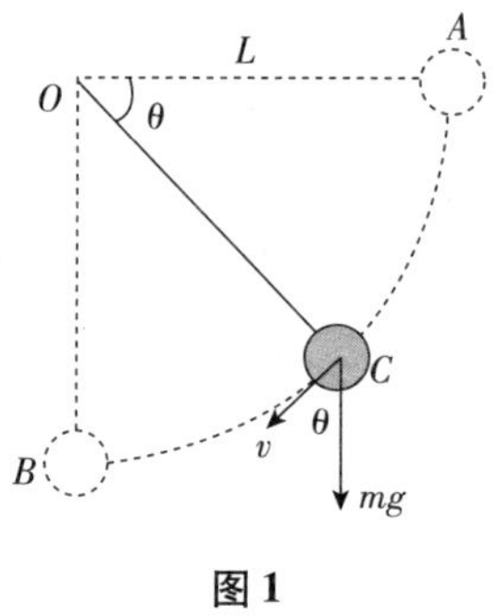

图 1

2　解法一：物理分析法

（1）极限法

重力对小球做功的功率 $P=mgv\cos\theta$，在最高点 A 点小球速度为 0，所以 A 点小球重力的功率为 0；在最低点 B 点速度方向与重力垂直，所以 B 点重力的功率也为 0；在中间某位置，重力的功率最大。因此小球从最高点摆动到最低点的过程中，重力对小球做功的功率先增大后减小。

（2）解析法

小球在下摆运动过程中，当竖直方向的加速度为 0 时，竖直方向速度最大，此时重力做功的瞬时功率最大。

如图 2 所示，设此时轻绳与水平方向的夹角为 θ，所受绳的拉力大小为 F，则

$$F\sin\theta = mg\text{。}$$

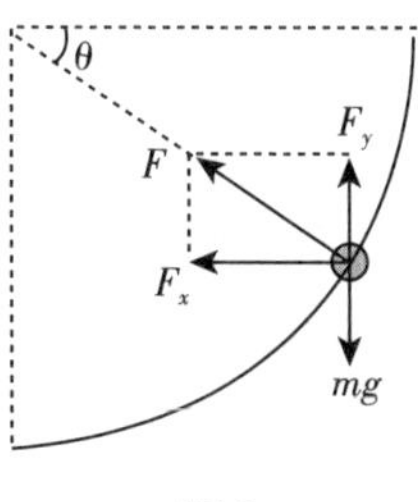

图 2

设在该位置处小球的速度为 v，根据牛顿第二定律得

$$F - mg\sin\theta = m\frac{v^2}{L}\text{。}$$

小球从最高点运动到该位置处的过程中，由机械能守恒定律得

$$mgL\sin\theta = \frac{1}{2}mv^2\text{。}$$

联立以上三式解得 $\sin\theta = \frac{\sqrt{3}}{3}$，那么 $\cos\theta = \sqrt{\frac{2}{3}}$。

当 $\theta = \arcsin\frac{\sqrt{3}}{3}$ 时（$\theta \approx 35.26°$），重力对小球做功的瞬时功率最大。

$$P = mgv\cos\theta = \frac{2mg}{3}\sqrt{\sqrt{3}gL}\text{。}$$

3 解法二：数学分析法

（1）不等式法

对小球下摆过程，由机械能守恒定律得

$$mgL\sin\theta = \frac{1}{2}mv^2,\ v = \sqrt{2gL\sin\theta}\text{。}$$

根据瞬时功率的公式 $P = mgv\cos\theta$ 可得

$$P = mg\sqrt{2gL\sin\theta}\cos\theta,$$

即 $P = mg\sqrt{2gL\sin\theta\cos^2\theta}$。

要使功率 P 最大，即要 $\sin\theta\cos^2\theta$ 最大。

设 $y = \sin\theta\cos^2\theta$，则 $y^2 = \frac{1}{2}(2\sin^2\theta\cos^2\theta\cos^2\theta)$。

根据数学不等式

$$y^2 = \frac{1}{2}(2\sin^2\theta\cos^2\theta\cos^2\theta) \leqslant \frac{1}{2}\left(\frac{2\sin^2\theta + \cos^2\theta + \cos^2\theta}{3}\right)^3,$$

即 $y^2 = \frac{1}{2}(2\sin^2\theta\cos^2\theta\cos^2\theta) \leqslant \frac{1}{2}\left(\frac{2}{3}\right)^3$。

当 $2\sin^2\theta = \cos^2\theta$ 时，y^2 有最大值。

即 $2\sin^2\theta = 1 - \sin^2\theta$，$\sin\theta = \frac{\sqrt{3}}{3}$。

当 $\theta = \arcsin\frac{\sqrt{3}}{3}$ 时（$\theta \approx 35.26°$），重力对小球做功的瞬时功率最大。

$$P = mg\sqrt{2gL\sin\theta}\cos\theta = \frac{2mg}{3}\sqrt{\sqrt{3}gL}。$$

（2）求导法

根据瞬时功率的公式 $P = mgv\cos\theta$ 和 $v = \sqrt{2gL\sin\theta}$ 得

$$P = mg\sqrt{2gL\sin\theta\cos^2\theta}。$$

设 $y = \sin\theta\cos^2\theta$，

对 y 求导数得 $y' = \cos^3\theta - 2\sin^2\theta\cos\theta$。

由 $y' = \cos^3\theta - 2\sin^2\theta\cos\theta = 0$ 得 $\tan\theta = \frac{\sqrt{2}}{2}$。

当 $\theta = \arctan\frac{\sqrt{2}}{2} \approx 35.26°$ 时，$y_m = \sin\theta\cos^2\theta = \frac{2\sqrt{3}}{9}$。

此时，重力对小球做功的瞬时功率最大。

$$P = mg\sqrt{2gL\sin\theta}\cos\theta = \frac{2mg}{3}\sqrt{\sqrt{3}gL}。$$

以上两种解法从高中生的认知水平出发，将物理知识和数学方法结合起来，解法简明易懂，殊途同归。其中解法一对物理分析综合能力要求较高，难点是分析出绳子的拉力在竖直向上的分量恰好等于摆球重力大小时，摆球在竖直方向上获得最大速度，而摆球重力不变，故此时摆球所受重力的瞬时功率最大；解法二对应用数学知识处理物理问题的能力要求较高，利用数学的均值不等式和函数求导都可以求解极值。

参考文献：

[1] 耿腊香．摆球运动中极值问题的解析［J］．物理通报，2015（10）．

[2] 贺艳伟．摆球重力最大瞬时功率问题的经典处理方法［J］．高中物理微课室，2017（5）．

作者简介：卢礼金，中学正高级教师，四川省特级教师，绵阳市突出贡献教师。在长期的教学实践中，卢礼金名师工作坊团队总结出了高中物理“三块四环”的独特课堂教学模式，深受同行推崇。卢礼金凭着“生活即教育”的教育理念和“轻松、愉快、高效”的教学风格，深受学生爱戴。主研完成省级以上课题3项，在省级以上刊物发表论文18篇，出版教学专著6本，为省、市骨干教师做专题报告20多次。

第三章

教育技术

高中物理网络名师工作室的建设与应用思考

四川省绵阳南山中学　杨涛　卢礼金

建设名师工作室，是当前许多中小学开展校本教研和教师培养的高效模式。名师工作室有利于加快教师的个人发展，形成科学高效的人才培养机制，从而培养出一批有教育思想和教学风格的专业领军人才和骨干教师队伍，形成以名师为核心的高层次骨干教师团队和专家型的教师研究、服务群体，带动学校教师整体素质的提高。随着信息技术在教育领域的深度融合发展，教育部办公厅在2015年9月1日印发的《关于“十三五”期间全面深入推进教育信息化工作的指导意见》中强调要全面扎实推进“三个课堂”建设，组织特级教师、名师与若干名青年教师通过“名师工作室”等形式利用网络的优势形成教师在线研修共同体，从而全面提升广大教师的教学能力和水平。在新高考改革实施的背景下，高中物理的教学也面临新的机遇和挑战，建设基于网络平台的物理学科名师工作室显得尤为必要。

1　建设高中物理网络名师工作室的意义

在中共中央、国务院印发的《中国教育现代化2035》和教育部《教育信息化2.0行动计划》文件的指导下，教育信息化是教育现代化的基本内涵和显著特征，是信息时代教育改革发展的必由之路。教育信息化的过程要不断探索构建信息化条件下的人才培养模式，发展基于互联网的教育服务模式，探索信息时代教育治理模式。

随着新高考综合改革的不断深入实施，高中物理的教学应加强多元化的物理课程体系，开展拓展型课程并建立物理课程资源体系，以满足新高考下学生综合发展和个性化的学习需求，提升教育教学水平。建立基于网络平台的物理名师工作室，以物理学科的研究为基础，以名师为核心，以物理教师群体作为主要参与者而形成的研究型骨干教师团队。高中物理网络名师工作室利用了名师的榜样示范作用带领青年教师发展，对改善教师成长环境、丰富物理学科资源、提升整体教学质量具有明显的积极作用。

此外，建立网络名师工作室还有利于促进教育均衡发展，突破不同地区学科教师之间的交流和信息互动的时空障碍，大大提高教育教学的科学性和全面性。

2 高中物理网络名师工作室的建设方案

在教育信息化的背景下，将传统的教研事务与移动互联网、云存储平台、大数据平台、5G 技术、人工智能、物联网等前沿技术相结合，从而构建网络名师工作室智能平台。

高中物理网络名师工作室包含硬件平台与软件平台。硬件系统拓扑图如图 1 所示。

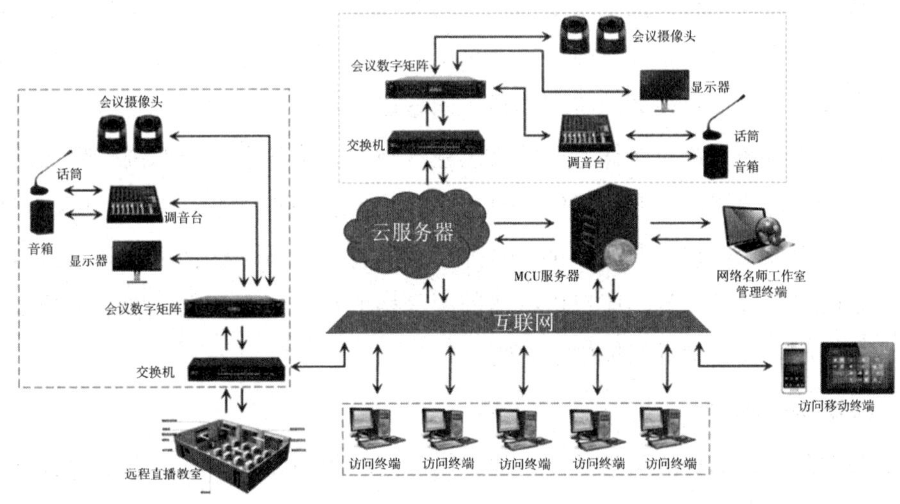

图 1

软件平台系统结构图如下所示。

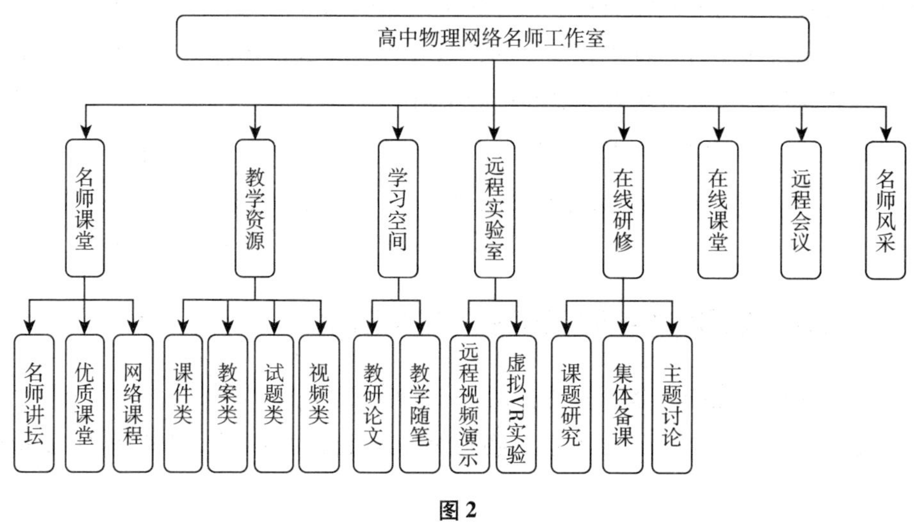

图 2

2.1 名师课堂

优质的教学视频案例记录了师生互动和教学的过程，是一类十分鲜活生动的生成性课程资源，是提升教师专业水平的一条有效途径。名师课堂集合了物理学科优质课堂实录视频，将同学科不同学段的物理优质课视频归类展示，包括各类教学竞赛、优质课评比、网络课程等视频。在各个视频的浏览界面应设置开放的留言功能，让名师工作室的老师们可以远程同时观看并发表评课意见，实现远程观课、远程评课的效果。名师课堂的建立，不仅整合了物理学科内不同章节的优质教学视频，还可以打造同课异构的精品课堂，也为网络名师工作室内的老师寻找教学灵感提供了方便。

2.2 教学资源

设置教学资源板块是为了让名师工作室内的教师无私奉献出自己的教学设计、导学案、课件、教学素材、微课视频、物理实验文档、小练习题、模拟试题或精编试题等教学资源，构成网络名师工作室丰富的教学资源库，大大提升物理学科内部教学效率和教学质量。加入网络名师工作室的每位物理老师，既是上传者、贡献者，也是下载者、受益者。可以设置上传奖励和下载消费积分制度，用以激励老师们的热情和端正态度去共享资源，从而构建良好的网络名师工作室教学资源生态；还可以将教学资源库与“一师一优课、一课一名师”

平台、省教育资源公共服务平台等网络平台进行对接和共享。

2.3 学习空间

物理网络名师工作室的学习空间主要由名师工作室的核心名师挑选和发布相关的教研论文、教学反思、教育随笔或教育讲稿，将优秀的论文、反思等教育思想精华通过网络平台展示到名师工作室的各位成员面前，使得老师们的教学得以启发，让教育教学过程有参照、有思路、有亮点。

2.4 远程实验室

远程实验室分两个阶段建设和应用：第一阶段是远程视频环境下的物理实验操作与交流；第二阶段是远程虚拟物联实验室。

第一阶段是通过视频连线或多方视频的方式，直接将物理实验的过程和细节进行远程展示、录制，并通过语音视听系统开展在线的讨论和问答，这是目前大部分学校可以实施并容易实现的技术。

第二阶段是通过“VR + 物联网”的方式开展远程虚拟实验，将物理实验装置通过虚拟现实或增强现实的技术实现模拟体验、观察、验算和远程操控，并通过传感器系统将物理实验中的各项物理量进行采集、显示和远程传输。例如在高中电学“描绘小灯泡的伏安特性曲线”实验中，可采用远程物联网实验设备，将传统的电流表、电压表、滑动变阻器等装置增加传感器，实验数据收发器可上传或下载传感器发来的数据值，调制后再由网络传输到远端进行解调和展示，同时也实现相互远程控制、远程观察的功能，如图 3 所示。在其他物理实验中，还可以采用 VR 技术或 AR 技术对现有实验条件不足或难以模拟的场景进行虚拟化。

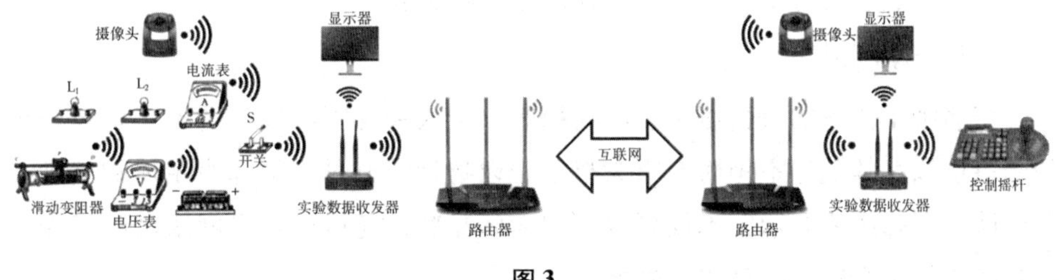

图 3

远程实验室，特别是远程虚拟物联实验室是教育信息化高度发达的产物，也必将成为物理学科网络名师工作室的一项重要组成部分，对开展远程实验探讨、实验教学、实验演示、实验改进等实验教研具有重要意义。

2.5 在线研修

在线研修板块主要实现两个功能：网络教研和话题讨论。网络教研的优势在于时空的延展性，让教师可以个性化地展示自己，也可以实现教学资源的互助共享。通过网络教研可以开展网络集体备课、课题研究、专题调查、说课评课，实现名师工作室在网络平台下的高效运转。其中网络备课可由名师工作室领衔名师作为主导人，让不同学校、不同区域的老师共同参与一堂课的备课任务，由多人协作完成一堂课的集体备课，利用网络资源的共享及时性和远程互动的优势，提升备课的质量、深度和广度。话题讨论可以由名师工作室领衔名师发布关于教育教学理论、应用实践、创新方法的讨论话题，由全体名师工作室成员通过网络跟帖或论坛的方式进行互动，构成教学活动中切实可行的解决方案。

2.6 在线课堂

利用远程课堂直播系统将教师上课的实况通过互联网传播，名师工作室内的成员可以远程接收到同步课堂音视频，可以实现远程观课、评课、磨课的功能。在线课堂应不仅用在网络名师工作室的网络教研中，还可应用在跨时空的远程教育中，特别是针对偏远地区的物理教学，让网络名师工作室具备教育扶贫和教育均衡的公益性功能。例如，将名师工作室平台的在线课堂功能与四川省“云教联盟”系统对接或调用，实现优质课堂的远程传送。

2.7 远程会议

利用远程会议系统可以实现轻松的远程互动会议，高效实现远程网络教研、专题研讨会、教材分析会、教学竞赛评比等常规事务。

2.8 名师风采

将名师工作室的成员信息、活动掠影、个人荣誉等内容打造成名师风采板块，打造以名师工作室领衔专家为核心、以物理学科骨干教师为主体的名师工作团队。名师风采展示，不仅可以构建名师品牌，还可以增强网络名师工作室成员的集体荣誉感，提升团队凝聚力。

3 高中物理网络名师工作室的应用实践

在高中物理学科开展网络名师工作室的建设与应用，核心在于网络名师工作室平台的组织管理和机制建设。网络名师工作室不能“只建不用”，或者成员“漠不关心”。加强网络名师工作室的人员组织、线下培训、常规使用、考核奖励等措施，才能让物理学科网络名师工作室具有生命力和实效价值。在人员组织上，应招纳工作积极、态度端正、善于创新并有一定信息技术基础的物理教师团队，落实申报审核环节，开展分散的网络注册和集中的线下培训工作。在平台使用过程中，名师工作室的核心领衔人应督促和监管内部成员的上传、研修、观课、参会等情况，并形成和完善工作室成员的过程性考核与终结性考核方案，结合奖励办法开展激励奖励活动，如证书表彰、评优推优、基金奖励、颁发聘书等。

在名师工作室网络平台的建设与运营实践的过程中，需要注意以下几个问题：

3.1 以学生的学习需要为主体

不要把网络名师工作室的建设与学生的实际需要和教学的实际应用脱离开，要以教学需要为方向，以教师提升为目标，以服务教研为宗旨。

3.2 提升物理学科网络名师工作室成员的信息技术应用水平

网络名师工作室成员不应仅考虑物理学科专业上的提升和教研，还要同时提升自身的信息技术与物理教学的融合应用水平。例如，近两年由教育部发起的中小学教师信息技术应用能力提升2.0工程就是一个很好的提升平台和机会。

3.3 在物理学科网络名师工作室中开放学生的学习频道或资源频道

特别是在“名师课堂”“教学资源”“学习空间”和“远程实验室”中，设置学生可以查阅和获取课程资源的内容，让名师工作室网络平台不仅为教师所用，而且还为学生的个性化在线学习提供免费的公益服务。

3.4 定期开展线下活动

网络名师工作室的成员间活动不应一直停留在“线上”的状态，还要定期组织开展线下的研讨会议、参观学习、教学展示、技能竞赛、论文评比等活动，以“线下”促进“线上”，以活动凝聚人心。

3.5 尝试平台的商业化运营

如果在政策允许的情况下，可以适当引入会员充值收费系统和有偿的在线直播课堂，让名师工作室的教学资源和教学技能有现实的回报，建立资金监管机制，让平台的运转活起来，提升内部成员的内驱力和积极性。

3.6 跨区域的交流与合作

在基于名师工作室网络平台的基础上，尝试市内跨校的、省内跨市的、国内跨省的，甚至国际的远程教研交流合作，不仅推广了网络名师工作室的品牌与模式，而且还提升了网络名师工作室的教学研究的深度与广度。

3.7 基于名师工作室网络平台的应用与发展开展课题研究

由网络名师工作室成员积极申报关于平台的建设、应用、推广等方面的研究课题，不断加强网络名师工作室的科学应用和深化实践。

高中物理网络名师工作室的建设是对传统物理名师工作室的一种创新和改进，它突破了时空限制、形式单一、资源良莠不齐等问题，成为开展物理教学教研、促进物理教师专业水平发展和培养物理骨干教师的重要载体。在建设的过程中要综合考虑具体的实用性和未来的发展性，结合信息技术工具设置合理的功能板块，保证网络名师工作室的各功能板块灵活生动、富有实效；在实际的应用实践过程中，要积极探索和建立运营管理机制，调动工作室成员的积极性，开展丰富多样的线上线下活动，让网络名师工作室极大地提高了名师工作室的影响力和辐射范围，为更多的物理教师提供浓厚的学习氛围，为物理教师的个人成长发展提供帮助。

参考文献：

[1] 丁亮，殷利．名师工作室建设的实践研究［J］．江苏教育研究，2014(9)：57－59.

[2] 中华人民共和国教育部．关于“十三五”期间全面深入推进教育信息化工作的指导意见［Z］．教技［2015］76号，2015－09－01.

[3] 杜占元．以教育信息化全面推动教育现代化［EB/OL］．http：//www.moe.gov.cn/jyb_xwfb/gzdt_gzdt/moe_1485/201710/t20171023_317111.html，2017－10－23.

[4] 邓黎，宋善炎．新高考下高中物理教学面临的现实挑战与应对策略［J］．湖南中学物理，2019（4）：24－26.

[5] 鲍建生，王洁，顾泠沅．聚焦课堂：课题教学视频案例的研究与制作［M］．上海：上海教育出版社，2005.

[6] 张永斌. 实施网络教研活动应注意的几个问题 [J]. 教育现代化, 2016 (39): 174-175.

作者简介： 杨涛，物理学学士，中学一级教师，从事高中技术学科教学，科技创新竞赛教练，长期致力于教育信息化的研究、应用与推广，曾荣获全国创客导师技能评比一等奖，全国数字创新设计大赛一等奖，全国教育教学信息化大赛二等奖，全国青少年信息学奥林匹克竞赛优秀教师，四川省中小学教师教育信息化大赛一等奖，四川省中小学教师科技项目评比一等奖，四川省多媒体教学技能大赛一等奖等荣誉，发表论文 5 篇，主研国家级教育信息化课题一项，主研省级教育信息化课题一项。

卢礼金，中学正高级教师，四川省特级教师，绵阳市突出贡献教师。在长期的教学实践中，卢礼金名师工作团队总结出了高中物理“三块四环”的独特课堂教学模式，深受同行推崇。卢礼金凭着“生活即教育”的教育理念和“轻松、愉快、高效”的教学风格，深受学生爱戴。主研完成省级以上课题 3 项，在省级以上刊物发表论文 18 篇，出版教学专著 6 部，为省、市骨干教师做专题报告 20 多次。

多媒体技术在高中物理教学中的应用思考

绵阳南山中学实验学校　魏远阳

多媒体技术是现代化信息技术发展的重要产物，具有效率高，知识面广、信息丰富的优势及特点。随着网络信息技术的逐渐发展与普及，多媒体技术在教育教学中得到了充分的应用，对于提升课堂教学效率，激发学生学习兴趣，拓展教学深度与广度发挥了重要作用。高中物理是一门抽象性较强的学科，实现物理教学与多媒体技术的有效融合，可以利用 PPT、教学动画、网络小游戏等，帮助物理教师对物理知识原理进行形象化讲解，并开展生动直观化的物理实验模拟，创建真实的物理教学情境等，拓展物理教学方法，提高物理教学质量。

1　多媒体技术在高中物理教学中的应用意义

1.1　激发物理学习兴趣

高中物理知识逻辑性和抽象性比较强，对学生学习带来了极大的难度，甚至影响学生的学习信心。基于此，在高中物理课堂教学中，全面融合多媒体技术，对物理教学进行有效辅助，利用 PPT、动画、视频、音频等教学形式，为学生创建生动形象的物理教学情境，让学生在物理时空中感知物理世界的魅力，强化其对物理知识的学习兴趣和动力。利用多媒体技术能够利用多种形式对物理知识原理进行呈现，让学生对物理知识进行更加直观化和形象化的理解与认知，拓展学生的形象思维和创造性思维。

1.2　突破教学重难点

物理教材中很多知识较为抽象，且以实验的形式呈现，不仅教师难以开展教学，而且学生仅凭教材中平面化的文字知识，很难厘清各个知识之间的内在逻辑关系，对物理概念、实验等抽象知识难以理解透彻，成为物理课堂教学的重点和难点。基于此，可以充分使用多媒体技术，制作教学课件，并对物理实验过程进行动态模拟，对物理知识原理进行深度剖析，帮助学生厘清思路，深化理解，降低教学和学习难度，提升物理课堂教学效果。

1.3 强化实验教学效果

实验是高中物理教学中的关键性组成部分，是提升学生物理学习能力的重要基础和前提。但是由于受到各种因素影响，导致物理实验效果不佳，不能让学生对物理实验步骤、原理等进行全面研究，影响物理教学效果。利用多媒体信息技术，可以对物理实验进行动态模拟，对物理实验的全过程进行形象化展示，化抽象的实验知识为具象化的动画演示，对实验的微观过程进行清晰展现，降低实验教学难度，增加物理教学趣味性，吸引学生学习兴趣，提升课堂教学质量和效率。

2 多媒体技术在高中物理教学中的应用现状

高中物理是高考的重要组成部分，且占分比较大，提升高中物理教学质量，对于促进高中学生综合学习效果具有重要的推动意义。但是物理知识较为抽象难懂，而且很多知识是通过物理实验的方式进行呈现，如果仅凭教师口述，很难让学生对物理知识理解透彻，影响物理学习效果。基于此，现代化教学技术的引进和广泛应用，如多媒体技术，解决了物理教学困境，为物理课堂教学提供了更加灵活性和多样化的教学形式和教学技术。但是在实际的物理教学中，由于很多物理教师对多媒体技术的操作方法不熟悉，也没有接受专业的培训，导致在物理课堂教学中，虽然很多教室都安装了多媒体设备，但是使用率却不高，导致严重的资源浪费，也不利于高中物理教学质量的提升。

3 多媒体技术在高中物理教学中的应用策略

3.1 多样化的教学形式

多媒体技术为高中物理教学提供了多样化的教学形式。PPT 课件，教师可以把物理教材中平面化的文字知识，转化为动态化的 PPT 教学课件，并利用多媒体技术进行演示。在 PPT 课件中，教师可以充分使用声光电等元素，进行课件排版与设计，插入图片、视频、动画等，增加课堂教学趣味性和灵活性，对物理教学内容进行全面展现，帮助学生对抽象的物理概念进行全面理解；Flash动画，利用动画可以对微观的物理实验过程进行全面展现，让学生对物理实验过程进行更加直观化的观察与理解；开发网络小游戏，物理高中课堂教学较为枯燥，知识难懂，很难调动学生课堂参与积极性，教师可以利用多媒体技术设置一些物理小游戏，活跃学生思维，增加教学趣味性，提升课堂教学效率；此外还可以积极推动多媒体技术与智能教学平台的融合应用，进一步提升线上教学服务效率，方便教师对学生的学习情况进行跟踪了解，从而开展更加具有针对性的教学计划。

3.2 对物理原理进行生动讲解

多媒体技术是在网络信息技术等先进的科学技术基础上发展而来的，是现代化教学技术的重要体现和实践应用。利用多媒体技术可以对物理知识原理进行生动形象的演示，并结合现代化信息技术，对其进行三维处理，利用投影的方式对图像信息进行输出，从而把微观理论转化为宏观图像，把抽象物理实验知识转化为具象化教学动画，在动画、视频、音频等多种信息展示下，对学生多种感官进行刺激和调动，降低物理知识难度，帮助学生形成物理概念，促进物理教学效果的全面提升。

3.3 创建教学情境

利用多媒体技术，可以帮助教学创建真实的物理教学情境，让学生产生身临其境的真实感觉，并对其多种感官进行刺激，利用图像、视频、动画等，对物理理论知识进行直观化展现，引导学生对其进行深度理解和掌握，并促进理论教学和实践教学的有效融合。此外，教师还可以利用多媒体技术对教学重点和难点进行及时讲解，并吸引学生兴趣，集中注意力，营造趣味性的课堂教学氛围，提升教学效率。

3.4 模拟物理实验

物理实验高中物理教学的基础和前提。在物理实验中，需要学生进行实际操作，对实验步骤、实验器材的使用、实验原理等进行全面掌握，才能确保物理实验安全性和有效性，得到准确的实验结果和结论。但是由于物理实验知识较为抽象，难以理解，学生很难精准开展物理实验，且实践教学中，实验器材、设备、环境等严重不足，影响物理实验的有效开展。因此，可以综合使用多媒体技术，对物理实验进行动态模拟，教师可以把物理实验过程制作成动画视频，把晦涩难懂、枯燥乏味的物理实验转化为生动形象的动画知识，从而降低实验难度，提升学习效率。

4 高中物理教学中多媒体技术应用注意事项

4.1 突出学生主体地位

使用多媒体技术进行物理教学的主要目的是提升教学质量，帮助学生更好地理解和掌握物理知识。因此，在使用多媒体技术进行物理教学时，教师要注重教学课件中充分体现学生的主体性，明确教学思路，并结合学生的学习情况、学习特点等对多媒体教学课件进行完善与优化，提升教学效果。多媒体技术的信息容量比较大，如果在课件中安排设计的教学内容较多，就可能导致学生难以对各个知识点进行深入理解，影响教学效果，因此，要结合学生的实际水平，对教学课件进行合理设计，为学生保留充足的独立思考的空间，充分体现学生的主体性。

4.2 体现多媒体的辅助功能

虽然多媒体技术对于提升物理教学效果和效率具有重要的作用，但是物理教师要对多媒体技术应用进行正确认识，不能在教学中过分依赖，智能将其作为一项辅助教学手段进行使用，并同时结合板书教学，强化学生对重点和难点知识的掌握与理解，方便学生做课堂笔记，真正提升物理课堂教学效率。

4.3 不能代替物理实验操作

利用多媒体技术对物理实验进行动态性模拟，可以帮助学生对物理实验原理、步骤、器材使用方法进行理解和掌握，但是却不能给学生带来操作感、体验感，也不能培养学生的创新能力。如果过分依赖多媒体技术开展模拟实验，导致学生的实验操作能力得不到锻炼，学生会对物理实验越来越不重视，物理实验的教学重要性会越来越被弱化，影响高中物理教学效果的提升，也不利于学生物理核心素养的培养。

4.4 注重与学生进行互动

在多媒体技术教学中，教师不能过分依赖多媒体课件演示功能，要结合实际需求，设置一些互动点，加大与学生的课堂互动密度，既能活跃课堂氛围，也能吸引学生学习兴趣，引导独立思考，强化学生的课堂参与度，促进物理课堂教学的效率和质量。

综上所述，多媒体信息技术等现代化教学技术在教育教学中的充分应用，是科学技术发展的必然结果，也是时代发展的重要趋势。多媒体技术在高中物理教学中的全面应用，可以把物理知识抽象性转化为形象化的知识，帮助物理教师开展物理模拟实验，创建真实的教学情境，营造生动趣味的课堂教学氛围，突出物理教学重点和难点，激发学生学习兴趣，促进高中物理课题教学效率和质量的全面提升，也对于培养学生的物理核心素养具有重要的推动作用。

参考文献：

[1] 周天飞．浅析多媒体技术在高中物理教学中的应用 [J]．新课程，2021 (18)：167.

[2] 王伟君．多媒体技术在高中物理教学中的应用 [J]．中国新通信，2021，23 (2)：198 – 199.

[3] 金波．多媒体技术在高中物理教学中的应用 [J]．中学生数理化（教与学)，2020 (9)：11.

[4] 陶章鹏．浅议多媒体技术在高中物理教学中的应用研究 [A]．教育部基础教育课程改革研究中心．2020 年课堂教学教育改革专题研讨会论文集 [C]．教育部基础教育课程改革研究中心，2020：3.

[5] 霍彩霓．多媒体技术在高中物理教学中的应用优势及策略 [J]．知识窗（教师版)，2020 (6)：34.

[6] 陈晓全．多媒体技术在高中物理教学中的应用探究 [J]．高考，2020 (11)：46.

[7] 郭静．谈谈多媒体技术在高中物理教学中的应用研究 [J]．中国多媒体与网络教学学报（下旬刊)，2020 (1)：159 – 160.

作者简介：魏远阳，中学一级教师，绵阳市青年骨干教师。始终坚持以人为本的教育理念，平等对待每一个学生，以发展的眼光看待学生，尊重学生人格，塑造学生良好品行，重视学生个性培养。曾获绵阳市优秀班主任、绵阳市优秀共产党员、绵阳市高考管理优秀工作者等荣誉称号，多次获得绵阳市高考物理学科特等奖，参加绵阳市级赛课获绵阳市课堂展评活动一等奖。积极参加学科教研，参与省级课题“依托名师工作室提升教师学习力的研究与实践”和市级课题“LICC课堂观察应用研究”的研究工作，并在国内期刊发表多篇论文，获得国家级奖项。

基于网络阅卷平台的考试数据分析案例

四川省绵阳南山中学　段敏

考试数据分析是教学环节中不可或缺的一环，目的是为教学活动提供科学的决策依据，而科学的教学决策必须基于对数据进行合理的统计、分析和解释，让数据“说话”，实现考试数据分析与教学评价管理的深度融合。

现在能提供考试数据的网络阅卷平台有很多，如七天网络阅卷系统、好分数阅卷系统、门口易测手机 App、答卷网云阅卷系统、科大讯飞阅卷系统等等。我校使用的是科大讯飞阅卷系统智学网，能提供的原始数据有每个学生的物理总分、每个选择题的得分和学生完成试卷时填涂的选项、各类平均分、得分率、难度、区分度等，给学校、教师们带来了极大的方便，同时大量的数据也给教师们带来了不少的困惑：这么多的数据如何有效地选择性利用？本文以我校高一的半期考试物理成绩作为分析案例，一起来看看如何进行有效的分析吧。

1　高一半期考试物理成绩的数据案例——指标数据情况

这次半期考期原始数据由科大讯飞阅卷系统智学网平台提供，部分数据是按照标准公式用 Excel 推算出来的，这些数据客观的反映实际情况，为我们的教学提供如下翔实的参考数据：

1 实考人数 ：3150

2 缺考人数：86

3 计划人数：3536

4 统计人数：3150

5 最高分：110

6 最低分：8

7 平均分：70.4

8 标准差：24.13

物理的标准差是各科中最大的，说明学生物理分数之间的差异最大，其次是数学23.65，语文的标准差9.01是最小的，说明学生文分数之间的差异最小。符合学生的实际情况。

9 全距：102

10 众数：82

11 中位数：56

12 比均率：与超均率类似，见下一指标。

13 超均率：与比均率类似，反映群体分数超出或低于整体水平的程度。

表1

班级	超均率（%）	班级	超均率（%）	班级	超均率（%）	班级	超均率（%）	班级	超均率（%）	班级	超均率（%）
43	41.55	48	16.58	20	3.99	19	-4.32	26	-9.08	8	-16.73
42	40.27	14	16.29	2	2.18	4	-4.33	12	-9.61	25	-16.97
50	31.11	49	15.78	3	2.06	46	-5.28	27	-9.79	17	-20.63
52	30.03	34	13.82	15	1.53	28	-5.45	38	-10.4	10	-21.78
51	26.25	53	12.04	24	1.28	32	-5.45	36	-10.5	21	-22.89
41	22.16	54	11.67	39	-1.38	33	-5.78	40	-10.88	22	-23.14
47	20.54	7	8.14	23	-1.69	11	-6.07	16	-12.7	18	-24.74
6	20.11	1	5.63	5	-3.37	13	-8.19	37	-13.37	31	-25.47
44	16.9	45	4.15	35	-3.76	29	-8.65	9	-16.52	30	-27.88

14 离均差：与超均率类似，见上一指标。

比均率、离均差和超均率三个指标，我认为各科比较中，超均率更合理，这与单科部分无关。

15 优秀/良好/合格/低分率

表2

优秀：19.97%	良好：48.97%	合格：66.13%	低分率：11.9%

16 峰度：-0.4725，这是根据 Excel 中的公式 KURT 计算出来的，小于 0 表示比正态分布的高峰要平坦，为平顶峰。

17 偏度：0.4614，这是根据 Excel 中的公式 SKEW 计算出来的，大于 0 为正偏或右偏，即有一条“长尾巴”拖在右边。

18 难度系数：整卷难度 0.657，各题难度如下表。

表 3

题号	题型	分值	难度	题号	题型	分值	难度	题号	题型	分值	难度
1	单选题	4	0.74	7	单选题	4	0.73	13	多选题	4	0.55
2	单选题	4	0.79	8	单选题	4	0.64	14	多选题	4	0.62
3	单选题	4	0.37	9	单选题	4	0.77	15	主观题	20	0.7
4	单选题	4	0.69	10	多选题	4	0.84	18	主观题	8	0.63
5	单选题	4	0.86	11	多选题	4	0.8	19	主观题	12	0.73
6	单选题	4	0.43	12	多选题	4	0.65	20	主观题	14	0.54

19 信度：0.82。依据标准说明这次考试的信度很好。

20 区分度：其值越大，表示该题越能将不同能力的考生区分开来。整卷区分度 0.49，很好，各题区分度如下表。

表 4

题号	题型	分值	区分度	题号	题型	分值	区分度	题号	题型	分值	区分度
1	单选题	4	0.42	7	单选题	4	0.53	13	多选题	4	0.59
2	单选题	4	0.23	8	单选题	4	0.53	14	多选题	4	0.47
3	单选题	4	0.42	9	单选题	4	0.4	15	主观题	20	0.36
4	单选题	4	0.38	10	多选题	4	0.44	18	主观题	8	0.58
5	单选题	4	0.28	11	多选题	4	0.35	19	主观题	12	0.56
6	单选题	4	0.5	12	多选题	4	0.58	20	主观题	14	0.64

21 试题难度比例：易、中、难对应比例为 5.5∶4.5∶0，依据标准说明难度较大的题太少了，较容易的题太多了。

2　高一半期考试物理成绩的数据分析案例——综合情况

（1）综合以上的指标数据分析可知这次物理半期考试整体情况如下：

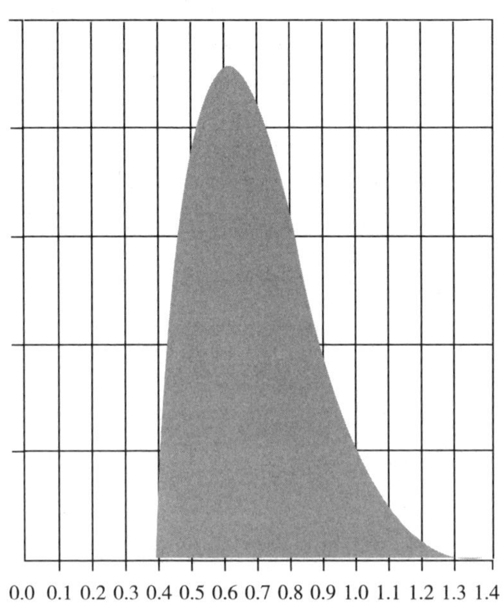

图 1

参考人数是 3150 人，总分 110，最高分 110 分有 30 人，最低分 8 分只有 1 人，平均分 70.4，难度系数 0.657，符合半期考试要求。全距 107 分，标准差 24.13 是各学科中最大的，说明学生学习物理的差异最大，即是说物理仍然是学生各科中最难的学科。班级间超均率最高为 41.55%，最低为 -27.88%，说明各班科间差距很大。优秀 19.97%，良好 48.97%，合格 66.13%，低分率 11.9% 反映的学生层次的真实情况。峰度：-0.4725，小于 0 表示比正态分布的高峰要平坦，为平顶峰，偏度：0.4614，大于 0 为正偏或右偏，即有一条“长尾巴”拖在右边，如图 1。信度 0.82，依据标准说明这次考试的信度很好。整卷区分度 0.49，很好。试题难度比例：易、中、难对应比例为 5.5∶4.5∶0，依据标准说明难度较大的题太少了，较容易的题偏多了，当然这个是依据整个题的得分情况得出的，不含单个选项或计算填空中单个小的问题的难易比例。依据 Excel 统计的每一分数对应的得分人数，作出图表如图 2 所示，说明高分偏多，低分人数偏小，与试题难度比例相对应。

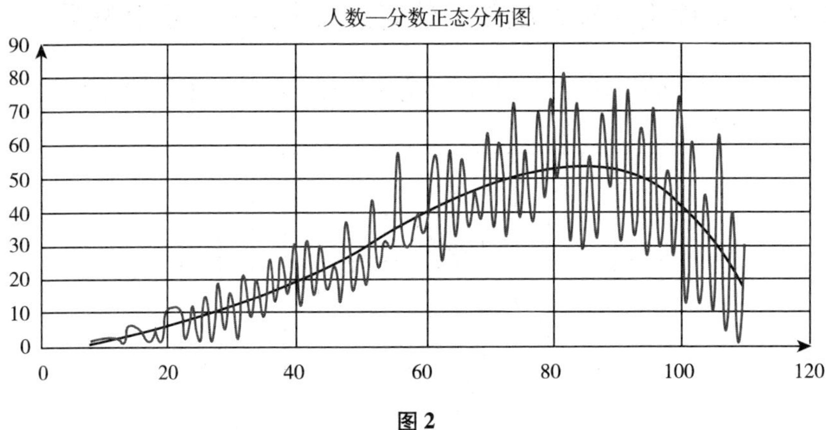

图 2

（2）综合以上的指标数据分析可知这次物理半期考试各个小题的情况如下：

试题难度 P 一般分为易、中、难三个等级，$0\leqslant P<0.3$ 为难题；$0.3\leqslant P\leqslant 0.7$ 为中等题；$0.7<P\leqslant 1$ 为易题，按这个标准，本套试卷没有难题，中等题是 3、6、20、13、14、18、8、12、4、15，容易题是 7、19、1、9、2、11、10、5，说明难易程度分布不合理。

区分度是指考试题目对考生能力的区分能力。其值越大，表示该题越能将不同能力的考生区分开来。区分度越高的题目被采用的价值越大，一般要求在 0.4 以上。从这次物理考试来看，区分度小于 4 的题有 2、5、11、15、4，区分度最高的是 20 题，达到了 0.64，整套题的区分度是 0.49，偏低。

表 5

题号	题型	分值	难度	区分度	题号	题型	分值	难度	区分度
3	单选题	4	0.37	0.42	15	主观题	20	0.7	0.36
6	单选题	4	0.43	0.5	7	单选题	4	0.73	0.53
20	主观题	14	0.54	0.64	19	主观题	12	0.73	0.56
13	多选题	4	0.55	0.59	1	单选题	4	0.74	0.42
14	多选题	4	0.62	0.47	9	单选题	4	0.77	0.4
18	主观题	8	0.63	0.58	2	单选题	4	0.79	0.23
8	单选题	4	0.64	0.53	11	多选题	4	0.8	0.35
12	多选题	4	0.65	0.58	10	多选题	4	0.84	0.44
4	单选题	4	0.69	0.38	5	单选题	4	0.86	0.28

3　基于网络阅卷平台的考试数据分析给我们的启示

3.1　教学中存在的问题

3.1.1　重给予，轻落实

每一节课，教师都会准备非常丰富的内容，但是几乎每一节课都不能很好地完成预设的教学任务。教师非常努力，讲得也非常辛苦，但是学生能获得东西与我们给予的相差甚远。

3.1.2　重资料，轻课本

每个学生手里都有很多的复习资料，教师也按照资料去复习，在学生的书桌上却找不到课本的踪影，其实纵观试题，多数题目的原型出处都源于课本。

3.1.3　重综合，轻基础

综合运用至关重要，但是基础知识、基本规律、基本技能的掌握更重要，有些学生的基本知识与规律都没记清楚，怎么综合得起来。

3.1.4　重整体，轻个体

教师往往忽视了学困生这个群体，导致成绩不理想，因材施教是不变的真理。

3.1.5　重知识，轻能力

教师只注重了知识的传授，而忽略了能力的培养，应该通过一题多解，多题归一等形式，培养学生的知识迁移能力，以不变应万变。

3.2　今后教学中应该注意的问题

3.2.1　加强对基本概念与规律的理解与记忆

物理的学习重在理解，概念和规律是物理的基础，尤其在复习中应不放过任何一个基本概念和基本规律，学习过程中应该注重对基本概念的理解，将所有知识记忆建立在理解的基础上，切忌死背硬记。

3.2.2　掌握基本实验原理和方法，注意实验题型的特征，做好适应性练习

实验题是物理试题的一部分，在考试中的得分率较低，应当从现在开始引

起重视。实验的学习要注重实验原理与基本实验方法的应用，特别要学会各种数据的处理方法及有效数字问题。

3.2.3 学会审题，平时注意培养审题能力

审题是解题的前提，当做题时，不论是新题还是成题，我们都要认真审题，不盲目生搬硬套曾经学过的解题方法，时刻要以分析和解决问题的态度处理问题，当题目文字表述较长，难理解时要反复读题以理解题意，搞清楚物理过程、物理状态、物理情景。

3.2.4 注意物理语言的使用和表述的规范性

填空题要注意题的要求，比如要求选填什么，就不要随意填意义相近的词，比如要求保留几位小数或有效数字，就不能随意保留位数，有单位的不能增加重复填写单位，特别是用字母、符号表示的结果，更不能写单位。计算题公式的书写，要写公式的原始模型，不能随意地变形变换后再写出来。

3.2.5 考后注意及时进行补救练习

针对数据中班级平均分少于年级平均分或少于同层次平均分的题目涉及的相关知识，应及时补练相应知识的题目，做到查漏补缺，进一步巩固熟练其相类似的题的基本知识的应用与熟悉解题方法。

参考文献：

[1] 韦凯. 基于城域网架构的网络阅卷系统的分析与设计［J］. 中国教育信息化·基础教育，2014（3）.

[2] 陈宗荣. 基于区域教学质量监控平台的考试数据分析与解释［J］. 福建教育：中学版，2015（6）.

附：考试数据分析的指标说明

1 实考人数：实际参加某次考试或作业的学生人数。

2 缺考人数：缺考人数指未参加考试和扫描不成功或未扫描的人数。

3 计划人数：考试上报计划参与考试的人数，会存在学生不参加考试的情况。

4 统计人数：纳入考试群体均分统计的人数，统计人数≠实考人数。

5 最高分：参加考试的学生成绩的最大值，根据统计范围的不同，又可分为：年级最高分、班级最高分。

6 最低分：参加考试的学生成绩的最小值，根据统计范围的不同，又可分为：年级最低分、班级最低分。

7 平均分：参加考试的学生成绩的平均值，根据统计范围的不同，又可分为：年级平均分、班级平均分。

8 标准差：方差的算术平方根，反映一个数据集相对于平均值的离散程度，标准差越大说明学生之间的表现差异越大。

$$\sigma = \sqrt{\frac{1}{N}\sum_{i=1}^{N}(x_i - \mu)^2}$$

其中，xi：学生成绩，μ：年级/班级平均分，N：年级/班级考试人数

9 全距：一次考试中的最高分数与最低分数之间的差值，表示了此次考试中个体分数分布的范围大小，不包括真实零分。

10 众数：实际参加考试的人的得分进行计数，出现次数最多的分数为众数。

11 中位数：将考生分数从低到高排列，处在中间位置的分数。

12 比均率：反映群体分数超出或低于整体水平的程度。大于 1 说明比总体成绩好，小于 1 说明比总体差。比均率 = 群体平均分 / 总体平均分 ×100%

13 超均率：与比均率类似，反映群体分数超出或低于整体水平的程度。大于 0 说明比总体成绩好，小于 0 说明比总体差。

超均率 =（群体平均分 - 总体平均分）/ 总体平均分 ×100%

14 离均差：是个体成绩与所在群体平均数之间的差值，如果离均差为负，说明成绩低于群体平均分，如果离均差为正，说明成绩高于群体平均分。

离均差 = 群体平均分数 - 总体平均分

15 优秀/良好/合格/低分率：

优秀率 =分数高于或等于优秀分数线的人数/统计人数 ×100%

一般的，优秀分数线为大于等于满分的 85%；良好分数线为大于等于满分的 70%；合格分数线为大于等于满分的 60%；低分分数线为大于等于满分

的40%。

16 峰度：描述某变量所有取值分布形态陡缓程度的统计量。峰度为0表示其数据分布与正态分布的陡缓程度相同；峰度大于0表示比正态分布高峰要更加陡峭，为尖顶峰；峰度小于0表示比正态分布的高峰要平坦，为平顶峰。

$$Kurtosis = \frac{1}{n-1}\sum_{i=1}^{N}(x_j - \bar{x})^4 SD^4 - 3$$

Xi 为样本中的每个分值，*X*_ bar 为样本平均数，*SD* 为标准差。

17 偏度：描述某变量取值分布对称性的统计量，偏度大于0为正偏或右偏，即有一条“长尾巴”拖在右边；偏度小于0表示负偏或左偏，有一条“长尾巴”拖在左边。而偏度的绝对值数值越大表示分布形态的偏斜程度越大。

$$Skewness = \frac{1}{n-1}\sum_{i=1}^{N}(x_j - \bar{x})^3 SD^3$$

Xi 为样本中的每个分值，*X*_ bar 为样本平均数，*SD* 为标准差。

18 难度系数：反映题目的难易程度，其值介于0~1之间，值越大，表示题目越简单。一份比较好的试卷应该有较多难度适中的题目，难度分布呈正态。

$$P = X/W$$

整卷难度：*X* 为考试平均分，*W* 为考试满分

单题难度：*X* 为该题的平均分，*W* 为该题的满分

19 信度：评价考试的稳定程度，表示测验结果是否反映了被测者的稳定的、一贯性的真实特征，介于0~1之间，值越大越好（0.9以上为优秀，0.7~0.9为良好，0.35~0.7为中等，0.35以下为底信度）

$$\alpha = (n/n-1)(1 - \sum S_i/S_t) \qquad n\text{ 为测验题目数}$$

S_i 为每题各被试得分的方式差，S_t 为所有被试所得总分的方差。

20 区分度：是指考试题目对考生能力的区分能力。其值越大，表示该题越能将不同能力的考生区分开来。区分度越高的题目被采用的价值越大，一般要求在0.4以上。

$$\rho x, y = \frac{\sum(X-\bar{X})(Y-\bar{Y})}{\sqrt{\sum(X-\bar{X})^2(Y-\bar{Y})^2}}$$

区分度 = 小题得分与总分之间的相关。*X* 为每个小题分值，*Y* 为试卷总分，

$X\_$ bar 为小题平均分，$Y\_$ bar 为试卷总平均分

21 试题难度比例：将试题难度分为易、中、难三个等级，一份好的试卷里难度中等的题目所占比例应该比较大。一般是这样划分的：$0 \leqslant P < 0.3$，难题；$0.3 \leqslant P \leqslant 0.7$，中等题；$0.7 < P \leqslant 1$ 易题。计算各种难度等级题目所占比例为某等级题目数量/总题量。

作者简介：段敏，男，1993 年毕业于四川师范大学物理系。从事高中物理教学 28 年，同时参与全国中学生物理竞赛培训 21 年，培养的学生在高考和竞赛中均取得了优异成绩。撰写教育教学论文获省、市奖项若干，自制教具获省、市奖项若干，在国家级、省级刊物发表论文数篇。

第四章

物理实验

研究实验教学让学生体验物理之趣、奇、美

——以探究光的直线传播为例

四川省绵阳南山中学双语学校　彭坤

1　在教学中的地位和作用

虽然大多数学生已经知道光沿直线传播的现象，但需要他们经历通过观察和实验去得出“光在同种均匀介质中才沿直线传播”的过程，该实验教学也为后面探究光的反射规律和折射规律打下了基础。

2　实验教学的目标

根据课程标准总目标“提高学生的科学素养”及课程内容的基本要求（科学探究能力）和内容要求（科学内容），结合本节课具体的教学内容和学生认知水平的特点，本节实验教学力图让学生达到以下两个目标：

（1）通过学生亲身观察和实验，体验探究过程和方法，自主建构和应用光的直线传播规律。

（2）围绕实验不断创设新情境，让学生发现新问题，解决新问题。

3　实验内容

（1）把教材中的现象描述改为“实验探究光在空气中的传播”。

（2）把教材中只演示“光在水中的传播”拓展为“学生自选器材自主探究光在固体和液体中的传播”。

（3）自己设计改进创新实验“光在不均匀糖水中传播”。

（4）自己设计改进“小孔成像”实验方案。

（5）自己设计两个实验小游戏：“学生表演千手观音说道理”，“激光笔帮助牙签排成一排”。

4 实验教学的重点、难点

重点：（1）实验探究“光沿直线传播”规律。

（2）观察“小孔成像”特点（改进实验方案）。

难点：对均匀介质条件的认知（改进创新实验）。

5 学情分析

八年级的学生，大多数还保持着对自然现象的好奇，对物理实验非常感兴趣，喜欢动手，思维也比较活跃。但他们学习物理的时间不长，对科学探究的基本环节和基本方法的掌握还比较欠缺，分析和归纳等思维能力还不是很强。

针对以上实际情况，本节课的设计思路是：从学生身边的自然现象入手，激发他们探究问题的求知欲望；把演示实验改为学生自主探究实验；通过创新实验“光在同种不均匀糖水中传播”，观察“小孔成像”等，创建全班学生尽可能都能积极参与的氛围，让学生动起来，一起享受物理规律的探究之乐和应用之乐。

6 学法和教法

本实验教学适合学生的学法是：体验式学习、探究式学习、小组合作式学习。

有利于学生学习的实验教学教法是：引导发现法、启发探究法、分析指导法。

为了达到教法与学法的和谐统一，教师担任“创设、组织、指导”的导演角色，组织学生积极地参与到问题的探究中去，做好学生探究问题所用方法的指导。学生在探究“光的直线传播”的实验和“小孔成像”实验时，教师要求学生先明确探究课题，进而明确实验设计思路，给学生提供实验器材，学生小组合作，分组实验，人人参与。

7 实验教学过程（重点阐述）

7.1 创设实验问题情境（亮点一）

首先播放《手影戏》，把学生很快地吸引到感受光现象的情境中，让学生乘兴上台表演，然后突然关掉光源，随即提出探究问题“光源发出的光沿什么路径传播”，从而激发学生的探究兴趣。

7.2 实验探究：光的直线传播规律

7.2.1 对教材实验做出以下改变（亮点二）

（1）把“光在空气中传播”的现象描述改为实验探究。

（2）把教材中“只演示光在水中传播”拓展为“学生自选器材并自主探究光在固体和液体中的传播”。

最后让学生展示汇报，得出初步结论：光在同种介质中沿直线传播。

7.2.2 探究光在同种不均匀介质中传播的路径

教材中没有这个实验，学生也没有经验认识，并且在实验中也很难看到光路明显弯曲的现象，教师常规教学一般不做这个实验而直接推出结论，导致学生往往会忽视“均匀介质”这个重要条件。

为了突破学生对均匀介质条件的认知难点，笔者不断改进并创新了以下实验。

7.2.3 改进创新实验：探究光在不均匀糖水中的传播（亮点三）

演示：事先在水槽中加入不均匀的糖水，观察到光路神奇地发生了弯曲；再搅动糖水，使糖水变均匀，光又沿直线传播。

实验创新点：配制不均匀糖水。先用自然沉淀的方法，所需时间较长；再用教参所给的方案，操作过程烦琐，并且这两种方案光路弯曲的现象不甚明显。笔者反复熬制糖水，终于“熬出”了最佳方案，且在网上查询过，可谓“独家秘方”。

（1）白糖和水按约2∶1的体积比混合，加热搅拌至完全溶化。

（2）熬好糖水与加入清水体积比约为4∶1。

此方案中的两个数据保证了配制的糖水密度适宜且不均匀分布，使光路明显弯曲（如图1）。

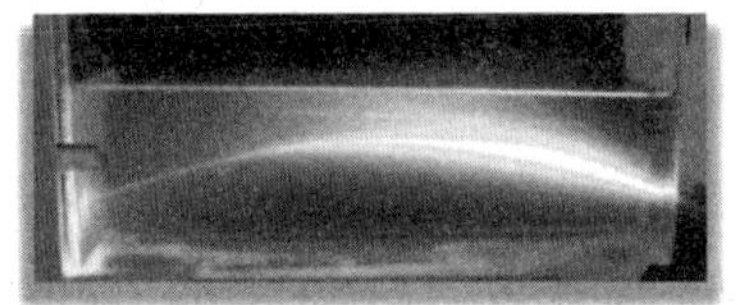

图1

该实验在教学中的作用：让学生先经过反证实验，打破他们的原有认识，激发其好奇心；再搅拌糖水，使糖水均匀；又经过对比实验（如图2），引发他们的思维碰撞，从而完善学生对光沿直线传播均匀介质条件的认知。

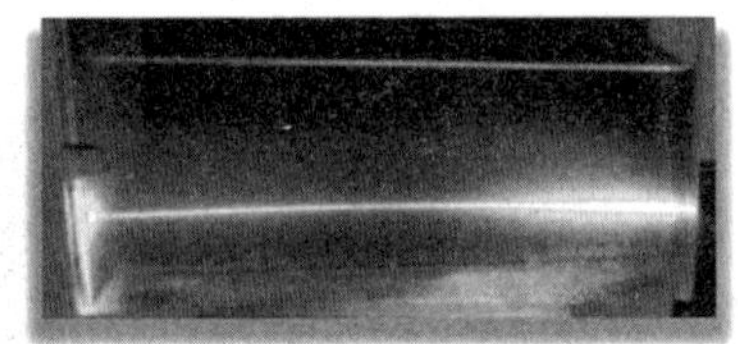

图2

7.3 应用光的直线传播规律，从物理走向社会

学生通过以上的实验探究建构了规律，接下来应用规律。

7.3.1 出示“千手观音”的图片，启发学生设计并积极参与两个小实验

（1）学生起立表演“千手观音”并说明其中的道理。

（2）不用直尺，把三根牙签插在泡沫板上，排成一条直线，可能有的学生会用激光笔帮助排队（如图3），教师可以告诉学生这是激光准直技术。

图3

设计并完成以上简单易行的实验让学生更易理解规律和应用规律，也体现了从物理走向生活的理念。

7.3.2 出示“林荫路上光斑”图片

学生思考：光斑是怎样形成的？继而进入到“小孔成像”的教学。教材上介绍的实验方案，由于观察范围小，成像不清晰，实际不适合课堂教学。

7.3.3 改进小孔成像实验方案（亮点四）

（1）光源的改进：用白炽灯做成“M”形的光源代替蜡烛，环保且可循环使用。

（2）小孔的改进：用手指围成小孔代替纸片上的小孔。

（3）用毛玻璃板代替光屏，只要是半透明的材料都可以承接像。

A. 白炽灯做成“M”光源

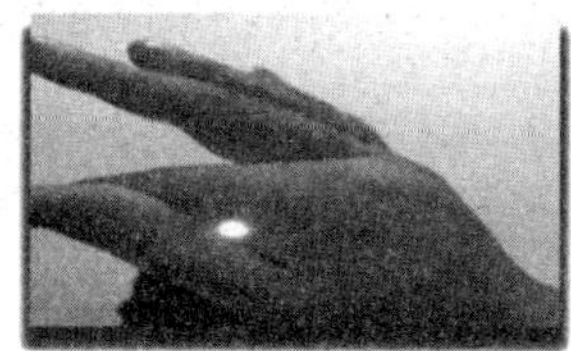

B. 用手指围成小孔

C. 半透明的材料承接像

图 4

改进后的方案不仅弥补了原方案的不足，而且让学生惊奇地看到手做成的小孔能成像，小孔的形状、大小和距离可以随意改变，学生非常方便地参与到多种情况的观察中，大大增强了实验的生动性和趣味性，有效提高了课堂效益，笔者所在学校的教师都用这个方案来进行教学。另外，在教学中要重点强调成倒立的像，对学生其他的发现，一方面表扬他们善于观察，另一方面鼓励学生利用教材上的方案，课外探究小孔成像的大小与什么因素有关。

接下来再作图分析，学生就彻底理解了小孔成像的原理。让学生采用类比方法分析地上的光斑是太阳通过树叶缝所成的像，理解光斑、小孔成像是光的直线传播形成的明现象；光的直线传播还能形成暗现象，让学生又回到课堂开始的手影，学生边表演边解释，从中体会到物理的有用和有趣。这正是：“手手对舞现象，光影道尽规律”，充分展示了物理课堂的文化韵味。

7.3.4 挖掘实验教学的德育元素（亮点五）

投影出美丽的灯光图片、播放关爱盲人的公益广告，并告诉学生，这是我们身边的明现象和暗现象，让学生的心灵为之一动，爱可以照亮世界。这样的设计使科技与人文有机结合，学生体验到物理之美和心灵之美。

以上“探究光的直线传播”实验教学研究，力图最大限度地挖掘各种资源应用于实验教学，最大限度地改进创新实验，最大程度地让学生参与到实验探究中。通过本节课的实验教学，学生们将充满兴趣、满怀激情地走入光学知识的大门！

作者简介：彭坤，中学高级教师，全国实验教学说课竞赛一等奖，全国优秀实验案例竞赛一等奖，省教师实验操作技能比赛一等奖，省自制教具比赛一、二等奖，参与《四川省中小学理科教师实验教学能力规范》标准的制定；为省、市实验教学专家；多次承担省、市骨干教师和实验教师实验技能培训主讲；承担制作的《初中物理实验操作》视频，已由四川省教育电子音像出版社出版。

变压器实验教学中常见问题的深度探究

四川省绵阳南山中学　段军

1　引言

“变压器”是高中电磁学板块的一项重要教学内容，高中物理教材中所讲的变压器通常指的是理想变压器，其电压变比公式为 $\frac{U_1}{U_2}=\frac{N_1}{N_2}$，同时实验也只在空载的条件下简单探究了“变压器的电压与匝数的关系”，而电流变比公式 $\frac{I_2}{I_1}=\frac{N_1}{N_2}$ 是根据输出电能与输入电能相等推导出来的。对于空载电流的有无和大小，部分学生存在疑惑；最重要的是教师们在利用变压器原理实验器进行演示实验时发现在升压接法下，随着副线圈的匝数的增加，小灯泡的亮度反而会变暗，觉得很不合常理。本文将从理论推导和实验探究两个方面系统深入地解释这两个问题。

2　变压器变比公式的理论推导

变压器是以互感现象为基础的电磁装置，其结构如图 1 所示，由连接到电源的原线圈（或初级线圈、初级线组）和连接到负载上的副线圈（或次级线圈、次级线组）组成，能量是靠铁芯中的互感磁通来传递。从使用和分析的角度来看，理想变压器的原理在很多场合已经够用，因此我们主要以理想变压器来进行推导。

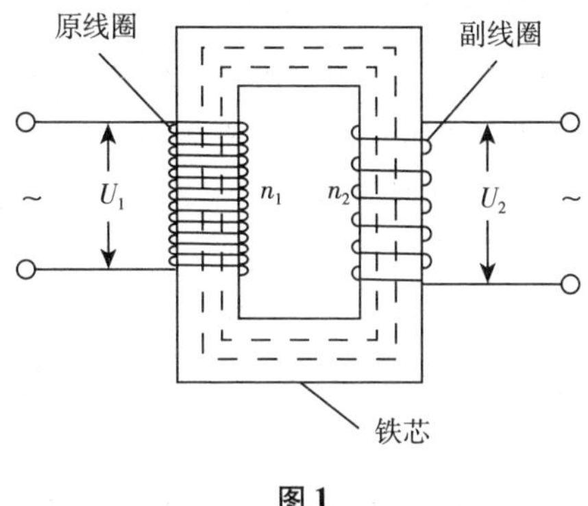

图 1

2.1　理想变压器的几点假设

（1）没有漏磁，即通过两个绕组的每匝线圈的磁通量相同；

（2）两个绕组没有电阻，从而没有铜损（实际变压器这一部分是不能忽略的）；

（3）铁芯中没有铁损，即忽略铁芯中的磁滞损耗和涡流损耗；

（4）原、副线圈感抗很大，趋于无穷大。

2.2　电压变比公式

为了明确自感和互感在变压器工作中所起的作用，以下推导将引入自感系数和互感系数。设原副、副线圈的匝数分别为 N_1 、N_2 ，通过磁芯任意截面的磁通量为 ϕ ，则通过原、副线圈的磁通匝链数 ψ 分别为：

$$\psi_1 = N_1\phi = \psi_{11} + \psi_{21} = L_1I_1 + M_{21}I_2 ,$$

$$\psi_2 = N_2\phi = \psi_{22} + \psi_{12} = L_2I_2 + M_{12}I_1 ;$$

式中 L_1，L_2，M_{12}，M_{21} 为原、副线圈的自感系数和互感系数，I_1，I_2 分别两线圈中的电流。

两线圈内产生的电动势分别为：

$$\varepsilon_{AB} = -\frac{\mathrm{d}\psi_1}{\mathrm{d}t} = -i\omega\psi_1 = -i\omega N_1\phi = -i\omega L_1I_1 - i\omega M_{21}I_2 ,$$

$$\varepsilon_{DC} = -\frac{\mathrm{d}\psi_2}{\mathrm{d}t} = -i\omega\psi_2 = -i\omega N_2\phi = -i\omega L_2I_2 - i\omega M_{12}I_1 ;$$

当作为理想变压器时线圈电阻为零，可将其看作没有内阻的电源，则端电压 U_{AB} 和 U_{DC} 分别为：

$$U_{AB} = -\varepsilon_{AB}，U_{DC} = -\varepsilon_{DC};$$

因此变压器的输入电压和输出电压分别为：

$$U_1 = U_{AB} = -\varepsilon_{AB} = i\omega N_1\phi = i\omega L_1 I_1 + i\omega M_{21} I_2 \quad ①$$

$$U_2 = U_{CD} = -U_{DC} = \varepsilon_{DC} = -i\omega N_2\phi = -i\omega L_2 I_2 - i\omega M_{12} I_1 \quad ②$$

由 ①式的前半部分可知，ϕ 完全由 U_1 所决定，①与②式相除，得

$$\frac{U_1}{U_2} = -\frac{N_1}{N_2}$$

这便是理想变压器的电压变比公式，式中的负号表示 U_1 与 U_2 的相位差为 π。

注意：当副线圈电阻 r_2 比较大时，我们把副线圈当作一个电源，ε_2 相当于电动势，r_2 相当于电源内阻，则输出电压 $U_2 = \varepsilon_2 - I_2 r_2$。由此可知，当输入电压 U_1 和线圈匝数比一定时，输出到负载的电压 U_2 由副线圈电阻 r_2 和负载电阻 R 共同决定。

2.3 空载电流与电流变比公式

（1）当副线圈断路时，即空载的情况下，原线圈中也有一定的电流，叫作空载电流，用 I_0 表示，则上述①式中的 $I_2 = 0$, $I_1 = I_0$，得

$$I_0 = \frac{U_1}{i\omega L_1} = \frac{N_1\phi}{L_1} \quad ③$$

由此式可知，空载电流 I_0 由输入电压 U_1 和原线圈的自感系数 L_1 决定，由于 L_1 很大，所以 I_0 不大，其作用是在磁芯内产生一定大小的磁通量 ϕ，故 I_0 也叫励磁电流。

（2）当副线圈接有负载时，$I_2 \neq 0$，将 $U_1 = i\omega L_1 I_0$ 代入 ①式得

$i\omega L_1 (I_1 - I_0) = -i\omega M_{21} I_2$

化解得：$\dfrac{I_1 - I_0}{I_2} = -\dfrac{M_{21}}{L_1}$ ④

将 $M_{21} = \dfrac{N_2\phi_{12}}{I_1}, L_1 = \dfrac{N_1\phi_1}{I_1}$ 代入④可得

$$\frac{I_1 - I_0}{I_2} = -\frac{N_2}{N_1}$$

又因为理想变压器中 L_1 很大，由③式可知 I_0 很小，所以 $I_1 - I_0 \approx I_1$，上式可近似写为

$$\frac{I_1}{I_2} = -\frac{N_2}{N_1}$$

这便是理想变压器的电流变比公式，式中的负号表示 I_1 与 I_2 的相位差为 π。

3　变压器工作的实验探究

3.1　变压器次级线圈中的感生电动势和线圈匝数的关系

器材：万用表（UT890D + 型）1 台、变压器原理说明器（J2425 型）1 台、低压学生电源（J1201 – 1 型）1 台、导线等。

实验方法：按图 2 将电路接好，将变压器原理说明器装上铁芯，并闭合压紧，其绿色线圈Ⅱ的“0”“4"端接在低压电源的“交流”输出接线柱上，构成初级电路。次级电路是由红色线圈 I 及电压表构成。电压表插上“10 V”标度盘。使低压电源输出约为 2 V 的交流电。将电压表分别接于线圈 I 的“0”“2”“0”“8”和“0”“16”端，测出各自的电动势记录为表 1。

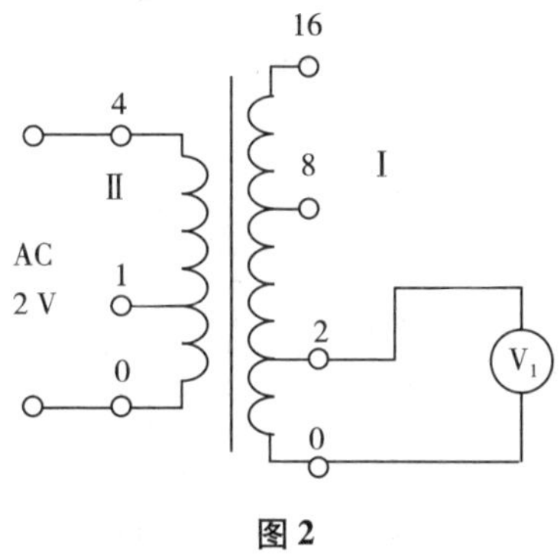

图 2

表 1

原线圈		副线圈		匝数比	电压比
匝数 N_1	电压 U_1 /V	匝数 N_2	电动势 ε_2 /V	N_1/N_2	U_1/ε_2
400	2.70	200	1.30	2	2.08
400	2.70	800	5.00	0.5	0.54
400	2.70	1600	9.89	0.25	0.27

分析数据得到结论：当变压器原线圈电路的条件（输入电压 U_1，原线圈匝数 N_1）一定时，副线圈的感生电动势和副线圈匝数在误差允许范围内成正比。

3.2　变压器副线圈中的感生电动势和原线圈输入电压的关系

器材：万用表（UT890D + 型）1 台、变压器原理说明器（J2425 型）1 台、低压学生电源（J1201 -1 型）1 台、导线等。

实验方法：按图 3 将电路接好，将变压器原理说明器装上铁芯，并闭合压紧，其绿色线圈Ⅱ的“0”“4" 端接在低压电源的“交流”输出接线柱上，构成初级电路。将电压表分别接于次级线圈Ⅰ的“0”“2”“0”“8”和“0”“16”端，测出各自的电动势 ε_2 记录在表 2。

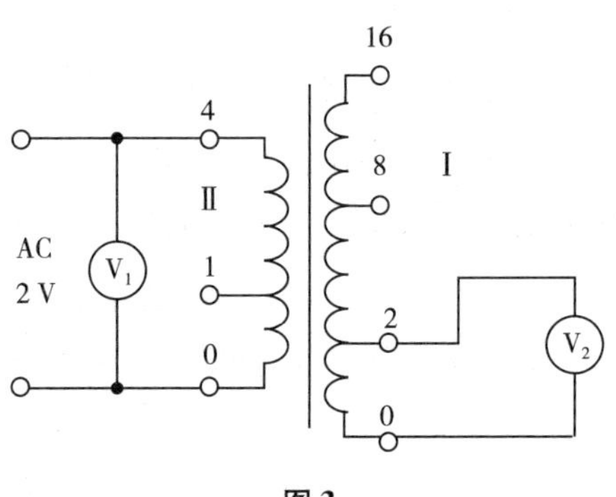

图 3

表 2

原线圈		副线圈		匝数比	电压比
匝数 N_1	电压 U_1 /V	匝数 N_2	电动势 ε_2/ V	N_1/N_2	U_1/ε_2
400	2.7	200	1.30	2	2.08
400	5.57	200	2.71	2	2.06
400	7.96	200	3.90	2	2.04
400	2.7	800	4.94	0.5	0.55
400	5.57	800	10.33	0.5	0.54
400	7.98	800	14.96	0.5	0.53

分析数据得到结论：当变压器原、副线圈匝数一定时，副线圈的感生电动势 ε_2 和原线圈中输入的电压 U_1 在误差允许范围内成正比，即 $\frac{U_1}{\varepsilon_2}=\frac{N_1}{N_2}$。

3.3 变压器副线圈中的感生电动势和输出电压的关系

器材：万用表（UT890D + 型）1 台、变压器原理说明器（J2425 型）1 台、低压学生电源（J1201 -1 型）1 台、小灯泡（6 ~ 8 V，0.15 A）1 只、开关、导线等。

实验方法：按图4将电路接好，将变压器原理说明器装上铁芯，并闭合压紧，其绿色线圈Ⅱ的“0”“4”端接于低压电源的“交流”输出接线柱上，构成初级电路。输出端接次级线圈Ⅰ的“0”“8”，并将开关及小灯泡接在次级输出端。当开关断开时测出次级电路的感生电动势 ε_2 和闭合开关后的输出电压 U_2，分别记录在表3。

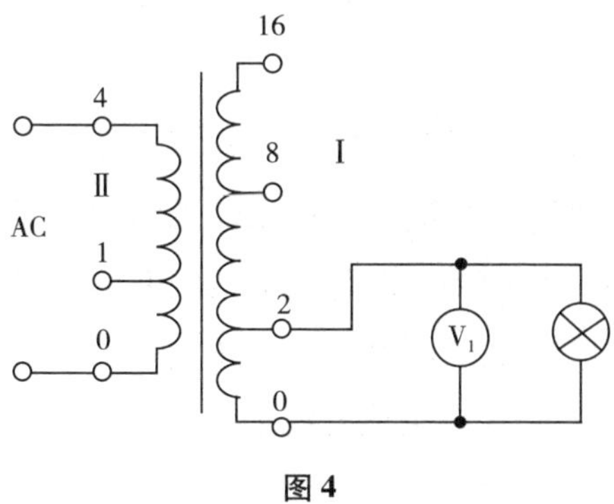

图4

表3

原线圈		副线圈			
匝数 N_1	电压 U_1 /V	匝数 N_2	线圈电阻 R/Ω	电动势 ε_2/ V	输出电压 U_2/ V
100	5.50	200	1.2	10.92	9.88
400	7.96	200	1.2	3.90	3.53
100	5.50	800	13.3	42.91	12.86
400	7.96	800	13.3	15.14	3.93
100	5.50	1600	55.2	84.0	5.8
400	7.96	1600	55.2	29.2	2.21

分析数据得到结论：（1）变压器次级电路线圈和其他电源一样具有电动势，当有电流输出时，输出电压就比电动势要小。

（2）理想变压器的公式 $U_2/U_1 = N_2/N_1$，用于实际变压器时，所得出的结果只是近似的，只有当初、次级线圈的直流电阻很小时，所得出的结果才较为准确。

（3）若次级线圈电阻较大时，如实验中 $N_1=400$，$N_2=1600$ 时，输出电压（即小灯泡的实际电压）U_2 就会低于 $N_2=800$ 时的输出电压，因此小灯泡的实际功率反而越小，亮度反而越低。

注意：由上述实验的测量数据可知，副线圈的电阻与匝数不成正比，而且差异很大。拆开副线圈绕组后可以很明显地发现“0”“2”线圈的铜线直径最大，“0”“16”线圈的铜线直径最小。

3.4 变压器原、副线圈中电流强度的关系

器材：万用表（UT890D + 型）1 台、演示电表（J01402 型）2 台、变压器原理说明器（J2425 型）1 台、电阻箱 1 台、低压学生电源（J1201 - 1 型）1 台、开关、导线等。

实验方法：按图 5 将电路接好，将变压器原理说明器装上铁芯，并闭合压紧，其红色线圈 I 的“0”“2”端接在低压电源的“交流”输出接线柱上，构成初级电路。并将开关及电阻箱接绿色次级线圈 Ⅱ 的“0”“4”输出端，构成次级电路。电流表分别测原副线圈电流 I_1 和 I_2 。当低压电源输出约 6 V 的交流电时，分别测出开关断开、次级负载电阻小和次级负载电阻大时的原、副线圈电流，记入表 4。

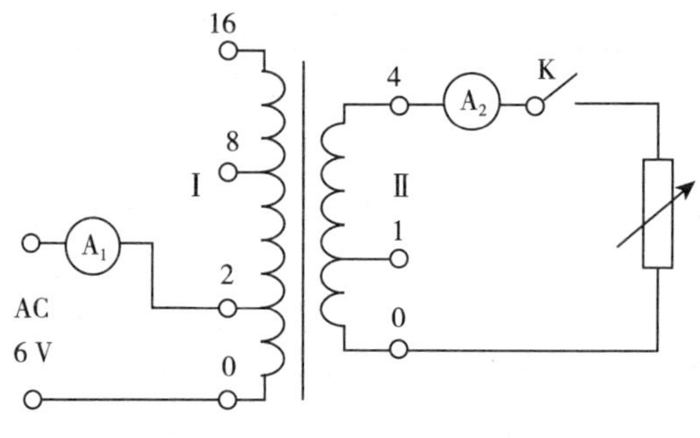

图 5

表 4

实验次数	变压器初级电路端				变压器次级电路端				电流强度之比			原、副线圈匝数之比
	原线圈匝数（N_1）	输入电流 I_1/A			副线圈匝数（N_2）	输出电流 I_2/A						
		次级断路	次级负载电阻大	次级负载电阻小		次级断路	次级负载电阻大	次级负载电阻小	次级断路	次级负载电阻大	次级负载电阻小	
1	200	0.05	0.26	0.46	100	0	0.50	0.90	0	1.92	1.96	2
2	200	0.05	0.36	0.55	400	0	0.17	0.27	0	0.47	0.49	0.5

分析数据结论：(1) 当副线圈断路时，即空载的情况下，原线圈中也有一定的电流，叫作空载电流，这个电流很小。

(2) 实验数据表明，理想变压器的公式 $\frac{I_2}{I_1}=\frac{N_1}{N_2}$，用于实际变压器时，所得出的结果是近似的。当变压器次级电路的负载电阻很大时，输出电流很小，输出电流和输入电流之比$\left(\frac{I_2}{I_1}\right)$，与初、次级电路线圈匝数之比$\left(\frac{N_1}{N_2}\right)$是相差较多的。只有当负载电阻很小时，输出电流很大，接近或者达到满载时，$\frac{I_2}{I_1}$ 才接近于 $\frac{N_1}{N_2}$。

(3) 实验数据还说明，变压器初级电路中的输入电流 I_1，是随次级电路中输出电流 I_2 的增大而增大的。由于输入电压 U_1 和感生电动势 ε_2 几乎不变，或者说变压器从交流电源获得的功率（即变压器的输入功率）是随次级电路供给负载的功率（即变压器的输出功率）的增加而增加的。

(4) 实验数据还可以看出，当变压器次级线圈匝数 N_2 大于初级线圈匝数 N_1 时，次级输出电流 I_2 小于初级线圈输入电流 I_1，即电流变小了；反之，当 N_2 小于 N_1 时，I_2 也大于 I_1，即电流变大了，说明变压器具有升流和降流的作用。

4 总结

(1) 当副线圈断路时，即空载的情况下，原线圈中也有一定的电流，叫作空载电流，这个电流很小，同时也说明空载情况下原线圈电路不是短路。

(2) 在升压时由于副线圈铜线太细导致副线圈电阻太大，因此出现 1600 匝时的小灯泡亮度反而比 800 匝时小灯泡的亮度更低。

(3) 当在实际物理实验教学过程中出现实验现象与理论不符时，教师应引导学生主动发现和思考问题，并将理论联系实际加以深入研究，并以此提高学生的学习能力和创新能力，培养学生的核心素养。

参考文献：

[1] 王兴乃，罗栋国．高中物理实验大全［M］．北京：电子工业出版社，1988.

[2] 赵凯华，陈熙谋．新概念物理教程电磁学（第二版）［M］．北京：高等教育出版社，2006.

[3] 程稼夫．中学奥林匹克竞赛物理教程．电磁学篇（第二版）［M］．合肥：中国科学技术大学出版社，2014.

作者简介：段军，一级教师。2011—2021 年在三台县石安中学任教物理并担任物理教研组长，任教导副主任一职。多次获得过绵阳市创新实验一等奖、二等奖，县优秀班主任，县优秀德育工作者等奖励和称号。2021 年至今在绵阳南山中学任物理实验员，主研方向：高中电磁学实验教学。

纸上得来终觉浅，绝知实验要躬行

——2016—2021 年全国高考物理力学实验试题分析及实验教学策略

四川省绵阳南山中学　吕敏　胡志刚

1 引言

物理是一门以实验为基础的学科，通过教师课堂演示实验，既能使学生对一些物理现象获得感性认识，留下较为深刻的印象，又能揭示物理现象的本质，有助于他们建立概念和掌握规律；通过学生分组实验，能够有效提高学生的实验技能和动手操作能力，对学生探究和创新能力的培养也大有裨益。实验教学效果的好坏，直接影响着物理课堂教学效率的高低和物理学科教学质量的好坏，其重要性是不言而喻的。物理学科的五大关键能力之一就是实验能力，高考历来重视对学生实验能力的考查。

下面通过汇总分析 2016—2021 年全国高考物理力学实验题，力图探究其内在的命题规律，在新课程背景下为高中物理力学实验的深度教研和教学提供可供参考的教学建议。

2 2016—2021 年全国高考物理力学实验题汇总分析

2.1 2016—2021 年全国高考物理力学实验题细目表

表 1

高考理综卷		分值	内容	考查的技能
2021 年	全国甲卷	5 分	测量小铜块与瓷砖表面间的动摩擦因数	计算：加速度 计算：动摩擦因数
	全国乙卷	5 分	研究平抛运动的规律	计算：速度的水平和竖直分量 计算：重力加速度

续 表

高考理综卷		分值	内容	考查的技能
2020 年	全国Ⅰ卷	9 分	验证动量定理	原理：写出实验原理方程 计算：动量、动量变化、相对误差
	全国Ⅱ卷	5 分	测量小球运动的加速度	计算：求加速度 误差分析：分析产生误差的原因
	全国Ⅲ卷	6 分	验证动能定理	计算：求纸带的速度 原理：理论分析的物理量
2019 年	全国Ⅰ卷	5 分	测量加速度	原理：分析纸带的运动方向 计算：求速度和加速度
	全国Ⅱ卷	5 分	测量铁块和木板间的动摩擦因数	原理：分析实验原理方程 计算：由纸带数据推理出原理方程，计算动摩擦因数
	全国Ⅲ卷	5 分	测量重力加速度	原理：选择实验器材和方法 计算：根据实验原理计算重力加速度
2018 年	全国Ⅰ卷	5 分	测量弹簧的劲度系数	读数：游标卡尺的读数 计算：弹簧的劲度系数
	全国Ⅱ卷	9 分	测量木块和木板间的动摩擦因数	读数：弹簧测力计的读数 作图：补充完整 $f-m$ 图像 原理：写出原理方程 计算：由图像得动摩擦因数
	全国Ⅲ卷	6 分	测量人的反应时间	原理：写出实验原理 计算：定量计算 误差分析：给出提高精度的建议
2017 年	全国Ⅰ卷	5 分	研究小车在桌面上的直线运动	原理：判断小车的运动方向 计算：求速度和加速度
	全国Ⅱ卷	6 分	探究平均速度、瞬时速度和加速度之间的关系	原理：分析平均速度和瞬时速度的关系 计算：求速度和加速度
	全国Ⅲ卷	6 分	验证力的平行四边形定则	读数：弹簧测力计的读数 作图：画力的图示 计算：通过作图计算合力的大小

续 表

高考理综卷		分值	内容	考查的技能
2016 年	全国Ⅰ卷	5 分	验证机械能守恒定律	计算：纸带求速度和加速度、求频率
	全国Ⅱ卷	6 分	探究弹簧的弹性势能	原理：选择正确的操作步骤 计算：纸带求速度 原理：根据实验原理分析得出结论
	全国Ⅲ卷	10 分	探究物体加速度与其所受合外力之间的关系	计算：由 $s-t$ 图像求加速度 计算：由图像分析实验原理求物体质量 实验原理：改变实验条件，由实验原理推理得出相应的实验结果

2.2 实验试题分析

认真分析近六年全国高考 17 套理综物理试题的 17 个力学实验题，可以归纳出如下规律：

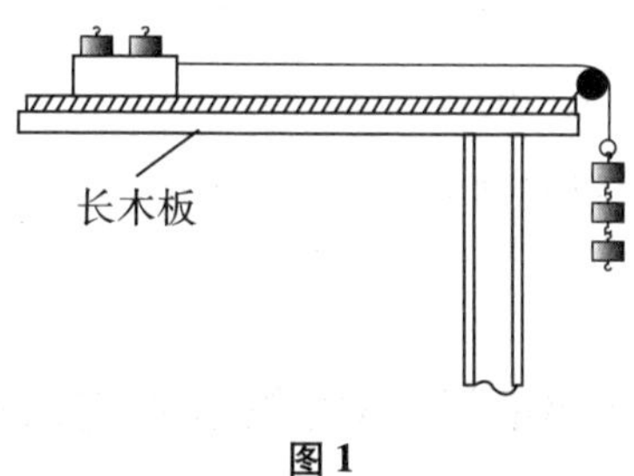

图 1

（1）考查分值方面分析。力学实验题作为高考实验题两道题目（一力一电）中的一道，其分值以 5 分或 6 分居多，仅有 2016 年全国Ⅲ卷 10 分、2018 年全国Ⅱ卷 9 分、2020 年全国Ⅰ卷 9 分，在实验总分值为 15 分不变的情况下，分值越少表明相对简单，反之，分值越多甚至超过了该套电学实验的分数，则表明相对较难。

比如 2016 年全国高考Ⅲ卷力学实验题（10 分）某物理课外小组利用图（a）中的装置探究物体加速度与其所受合外力之间的关系。要做好这道题，要求学生能明确实验原理，认真分析各步骤，从而明确实验方法；同时注意掌握图像的性质，能根据图像进行分析，明确对应规律的正确应用，整体有一定难度。

（2）考查内容方面分析。考查测量型实验的次数最多为 8 次（测量物体间的动摩擦因数 3 次、测量加速度 3 次、测量弹簧劲度系数 1 次、测量人的反应时间 1 次）；考查探究型实验 5 次（研究平抛运动规律、研究小车在桌面上的直线运动、探究弹簧的弹性势能、探究平均速度和瞬时速度及加速度之间的关系、探究物体加速度与其所受合外力之间的关系均为 1 次）；考查验证型实验 4 次（验证动量定理、验证动能定理、验证机械能守恒定律、验证力的平行四边形定则各 1 次）。整体来看对教材上的七个基础力学实验均有所覆盖和考查。其中出现频次最高的测量型实验基本都是在教材实验的基础上创设了新的情景，需要学生应用已知的实验原理解决新的实验问题，对学生的知识迁移能力和解决实际问题的能力提出了较高的要求，而不能单单依靠大量的机械刷题。

（3）考查的技能方面分析。涉及的考查技能有仪器仪表读数、作图、误差分析、实验原理和计算，其中考查频次和分值最高的是利用物理公式、推论进行计算，多达 21 次，并且多数是要求对打出的纸带进行数据处理；考查频次和分值居第二位的是对实验原理的考查。

了解和掌握了高考实验命题规律后，我们后期的实验教学才能真正做到有的放矢。

3　对物理实验教与学的启示和备考应对策略

通过对近六年全国高考物理力学题的深入剖析，反思我们现在的实验教学工作，笔者建议需要切实做到以下五个“躬行”：

躬行一：实验教学需要深度教研

为进一步提高课堂教学效率和效益、提高物理学科的教学质量，非常有必要进一步总结当前实验教学的得与失，寻找与先进地区的差距，寻找目标和现实的差距，不断探索物理实验教学的新模式和新方法。实验教学的重要性不能仅仅停留在口头上，应当正式纳入物理教研组会和备课组会的深度探讨范畴；实验教学也应该和常规教学一样有说课、听课和评课，也应该有公开课、示范课和优质课；也应该被集体讨论怎样上效率最高、效果最好、学生最喜欢；要切实调整实验教学观，在教学中要弱化既定步骤和既定结论对学生的牵引，要以解决问题为导向，给学生创设足够的操作、推理、分析和创造思维活动的空间。

躬行二：学生必须经历实验观察和亲自操作的过程

由于长期受到应试教育的影响，大多数学校和家长更注重学生的成绩，而忽视学生动手能力和创新能力的培养，导致很大部分的学生沦为“刷题机器”，只能勉强应对考试的理论知识，却没有真正形成较强的实践能力和创新意识，不少物理实验课都是以教师讲、学生背的方式进行，也有一些教师利用多媒体影像或实验来完全代替真实的实验过程，这样做虽然学生也能够清楚地看到实验的步骤、过程和现象，但却无法真正深入地做到理论联系实际。须知，平日偷过的懒迟早是要还的，这样的教学形式，学生没有亲自体验的感性认识，不仅会影响学生学习物理的兴趣，而且对于培养学生的动手实践能力、逻辑推理能力、创新能力甚而对物理实验题的迁移能力都是非常不利的。因此，在高中物理实验教学中，我们一定要让描述实验、“看”实验、“背”实验，真正变成“做”实验，变成有形的、具体的过程，能够让学生亲自操作、清晰观察、真切体会实验内容和过程，学生的印象才会深刻，从而有自己的感悟，形成内化的物理实验能力，才能加以应用去解决新问题。

躬行三：必须透彻掌握实验原理并尝试解决实际问题

实验原理是实验设计所依据的理论根据，是指建立在大量观察、科学实验和社会实践的基础上，经分析、推理、归纳、概括而得到的事物的存在和运动规律，是自然科学和社会科学中具有普遍意义的规律，如公理、定理、公式等。实验原理既能指导实践，又必须经受实践的检验。实验原理是实验设计的依据和思路，只有明确实验的原理，才能真正掌握实验的关键、操作的要点，进而进行实验的设计、改造和创新。所谓实验原理，并不是什么神秘的东西，实际上物理课中所学过的物理规律、物理公式中只要含有某一物理量，则该规律、该公式就可作为研究或测定该物理量的原理基础而进行相应的实验设计。如欲测定重力加速度，就有多种可依据的原理、方法：可利用单摆测，可利用“验证机械能守恒”的装置测，可利用平抛物体的频闪照片测，可利用物体在长真空管中的竖直上抛运动测等；实验原理的表述的内容：实验设计的整体思路，即通过……达到……的目的；还包括实验现象与结果出现的原因及重要实验步骤设计的根据等。

学习实验首要的就是要透彻掌握实验原理，掌握实验原理就是要知道实验的目的，要达到这样的目的，需要依据哪些物理定理、定律，可以导出哪些公式和结论，进而设计实验程序、选择实验器材和测量项目、合理规范的操作步骤及实验数据的分析与计算。理论指导实践，磨刀不误砍柴工，在没有清楚实验原理的情况下就盲目开始实验，可谓事倍功半。只有透彻熟练地掌握了教材基础实验的实验原理，并在熟知现有实验器材的基础上，才有可能利用现有实验原理进行有效的拓展和方法延伸，遇到新情景和新问题才有可能融会贯通。因此，实验教学应该在对实验原理的迁移上再下功夫，同时要注意避免由“分析迁移”向“印象迁移”的转移，尽力实现“解题→解决问题→解决新问题”，养成“即时分析”的良好意识。

躬行四：必修强化认知新技术和新方法在实验方面的应用

教材上大纲要求的七个力学基础实验是平时教学的重点，师生都会很认真地教授或学习这七个实验的原理和相关的知识点，平时的练习也会经常遇到。通过分析近 2016—2021 年全国高考力学实验题可以看到，高考所考查的并不全是教材上的实验器材和方法，有时用到了一些新技术、新方法或手机等身边常有的工具记录相关素材，体现物理学科的基础性和应用性，但其测量的本质还是教材上的东西，这就需要我们在平时的教学中有目的有意识地搜集和整理一些这类实验题目，给学生进行专项训练，让学生开阔眼界，见多识广，引导学生关注前沿科技，培养学生在复杂、新颖的情境中获取和处理有用信息的能力，坚持不懈。长此以往，当他们在大型考试中遇到这类题目时才能做到从容不迫，应对起来游刃有余。

例如，2021 年全国高考甲卷力学实验题：为测量小铜块与瓷砖表面间的动摩擦因数，一同学用手机拍摄小铜块在斜面的下滑过程，然后解析视频记录的图像，获得 5 个连续相等时间间隔（每个时间间隔 $\Delta T=0.20\ \mathrm{s}$）内小铜块沿斜面下滑的距离 s_i（$i=1，2，3，4，5$）。此题的计时没有用到电火花计时器，用的几乎每个人都会用的手机，但实验本质的东西并没有变。再如 2017 年全国高考Ⅰ卷力学实验题：某探究小组研究小车在桌面上的直线运动，该题也没有用到常见的电火花计时器，用的自制“滴水计时器”计量时间，其测量方法的本质还是没有变化。

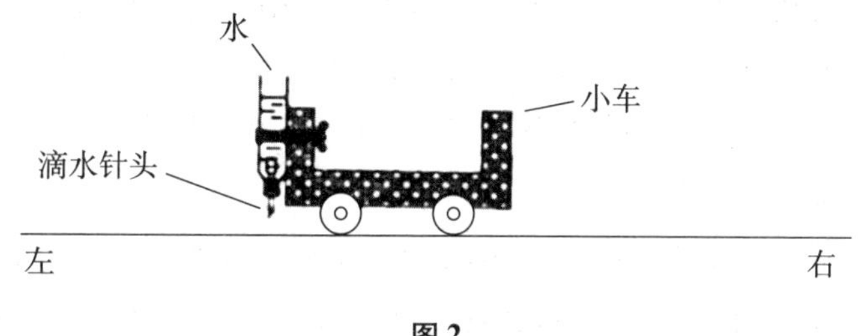

图2

躬行五：必须强化实验数据的计算和处理能力

提高高中学生物理实验数据处理能力具有很强的现实必要性。通过前面的分析可知，高考力学实验题对纸带的数据处理出现的频次较高，而且基本上要求计算中间时刻的速度和用逐差法求加速度，难度其实并不大，主要考查简学生的基本运算能力，但就是这样简单的，不少学生也算不对，该得到的分没有得满。再如2021年全国高考乙卷力学实验考查的平抛运动相关知识和基本计算，这都是要求人人得满分的。高中学生在处理实验数据时存在的一般问题为：不知道线性拟合而用曲线串联全部数据、作图标度不合理不能充分利用坐标纸、制作表格不带单位、估读位数不足、结果保留位数不够、相对繁杂的计算没有思路，一算就错等，不一而足。那么，提高高中学生实验数据处理能力的方法有哪些呢？一是加强误差理论的学习与科学素的提高；二是认真获取准确的原始数据；三是规范列表作图；四是限时训练和过关训练，强化计算的速度和准确度，力争应得尽得、颗粒归仓。

参考文献：

［1］汤志超．近五年全国物理力学实验题分布特点及其对教学的启示［J］．物理通报，2021（22）：113－116.

［2］耿玉盛．江苏省近6年高考物理力学实验题分析［J］．物理教师，2013（12）．

［3］方青松．如何培养高中生物理实验数据处理能力［J］．课程教育研究，2018（24）：128－129.

作者简介：吕敏，南山中学一级教师，获教育部“一师一优课”一等奖，四川省物理竞赛优秀教练，论文省市一等奖，绵阳市物理教师课堂教学展示一等奖，市自制教具比赛一、二等奖，市“课堂教学大比武”二等奖，市“信息化教学大赛”二等奖，南山中学优秀党员，南山中学精品课展示一等奖，新加坡留学项目优秀指导教师。

胡志刚，硕士，南山中学一级教师，物理竞赛主教练，获四川省物理竞赛优秀教练，四川省和绵阳市自制教具比赛一等奖、多次获南山中学“优秀党员”“十大优秀班主任”“质量突出贡献奖”。辅导的学生多人获全国物理竞赛四川省赛区一、二等奖，多篇论文发表在专业核心期刊上，教学风格轻松活泼，教学效果突出，深得学生喜爱。

探究安培力大小和方向实验方法的改进

四川省绵阳南山中学 陈小伟

1 原有安培力探究实验的不足

通电导线在磁场中受到安培力作用，安培力是高中物理中一个重要的性质力，对该力大小方向及其决定因素的探究显得尤为重要。但通电导线所受安培力一般较小，用弹簧测力计难以准确测量，这给我们的定量探究过程带来了一定的困难。教科版选修 3 – 1 教材第三章第二节对该部分内容的处理也较为模糊（图 1），设计的实验基本不具有可操作性，误差较大，且缺乏定量探究过程。对此笔者结合自身对该问题的思考，利用杠杆放大原理和微型电子台秤对该实验进行了改进，定性分析安培力大小与磁场方向的关系，定量探究安培力大小与电流大小、导线长度（匝数）、磁场强弱的关系，定性分析安培力方向与电流方向、磁场方向的关系，取得了比较理想的实验效果。

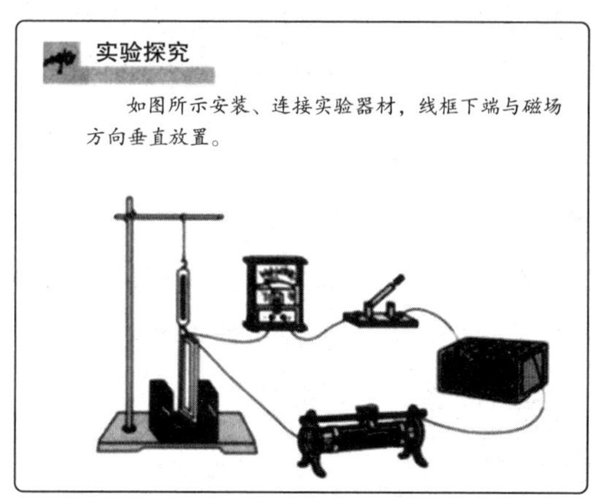

图 1

2 改进的安培力探究仪器

如图 2，笔者受到该题的启发，当通电线圈所受安培力发生变化时，电流天平读数将发生变化，由此设计了利用杠杆放大原理和灵敏度很高的微型电子台秤来间接测量安培力大小，设计实验装置如图 3、图 4 所示。

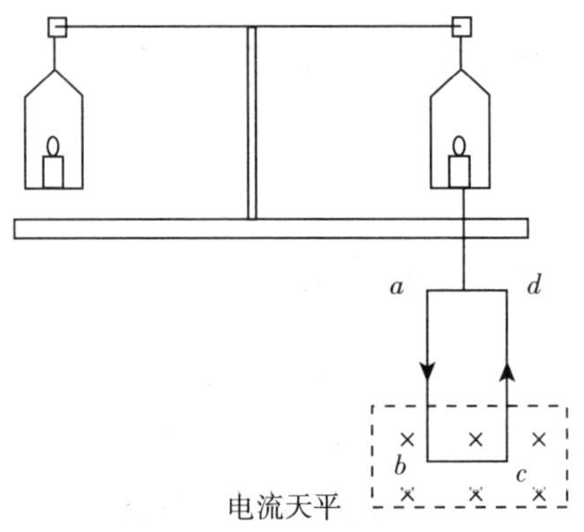

图 2

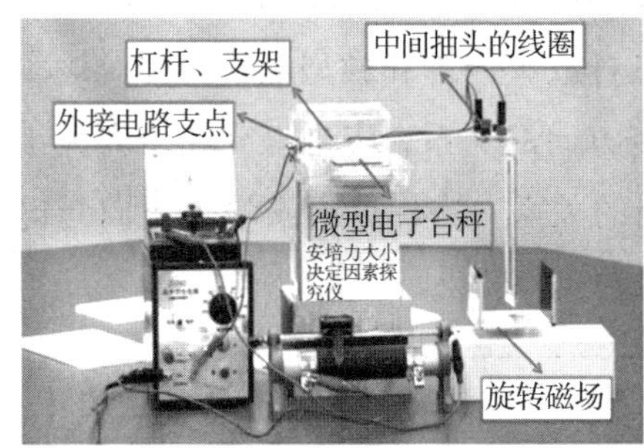

图 3

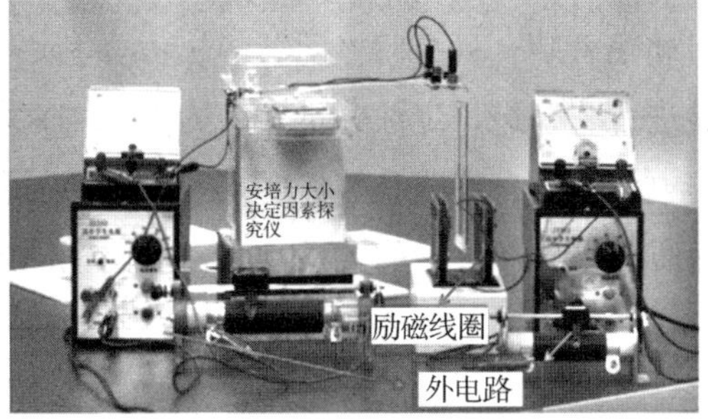

图 4

2.1 杠杆原理支架部分

支架上固定位置放置有微型电子台秤，水平连杆中间靠左的部位压在微型电子台秤上，右边部位连接通电线圈，左边通过外接电路支点与外电路相连，外接电路支点与水平连杆不焊接，可自由取放。

2.2 通电线圈部分

这是一个中间带有抽头的线圈，线圈竖直固定在水平连杆右边，线圈上部设置有 3 个不同的接线柱，代表接入的线圈的导线长度（匝数）不同，③、②、

①分别代表接入的导线匝数为15匝、10匝、5匝，以此方便我们改变接入线圈的长度。线圈下边处于磁场中，我们分析的就是线圈下边所受的安培力，当线圈的下边所受安培力发生变化时，水平连杆对微型电子台秤的压力就会发生变化，压力力臂比安培力力臂小，具有放大力的作用，方便我们间接测量安培力这个微小的力。

2.3 旋转磁场部分

该部分提供的磁场两极之间近似为匀强磁场，磁场底座可以自由旋转，由此来改变磁场方向，并以此来探究安培力大小与磁场方向的关系及安培力方向与磁场方向的关系。

2.4 励磁线圈部分

一般磁体提供的磁场难以改变，且对磁场强弱的测定较为困难。因此我们利用励磁线圈来提供匀强磁场，通入励磁线圈的电流大小不同，所激发出来的磁场强弱不同，我们知道励磁线圈通电所激发出来的磁场强弱与其电流大小成正比，因此我们可以利用励磁线圈的电流大小来间接代表磁场强弱，以此来探究安培力大小与磁场强弱的关系。

2.5 外电路部分

外电路分为通电线圈外电路和励磁线圈外电路。外电路均由学生电源、滑动变阻器、电流表、开关、导线组成，以此来改变通电线圈电流或励磁线圈电流，读数并记录数据。

3 实验探究过程

3.1 安培力大小与磁场方向的关系

保持其他因素都不变，通过旋转磁场来改变匀强磁场方向，从而观察安培力的大小变化，当磁场方向与电流方向平行时，安培力最小为0，当磁场方向与电流方向垂直时，安培力最大。安培力大小随着磁场方向与电流方向之间夹角的变化而变化（表1）。

表1

角度	0°	30°	60°	90°	150°	180°
台秤示数/g	0.00	0.59	0.80	0.94	0.60	0.00

3.2 安培力大小与电流大小的关系

外接电路线圈通电，通过滑动变阻器来改变线圈电流大小，保持其他因素都不变，安培力大小随着通电线圈电流大小的变化而变化，电流越大，安培力越大。安培力大小与电流大小成正比（表2、图5）。

表2

通电线圈电流大小/A	1.20	1.00	0.80	0.60	0.40
台秤示数/g	1.20	1.01	0.78	0.59	0.45

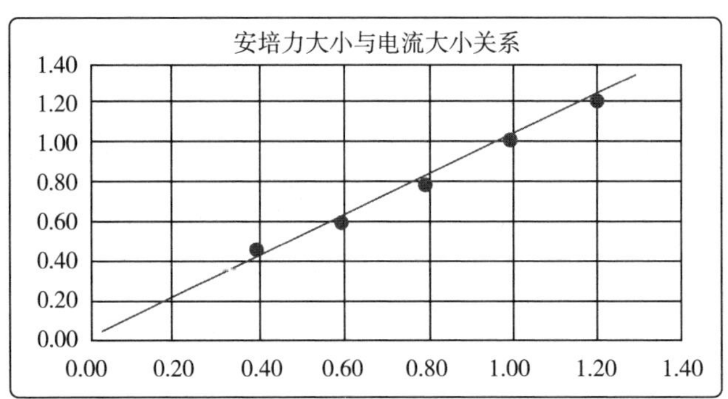

图5

3.3 安培力大小与导线长度（匝数）的关系

线圈通电，保持其他因素都不变，分别代表接入线圈的匝数为15、10、5匝，线圈安培力大小与接入的导线长度（匝数）成正比（表3、图6）

表3

导线长度（匝数）	15	10	5
台秤示数/g	1.20	0.81	0.42

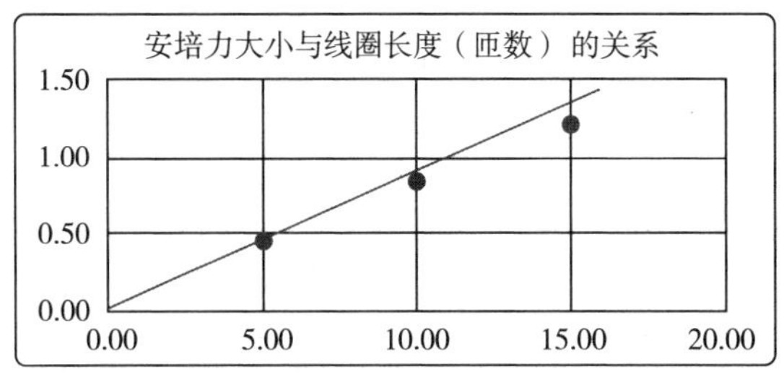

图6

3.4 安培力大小与磁场强弱的关系

保持其他因素都不变，通过励磁线圈电流来改变匀强磁场强弱。匀强磁场越强，线圈所受安培力越大。安培力大小与磁场强弱成正比（表4、图7）。

表4

励磁线圈电流大小/A	1.20	0.80	0.60	0.40
台秤示数/g	0.94	0.63	0.47	0.34

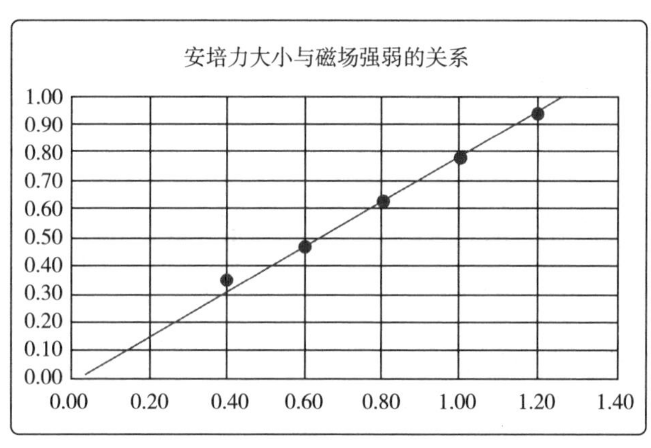

图7

3.5 安培力方向与磁场方向、电流方向的关系

保持电流方向与磁场方向垂直，通过旋转磁场来改变磁场方向，通过改变电源正负极来改变电流方向，通过电子台秤示数的正负来显示安培力方向。从而发现安培力方向、电流方向、磁场方向三者满足左手定则（图8）。

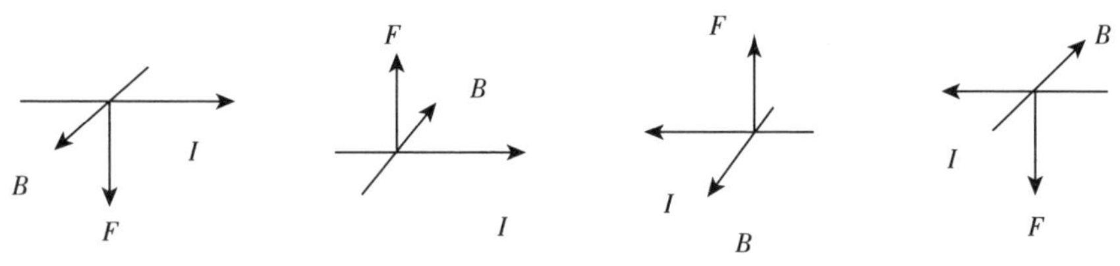

图8

4 实验效果和使用建议

该实验探究了安培力大小方向决定因素，特别是在定量探究安培力大小与

电流大小、导线长度（匝数）、磁场强弱关系时，线性关系比较明显，实验效果较好。但在实验操作的过程中由于安培力较小，容易受到其他因素的干扰，我们应尽量让线圈电流大一些，磁感应强度大一些，线圈所受安培力大一些。实验过程中也要注意实验台面的晃动和导线之间的拉扯，以免影响电子台秤的读数。

参考文献：

汪维澄．安培力定量演示仪器的设计与实验教学［J］．中国现代教育装备，2013（2）：40－42.

作者简介：陈小伟，中学物理一级教师，2011 年大学本科毕业至今一直扎根于高中物理教学一线。曾获得绵阳南山中学优秀教师、绵阳南山中学优秀共产党员、绵阳南山中学十大杰出班主任、绵阳市优质课比赛一等奖、绵阳市优秀班主任、物理实验说课比赛一等奖等多项荣誉。

新高考背景下以体验式学习改革物理实验教学的探究

四川省绵阳南山中学 胡志刚 王凤娇

1 高中物理实验教学问题的提出

《普通高中物理课程标准（2017 年版 2020 年修订）》中阐述：物理学是一门基于观察与实验的自然领域的基础学科：引导学生经历科学探究过程，体会科学研究方法。然而传统的动手实验在物理学和其他自然科学课程中，尤其在大部分中学物理实验教学实践中均以“学生在实验室中进行指定的实验内容”展开。学生实验与讲课相比，学生实验一般更让学生满意且更受欢迎，从这个意义上说，学生实验被认为是一种现代教学形式，也是一个相对成功的教学形式，然而随着时间推移传统的学生实验存在的问题逐渐暴露，多年来一直没有得到有效解决。

在传统的学生实验中，学生往往沦为盲目地遵循指示的执行者，除了让学生学习如何操作设备外，再无其他价值。详细的实验步骤指导，在实验前被写在纸上，学生按部就班地进行实验，数据表格也已在实验手册中画好。学生们没有太多的空间对实验过程进行思考，并对手头现象进行分析。学生通过实验来验证课堂中提出的理论结果是否正确，他们早就知道必须验证出理论的正确性，也就没有实验探究的意愿。以验证性实验为主，实验内容枯燥程序化，使学生学习主动性降低，限制学生实验创新能力的培养。学生也没有独立思考和拓展探索的机会，教师缺乏实验室以外的实验引导。实验教学就成了学生被动接受实验步骤灌输和结论验证的过程。

随着最近高中教育从被动学习向主动学习转变，物理实验教育中的体验式学习已经开始出现变化的迹象。在此之前，这一概念在课堂上未得到充分的强调。早期的学生实验是一种传统的师傅带徒弟式的，在严格遵循指导手册的情况下完成的，学习效果有限，且易僵化思维，解决问题的思维得不到培养。那么，高中物理实验教学如何更好地开展体验式学习？

2 体验式高中物理实验教学

2.1 发现学习

近年来，另一种形式的体验式学习一直在吸引人们的注意。这就是“发现学习”的方法。这是一种新的学习形式，学生在发现新的现象和规律时体验科学家的思维和行为。这种学习形式使学生能够积极探究学习，并对物理概念有了更深的理解。采用这种形式的学习，知识留存率很高，学生也会终生难忘。学习者参与到知识生成的过程中，发现规律、法则、关系等，而不是从预先存在的知识体系中学习。这种方法叫发现学习，学习者不学习现有的知识体系，而是参与知识的生成过程中，自己发现规律、法则和关系。发现学习是指学习的主要内容未直接呈现给学习者，只呈现有关线索或例证。学习者必须经历一个发现的过程，自己得出结论或找到问题的答案。它由美国著名心理学家布鲁纳研究并提出。与之相对应的是接受学习，指人类个体经验的获得，源自学习活动中主体对他人经验的接受，把别人发现的经验经过其掌握、占有或吸收，转化成自己的经验。

2.2 体验式高中物理实验教学实践

导致目前学生实验情况僵化的可能原因，一是创新实验设备成本较高和教师需付出额外努力。另一个原因是，任课教师往往不负责实验室工作，教师和实验室人员之间缺乏合作。由于这些原因，导致教师对学生实验进行大胆拓展和重组创新其实并不容易。尽管如此，体验式学习的变革迹象开始出现。具体做法大体有几种。

一种方法是使用简化的实验报告单，替代那种特别精细化的实验指导手册。简化版实验报告单比实验指导手册看起来更简单，但是要求学生思考实验方法，从而引导学生提出教材以外的新实验思路或对现象进行推理。这种方法要求教师对各种可能的实验思路给出可行性评价与讨论，对可能出现的现象给出结论。这种方法假定有教师的实验专研，提前对实验付出探究，对实验有很强的思路的点拨。这种方法可以让学生通过体验科学家的思维和行动方式来提高他们对物理概念的理解，前提是有专业能力强的教师提供一定的指导。该方法旨在教师的指导下，提升学生对物理概念的理解并培养科学思维能力。这种教学形式需要精心设计的实验教学课题和素材，对教师是一个极大的挑战。

另一种方法是进一步减少教师的指导，取消实验指导。教师提供更少的指导，只给学生提供任务，让他们自己设计实验。在这种方法中，由于实验方法并不集中，思考实验结果的能力和设计并动手执行实验的能力得以强化，还有更详细地考虑实验结果有效性的能力。一般来说，自由任务实验这种方法一般被称为自由实验学习，这种简化或取消实验指导的学习方式，近年来在高中社团和兴趣学习组中得到了积极采用。尤其在物理学科优等生的学习物理竞赛的实验备考中，使用频繁。

第三种方法是小组物理实验主题报告方式。我们结合以上两种方法的利弊做的提升与融合，大体步骤分为课下小组实验和课上主题报告。以下重点介绍物理实验主题报告法的具体内容及通过实践发现的问题。

在这种体验式实验教学中，学生们经历了“选题→实验设计与操作→写报告→展示介绍和讨论”的过程。这是学生们经历的一种行动模式，主题的选择是基于学生的兴趣和阶段学习内容，我们准备的主题是比较宽泛；实验设计是很必要的一环，让学生进行大脑实验；实验操作重点，意外情况考虑和搭建设备的原理性失误，等等；报告整理对测量的可靠性进行评估，改进方案的提出。这些都可以很好地培养学生的科研素养。每四人一组的方式展开实验研究，从选择主题到陈述和讨论，历时三周，一般以任务流程图给予进度指导。体验式分组主题物理实验流程图如图 1 所示。

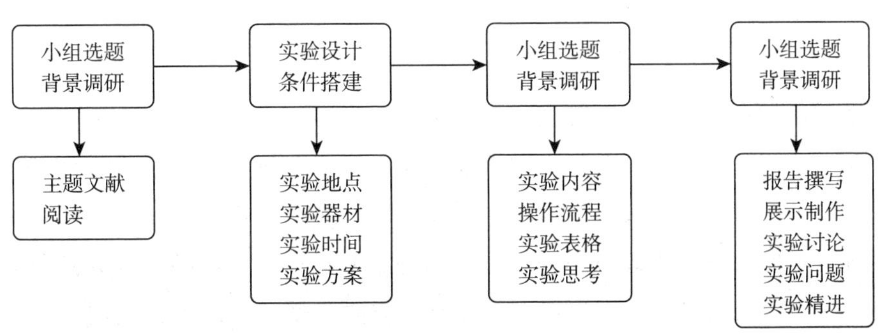

图 1

以“单摆测重力加速度”为例，此实验可以很好地展开物理实验主题报告式的体验式实验，设备条件和知识展开都是适合让学生感受到科学家的思维和行为方式的。探究单摆周期与摆球质量、摆长、振幅之间的关系，通过推理获得惠更斯周期公式，紧接着又探究如何用单摆测量重力加速度。但由于实验课时限制很难实现当堂体验式实验教学。

学生需要展开大量的小组实验，必然要通过小组选题、实验证据、撰写报告、展示交流的过程，体验式实验的展开部分就细化为很多步骤。第一等时性验证项目，操作方案；第二长度定律验证的操作方案；第三振幅独立性定律验证的操作方案；第四测定重力加速度的操作方案；最后是质量独立性定律验证的操作方案。方案的具体实施都需要小组在课下完成，加之每一个实验都有仪器精进的可能性分析，包括各项数据测量精确度提升和避免形成圆锥摆等。

整个单摆知识演进也是一个漫长的历史过程，伽利略实验摸索规律，后来由马林·梅森实验总结和惠更斯的理论推导，单摆知识演化展开过程如图 2 所示。

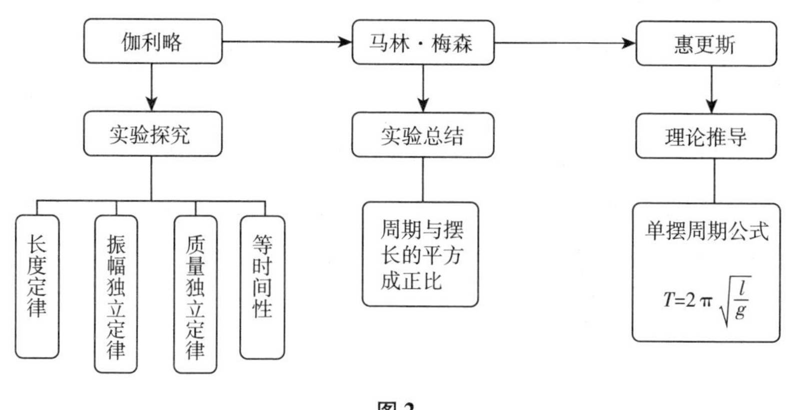

图 2

通过这种形式的实践，发现了几个问题。

第一个问题是，发现有些主题涉及知识面太多，对学生来说很难理解。例如，为了加深对发动机效率的理解，需要学生对热学知识有所认知。热学知识对于加深他们对发动机效率的理解是必要的，但是这个板块的内容大部分学校都删减了。只有物理奥赛学生可以展开此类问题的研究。因此，我们分发“饮水鸟”实验材料，通过演示饮水鸟实验，让学生们思考热机的工作原理，之后教师在督察进度时候给小组讲解了热机的工作原理。

第二个问题是体验式实验过程在课下学生组织进行，他们在实验室或相约某些地点展开进行。在这种形式下，鼓励学生做诸如在意外情况下的考虑、可靠性评估、对现象的期望，优化的期望可沿着这样的思路展开。

第三个问题是，有些学生倾向于通过剪切和粘贴来总结他们的报告。利用互联网搜索到的别人的研究内容，学生体会不到那种“得来不易的酒香”和“酿酒过程的辛苦”。这一点可以从学生们多次在回答问题时不知所措的事实中推断出来。改善这种情况的一个方法是设置一些实验过程的操作问题和细节，这些无法搜索到；还要求学生实验后的展示报告过程中进行互动问答，让其他组的学生思考需要进一步解决的问题及最后的结果预期。

3　体验式物理实验教学的困难与挑战

体验式物理实验教学的方法当然是有效的，但其高要求的准备负担是我们目前很多高中教师望而生畏的。体验式物理实验教学的推进往往是由少数教师以个人名义进行的，由少数教师通过个人努力实施的。在这种情况下，也很难对教学知识进行传播和传承及系统改进，不可能为学生提供更系统的体验式学习的机会。因此，课程政策方面可考虑将体验式实验教学课时置于物理实验课中，这意义重大。这样有利于减轻教师的负担，协同合作他们制订了工作表和其他教学材料，以及关于选择主题和评价方法。传承分享上一届学生做实验发现的问题，高效处置这些问题的策略等。例如，体验式实验的用时评估，精心设计的实验必然考虑时间问题，在诸如更强调学生主动性的开放式实验中，如何控制时间成本及提供一个实验室，让学生在课堂外参与学习的场所，使教师能够共同开发实验主题和教学器材调度。体验式物理实验教学的思考与实践尚处于探索阶段，其为优化实验教学方法和内容提供可供参考的思路与方向，积极创新优化实验教学模式才能在“双新”（新课程、新教材）全面落地前做好准备。

参考文献：

[1] 教育部基础教育课程教材专家工作委员会，普通高中课程标准修订组．普通高中物理课程标准（2017 年 2020 年修订）［M］．北京：人民教育出版社，2020.

[2] 王俊丹. 布鲁纳认知发现学习理论对对外汉语汉字教学的启示 [J]. 汉字文化，2022 (11)：86 - 87. DOI：10.14014/j.cnki.cn11 - 2597/g2.2022.11.044.

[3] 廖伯琴. 普通高中物理课程标准（2017 年版 2020 年修订）解读 [M]. 北京：高等教育出版社，2020.

[4] 许健. 基于历史主线的高中物理实验教学设计探究——以“单摆测重力加速度”为例 [J]. 中学物理，2021，39 (13)：32 - 35.

作者简介：胡志刚，中学一级教师，四川省中学物理优秀教练，发表国家级科研论文 3 篇、国家级教学论文 1 篇、省级教学论文 7 篇。

王凤娇，中共党员，华中师范大学在职研究生，获绵阳市课堂教学展示一等奖、绵阳南山中学师德标兵、三八红旗手、期末统考质量突出贡献奖。

（本文是绵阳市教育科研课题“提升高中物理教师命题能力的校本化行动研究”的阶段性成果。）

第五章

科学备考

利用“供需”关系探究圆盘置物类问题

四川省绵阳南山中学　高明

众所周知，在高中物理教材必修二第二章圆周运动中，旋转圆盘置物问题是高一学生理解的一个难点。这类题目由于涉及向心力的来源、匀速圆周运动动态平衡的分析和变速后各物理量的变化等问题相互牵扯制约，导致不少优秀学生都谈之色变。笔者通过多年教学实践，从物体做圆周运动的因果关系提出了利用“供需”关系来分析解决圆盘置物问题的方法，在实际教学中取得不错的效果。现与各位同仁探讨如下，不足之处请大家批评指正。

1　原理分析

首先引导学生弄清物体做圆周运动的原因：由于运动物体受到始终与运动方向（速度方向）垂直的向心力的作用，才使运动物体做圆周运动。而不是做圆周运动的物体产生了向心力。

2　向心力的来源

既然物体做圆周运动需要向心力，那提供向心力的力就成了“供需”关系的闭环条件。而在实际分析中，轻绳的拉力、圆盘的摩擦力，甚至天体、磁体、电荷间的引力均可提供向心力。

3　变速圆盘的动态分析

3.1　当转台匀速转动时

原来做匀速圆周运动的装置，其外力（摩擦力、拉力、引力等）恰好提供此物体做圆周运动的向心力，即 $F = mr\omega^2$ ，此时供给的外力与做圆周运动所需的向心力正好达到动态平衡，能够保持稳定的匀速圆周运动。

3.2 当转台转速增加时，即角速度 ω 增大

由上述关系式可知物体所需的向心力同步增大。而为了维持物体不脱离转台，外力 F 就必须同步增大以满足不断增大的向心力。但若外力提供不了足够的向心力就属于“供不应求”（例如，超过了绳子的最大张力、最大静摩擦力等），则物体就会由于提供的向心力不够而向外侧运动，原来的圆周运动将无法维持。

3.3 当转台转速减小时，角速度 ω 减小

物体所需的向心力也同步减小。既然需求量减小了，则供给方的外力 F 就应该同步减小到新的向心力需求量，从而达到新的动态平衡。但若外力的大小不能同步减小，则属于“供过于求”（例如，万有引力中的变轨问题，后面将专门详述），则物体就会由于受到的指向圆心的外力大于物体所需的向心力而向内侧运动，原来的圆周运动也将无法维持。

4 实例分析

【例1】如图1所示，水平转台上放着 A、B、C 三个物体，质量分别为 $2m$，m，m，离转轴的距离分别为 R，R，$2R$，与转台间的动摩擦因数相同。当转台转速增加时，哪个物体最先滑动？

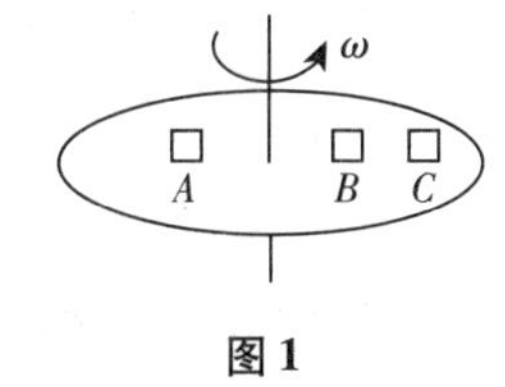

图1

解析：三个物体均未滑动时，做圆周运动的角速度相同，均为 ω，由静摩擦力提供向心力，由圆周运动的“供需”关系来分析，即 $f_{静}=m\omega^2R$，当转速增大到它们各自即将发生滑动时，即最大摩擦力等于滑动摩擦力来提供向心力，则

对 A：$f_A=\mu 2mg=2m\omega^2R$，化简可得 $\mu g=\omega^2R$；

对 B：$f_B=\mu mg=m\omega^2R$，化简可得 $\mu g=\omega^2R$；

对 C：$f_C=\mu mg=m\omega^2 2R$，化简可得 $\mu g=2\omega^2R$；

由上述三个物体做匀速圆周运动的受力分析可知，等式左边的向心力提供方在表达式化简后均相等，而等式右边的需求方则出现了差异，呈现 $F_{向A}=F_{向B}<F_{向C}$。所以当转速增加时，C 的静摩擦力提供向心力首先达到不足，C 物体先滑动，而 A 与 B 要么不动，要么一起滑动。

【例2】如图2所示，细绳一端系着质量 $M=0.6\ \text{kg}$ 的物体 A 静止在光滑水平转台上，另一端通过轻质小滑轮 O 吊着质量 $m=0.3\ \text{kg}$ 的物体 B。A 与滑轮 O 的距离为 $0.2\ \text{m}$，且与水平面的最大静摩擦力为 $2\ \text{N}$，为使 B 保持静止状态，水平转台做圆周运动的角速度 ω 应在什么范围内？（g 取 $10\ \text{m/s}^2$）

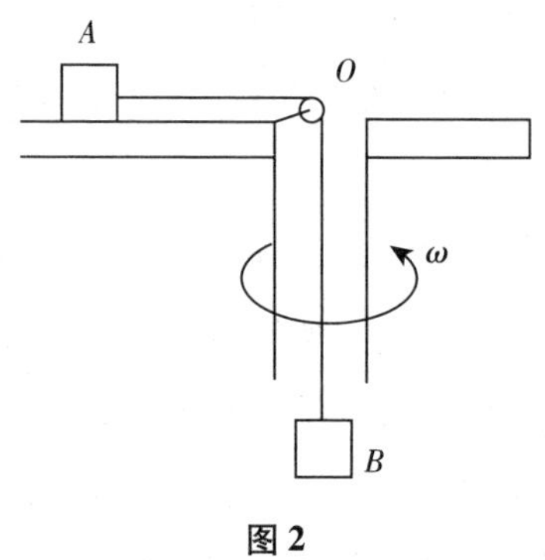

图2

解析：首先我们能明确，A 做圆周运动速度越慢所需的向心力越小，而此题中是有轻绳的拉力 F 和静摩擦力 f 提供向心力。要保持 B 处于静止状态，故本质就是由 B 的重力和 A 所受的静摩擦力来提供 A 做圆周运动的向心力。

A 跟随转台自转越慢，所需的向心力越小，但 B 的重力是恒定的，如果轻绳对 A 的拉力超过了 A 做圆周运动所需的向心力，则 A 就有向圆心滑动的趋势，这个时候静摩擦力就会沿离心方向阻碍。当转速小到一定程度，A 的静摩擦力，就会达到最大静摩擦力即滑动摩擦力，此时就是 A 与转台不发生相对滑动的最小角速度。由“供需”关系可知：$mg-f=Mr\omega_1^2$

$$\omega_1=\sqrt{\frac{mg-f}{Mr}}\approx 2.89\ \text{rad/s}$$

反之，当转台转速过大时，A 物体需要的向心力就会增大到超过绳子拉力与最大静摩擦力之和，受到的最大静摩擦力 f 的方向与拉力方向相同，则有 $mg+f=Mr\omega_2^2$，$\omega_2=\sqrt{\frac{mg+f}{Mr}}\approx 6.45\ \text{rad/s}$。

故 ω 的取值范围为 $2.89\ \text{rad/s}\leqslant\omega\leqslant 6.45\ \text{rad/s}$。

5　发散拓展

其实这种分析方法还可以拓展到万有引力中的卫星变轨问题中去。因为卫星的变轨本质上就是打破卫星原来做匀速圆周运动的“供需平衡”，即卫星所受的万有引力正好等于卫星所需的向心力。

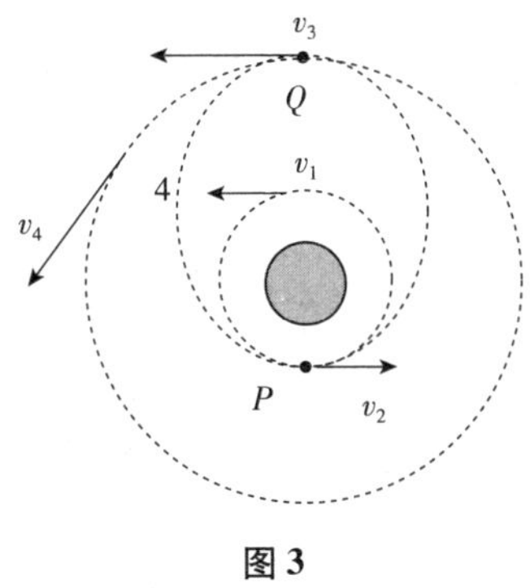

图3

但为了让卫星从某一高度轨道向另一高度轨道运动，就必须打破这种“平衡”。而卫星能改变的只能是自己的运动速度，通过调节身上不同位置的发动机，来实现加速或减速。

若要想从低轨道向高轨道变轨，还要通过椭圆轨道来过渡。即先从低轨道变到椭圆轨道，再从椭圆轨道变到高轨道。而变轨点只能在两个轨道的共点位置 P 通过变速实现。当卫星还在低轨道时，做匀速圆周运动，其所受的 $F_{引}=F_{向}$，达到“供需平衡”。要想向更远的椭圆轨道运动时，则必须做离心运动，让 $F_{引}<F_{向}$。即原有的万有引力满足不了增大了的向心力，卫星才会做离心运动向更远的轨道运动。但是在 P 点时，由 $F_{引}=\frac{GMm}{r^2}$ 可知，万有引力的大小在短时间内不会有明显变化，所以变轨不是通过减小万有引力实现的。那只能通过增大所需的向心力来打破“平衡”，而由 $F_{向}=\frac{mv^2}{r}$ 可知，只能通过增大卫星的运行速度 v 来增大所需的向心力了。故在 P 点只能通过卫星加速才能从低轨道向椭圆轨道变轨。

同理，在椭圆轨道与高轨道的切点 Q，也只能通过卫星加速才能从椭圆轨道向高轨道变轨。

反之，要想从高轨道向低轨道变轨，就在 Q 点和 P 点连续两次减速即可。

利用圆周运动中的“供需”关系解决上述问题时，确实可以更加形象地帮助学生理解和分析。但由于笔者水平有限，错漏之处在所难免，欢迎各位同行批评指正，谢谢！

参考文献：

王朝银．创新设计·物理·必修2［M］．昆明：云南人民出版社，2017.

作者简介：高明，中学物理高级教师，中国物理学会会员，物理备课组长。从事物理教学19年，长期从事高考研究，经验丰富，所教学生高考成绩突出。多次被评为市级优秀教师、骨干教师、优秀班主任等。

浅析高中物理试题基本解题思路

四川省绵阳南山中学　杜富权

初中物理知识是比较浅显的，而高中物理知识则要更加深邃一点，内容比较复杂，学生理解起来更为困难。学生要想跟上高中物理教师上课进程，必须掌握更多和更复杂的知识。但是实际上很多学生不能够掌握这么多的物理知识。对此，教师就需要从另一角度去帮助学生提高他们的解题能力，通过这种方式去提高他们的物理成绩。

1　高中物理解题训练中的注意事项

和其他课程的题目进行比较，高中物理课程的题目有着极大的差异性，这就要求学生在解决物理问题时要有灵活的头脑，思维转换快，会举一反三。教师在进行教学时，应当教会学生不同类型题目的解题思路，以此帮助学生应对不同类型的物理问题。除此之外，教师在教导学生解题过程中，还要注重培养他们的抽象立体思维能力。这个能力有助于学生学会独立自主解决题目。在学生解决完题目以后，教师要教会他们如何对解题思路进行归纳和总结。归纳总结在一开始并不会展现出效果，但是长此以往，学生会受到潜移默化的影响，在解题过程中形成正确的思维，能够快速找准题目核心，进而快速解决问题；同时还可帮助学生积累解题经验。除了上述教学方式外，教师还可以利用分层教学法进行教学，不同学生学习能力不一样，教师教学时应当根据不同层次学生的水平去进行教学，以此提高不同层次水平学生的成绩，激发学生的学习兴趣。

2 高中物理教学中主要的解题策略和训练方法

2.1 等效替代法

物理课程和其他课程相比要更加抽象和复杂，很多教师在教学时会利用题海战术让学生通过不断解练习题目去提高他们的物理成绩。而这些题目类型多种多样且复杂度都很高，如果教师在教学时只是利用这种单一的题海战术或是简单的解题方法进行，学生是很难顺利完成解题过程的。对此，教师可以采取等效替代法进行。等效替代法主要指的是学生在解决比较复杂的物理题目时，可以尝试着利用比较简单的方法进行。也就是利用简单取代复杂，进行有效替换，最后达到解决问题的目的。该方法被很多教师运用在物理教学中，并取得了不错的效果。例如，教师在讲解力学知识时，很多学生在解决相关题目时不知道该从何下笔。对此，教师就可以采取等效替代法进行，学生在解决力学难点问题时可以尝试着将两个力分别产生的作用力用来替代两者的合力，将难点问题简单化，帮助学生更快、更好地解决问题。

2.2 转化法

高中物理教师在教学时除了使用等效替代法外还会使用转化法，但是很多时候教师的适用方式发生了错误，盲目使用这两种方法。等效替代法和转化法实际上是两种不同的方法。等效替代法更多的是将负责题目简单化，而转化法则是将比较抽象的问题转化为比较容易理解的问题。教师在进行教学时应当要意识到这两种方法的不同，帮助学生掌握这两种方法，正确使用这两种方法。比如我们在研究电学实验电路结构时经常用等效替代法，而在力学中判断静摩擦力方向时则使用转化法，先假设接触面光滑判断出滑动摩擦力方向进而判断静摩擦力方向。

2.3 图像法

在高中物理教学中，教师最常使用的方法实际上是图像法。这种方法实用性更强，因此被很多教师使用。图像法通常情况下都是用于研究两个变量之间的相互关系。在解决高中物理题目时，学生只是利用眼睛去看变量之间的关系是比较困难的，很难顺利完成解题过程。相反，使用图像法，通过图像将两个变量之间的关系显示出来，然后解题要更加直观和轻松，学生完成得更加容易。图像法解题时必须要注意 x，y 轴的含义、图像的斜率、图像与坐标轴围成的面积。有的题型还需要根据图像写出函数进行求解。

【例】甲、乙、丙三人沿直线同时从 A 地运动到 B 地，甲以 v 的速度匀速直线运动，乙的初、末速度为 v，先匀加速后匀减速直线运动，丙的初、末速度为，v 先匀减速后匀加速直线运动。求这三人谁先到达 B 地。

解析：此题用图像法求解既简单又快捷，作出 $v-t$ 图像，

利用面积相等画出甲、乙、丙三人的运动图像，

根据图像可得出 $t_{乙}<t_{甲}<t_{丙}$，乙先到达。

2.4 临界值法

临界值法在高中物理解题中占据着十分重要的地位，如果学生能够掌握这个解题方法，将会大大提高他们的解题能力。之所以说临界值法在物理解题中起到重要的作用，是因为高中物理知识很多内容都和物体运动变化相关。临界值主要指的是物体从运动状态转化为静止状态这一瞬间，而这也是临界值法的比较关键之处。学生们在划分物体是处于运动状态还是静止状态时可以通过观察临界值进行。同时通过临界值应用还可以解决其他比较复杂和陌生的物理题目。但是由于临界值具有隐蔽性特点，因此学生需要仔细观察，了解到其中规律之后再进行解答。

2.5 假设法

对于物理学习过程中那些难度比较高的问题，可以通过假设法进行解决。在解决难度比较高的物理题目时，学生可以利用假设法，采取更加简单的解题方式去解决物理题目。例如，在对物体受力进行分析和判断时，教师就可以教导学生如何使用假设法解决问题，这样既可以提高学生解决问题的能力，又可以拓展他们解题思路，让他们能够更加轻松找到解决问题的方法。

3 小结

高中物理教师在进行教学时除了要教导学生物理理论知识外，还要教导他们如何解决物理题目解题策略，提高他们的解题能力。这样当学生在日后遇到不同类型的物理题目时，都可以快速找到相对应的解决方法，进而提高物理成绩。

参考文献：

[1] 夷延武．浅析高中物理解题策略的方法训练［J］．时代教育，2014（16）：146.

[2] 杨阳．浅谈高中物理的一些基础解题技巧［J］．中学生数理化（教与学），2019（1）：95.

作者简介：杜富权，中学一级教师，绵阳市优秀教师，绵阳市优秀班主任，多次荣获高考物理学科特等奖，多篇论文在国家级、省级刊物上发表。

数学方法在高考物理中的重要作用

四川省绵阳南山中学　孔庆尹

1　高考改革背景

高中教育的指挥棒一定是高考，而高考的指挥棒一定是国家的发展需求。国家的发展最后要靠什么？肯定是靠科技。科技的发展靠什么？当然是靠人的才智。高考表面上为国家选拔了大批人才，实质上更是为国家发展提供和积累了重要的智力支撑。

我国目前与基础学科相关的“卡脖子”的有35个关键技术：

（1）光刻机；

（2）芯片；

（3）操作系统；

（4）触觉传感器；

（5）真空蒸镀机；

（6）手机射频器件；

（7）航空发动机短舱；

（8）iCLIP 技术；

（9）重型燃气轮机；

（10）激光雷达；

（11）适航标准；

（12）高端电容电阻；

（13）核心工业软件；

（14）ITO 靶材；

（15）核心算法；

（16）航空钢材；

（17）铣刀；

（18）高端轴承钢；

（19）高压柱塞泵；

（20）航空设计软件；

（21）光刻胶；

（22）高压共轨系统；

（23）透射式电镜；

（24）掘进机主轴承；

（25）微球；

（26）水下连接器；

（27）高端焊接电源；

（28）锂电池隔膜；

（29）燃料电池关键材料；

（30）医学影像设备元器件；

（31）数据库管理系统；

（32）环氧树脂；

（33）超精密抛光工艺；

（34）高强度不锈钢；

（35）扫描电镜。

这35个关键技术，总结起来一方面是硬件领域的芯片，另一方面是软件领域，还有高端的科学仪器制造和创新能力。这些领域的“硬伤”，其实都能在数学、物理、计算机这些基础学科中找到答案。多年来，高校的人才培养服务于社会需求，来之即战的实用型人才更经济实惠，更好就业，所以工科成了各高校的热门，以至于社会整体的学科结构处于“工强理弱”状态。我们都知道理科是工科的基础，没有理论的研究就没有应用学科的发展，因此我们在一些投入大、没效益、见效慢的基础学科研究方面落了下来。

2　2021年全国高考甲卷情况

为适应时代发展需要和为国选材，在近几年的高考中物理学科中涉及的数学方法的应用越来越普遍，难度不会低。以2021年全国高考甲卷为例，不少考生都感觉到物理难度有所增加，一部分原因就体现在数学方法的大量应用上。按照目前趋势，今后高考物理学科的难度以及数学方法和数学思想的应用不会低于2021年。

【例1】(2021年全国高考甲卷理科综合第14题)

如图，将光滑长平板的下端置于铁架台水平底座上的挡板P处，上部架在横杆上。横杆的位置可在竖直杆上调节，使得平板与底座之间的夹角θ可变。将小物块由平板与竖直杆交点Q处静止释放，物块沿平板从Q点滑至P点所用的时间t与夹角θ的大小有关。若由30°逐渐增大至60°，物块的下滑时间t将(　　)

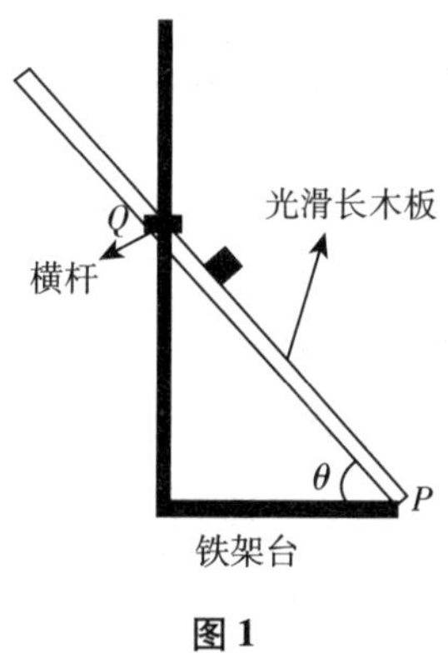

图1

A. 逐渐增大　　B. 逐渐减小

C. 先增大后减小　　D. 先减小后增大

解题分析：

物理思想：利用牛顿第二定律和匀变速直线运动规律得到时间表达式：

$$t = \sqrt{\frac{2L}{g\sin\theta\cos\theta}}。$$

数学方法：利用三角函数倍角公式化简得到$t = 2\sqrt{\frac{L}{g\sin2\theta}}$，再进行讨论。显然在$\theta=45°$时，$t$最小，所以平板与水平面的夹角由30°逐渐增大至60°，物块的下滑时间t将先减小后增大，选项D正确。本题考查运动和力的物理观念、利用数学知识解决物理问题。

【例 2】(2021 年全国高考甲卷理科综合第 25 题)

如图，长度均为 L 的两块挡板竖直相对放置，间距也为 L，两挡板上边缘 P 和 M 处于同一水平线上，在该水平线的上方区域有方向竖直向下的匀强电场，电场强度大小为 E；两挡板间有垂直纸面向外、磁感应强度大小可调节的匀强磁场。一质量为 m，电荷量为 q（$q>0$）的粒子自电场中某处以大小为 v_0 的速度水平向右发射，恰好从 P 点处射入磁场，从两挡板下边缘 Q 和 N 之间射出磁场，运动过程中粒子未与挡板碰撞。已知粒子射入磁场时的速度方向与 PQ 的夹角为 60°，不计重力。

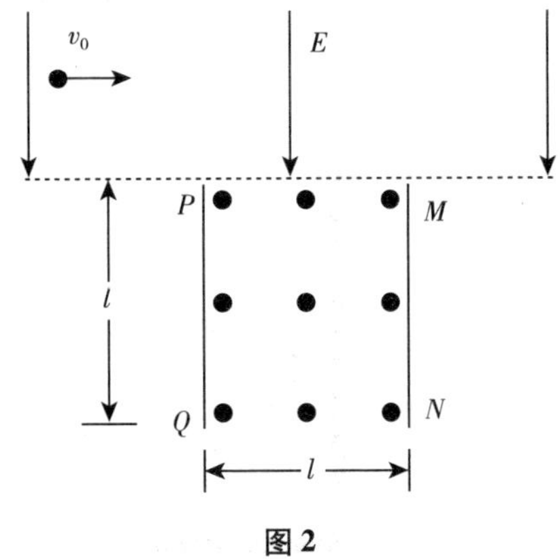

图 2

(1) 求粒子发射位置到 P 点的距离；

(2) 求磁感应强度大小的取值范围；

(3) 若粒子正好从 QN 的中点射出磁场，求粒子在磁场中的轨迹与挡板 MN 的最近距离。

解题分析：

物理思想：带电粒子在磁场中运动时的临界问题。

数学方法：平面几何关系的论证。

该题的区分度主要体现在第 (3) 问的求解上，由于物理思想比较典型，日常教学中经常涉及，故要求学生能够将题干的约束条件用数学公式表达出来，对学生应用数学处理物理问题的能力要求较高。由此看来第 (3) 问更加考验考生的数学水平。

【例 3】(2021 年全国高考甲卷理科综合第 34 题第 2 小题［物理—选修 3－4］)

(2) 均匀介质中质点 A、B 的平衡位置位于 x 轴上，坐标分别为 0 和 $x_B=$

16 cm。某简谐横波沿 x 轴正方向传播，波速为 $v=20$ cm/s，波长大于 20 cm，振幅为 $y_0=1$ cm，且传播时无衰减。$t=0$ 时刻 A、B 偏离平衡位置的位移大小相等，方向相同，运动方向相反，此后每隔 $\Delta t=0.6$ s 两者偏离平衡位置的位移大小相等，方向相同。已知在 t_1 时刻（$t_1>0$），质点 A 位于波峰。求：

（i）从 t_1 时刻开始，质点 B 最少要经过多长时间位于波峰；

（ii）t_1 时刻质点 B 偏离平衡位置的位移。

解题分析：

物理思想：机械波的形成和传播问题。

数学方法：函数思想，类比法。该题的区分度在第（ii）问。题中“每隔 $\Delta t=0.6$ s 两者偏离平衡位置的位移大小相等，方向相同”说明：$\frac{T}{2}=\Delta t=0.6$ s，波长 $\lambda=vT=20\times1.2$ cm $=24$ cm，这时就需要引入数学思想将 A、B 间的距离特点与正弦函数作对比，找到 B 位置的特殊性，通过三角函数求解位移大小。

3　教学中的应对策略

3.1　高中物理学习中常见的可能涉及的数学方法

（1）极值问题：三角函数极值讨论、均值不等式极值讨论、一元二次方程判别式和极值求解；

（2）用平面几何解决边、角间的关系问题；

（3）用求导思想解决图像斜率问题和比值定义法定义的物理量的问题；

（4）用积分思想求解图像面积问题；

（5）用正、余弦定理解决矢量间关系问题或复杂的动态变化问题；

（6）利用等差、等比数列求和解决有规律的重复性运动问题。

用数学方法处理物理问题是高中物理教学的一项重要内容，也是高考能力考查的重要组成部分，同时也体现了数学这门学科的工具性和实用性，加强了学科间的联系，强化了对学生能力的考查。所以在平时的物理课堂教学中既要引起我们的重视，更要让学生引起重视。

3.2　培养学生运用数学方法解决物理问题的能力的着力点

（1）在理解物理基本原理的基础上培养学生运用数学语言（符号、图像）

来表述物理概念、过程和规律的能力。要求学生对有关定律的文字描述和数学表述会互“译”。在高中教学中还要加强对学生识图和用图的指导，以培养他们用图像还原物理情境的能力。

（2）培养学生把物理问题转化为数学形式的能力。通过对物理现象、过程的分析，通过概括抽象，把物理问题转化为数学形式。

（3）培养学生运用数学工具进行论证和推理的能力，物理学中有些公式是表述意义和规律的，而有一些是导出公式，导出公式是运用数学方法得到的，它也表示重要的原理和结论，在物理教学中应加强这方面能力的培养。

参考文献：

张文宇，宋子儒．浅谈数学知识在高中物理教学中的应用［J］，才智．2012，10（11）：12.

作者简介：孔庆尹，大学本科毕业，理学学士。现工作于四川省绵阳南山中学，任中学物理高级教师、南山中学教研组组长，长期从事班主任工作及物理教学工作。在教育教学中有自己独特的观点，教学效果突出，深受好评。获绵阳市“五一”劳动奖章，绵阳市首届“四有”好教师。屡次被评为优秀班主任、优秀教师、绵阳市教育先进工作者。在国家级刊物上发表论文数篇。

物理高考复习备考策略总结与反思

四川省绵阳南山中学 肖艳珠

随着 2021 年 6 月的过去，我们也结束了一年紧张而有序的复习备考。2021 年高考试题已经揭晓，根据一年的备考和对今年物理高考试题研究，本文从备考过程、考题研究、考后反思这三方面着手总结如何更好、更高效地复习备考。

1 高三高考复习策略与安排

1.1 复习前的调研准备工作，分别从高考背景、高考真题、考纲三方面入手研究

1.1.1 研究高考改革背景

《中国高考评价体系》正式出版发行。其中的物理学科上主要体现在着重考查考生的知识能力和科学素养，注重理论联系实际、注重物理与科学技术、社会和经济发展的联系，注意物理知识在日常学习生活、生产劳动实践等方面的广泛应用，大力引导学生从“解题”向“解决问题”转变，以有利于高校选拔新生，有利于培养学生的综合能力和创新思维，有利于激发学生学习科学的兴趣，培养实事求是的态度，形成正确的价值观，促进“知识与技能”“过程与方法”“情感态度与价值观”三维课程培养目标的实现，促进学生德智体美劳全面发展。

1.1.2 解读 2020 年全国卷，找准复习方向

2020 年高考物理试题特点：考题形式精心设计，强调过程分析，注重实验探究，突出考查基础知识，考点覆盖全面，加强综合能力、实践能力考查。

1.1.3 精心研究考纲

普通高考全国统一考试大纲和考试大纲的说明，是高考命题的规范性文件。

考试大纲是高考命题的依据；它直接反映出高考的命题动向，也为我们的复习备考指明了方向。因此教师们不仅要对物理考试大纲中的各级考点了如指掌，如：力学部分考点 25 个（Ⅰ级要求 10 个，Ⅱ级要求 15 个），电学部分 37 个（Ⅰ级要求 23 个，Ⅱ级要求 14 个），实验部分 12 个，选修 3－4 部分 21 个（Ⅰ级要求 15 个，Ⅱ级要求 3 个，实验 3 个）；还要对近三年的高考真题中的考点进行深入细致的研究并寻找规律，抓牢必考考点以提升教学效率。

1.2 正式进入复习备考阶段

1.2.1 复习要有计划性，时间要入格

一轮主题复习（9 月初—2 月底）

踩纲复习，夯实基础。回归课本、强化基础，讲通主干知识，帮助学生构建物理模型，总结解题思路方法，从而提高学生的知识方法的综合运用能力，最终提高自信心，克服学生对物理大题的畏惧心理。

二轮专题复习（3 月初—4 月底）

踩点复习，构建体系，建立微专题，落实教学重点，突破学生难点。注重学生的课堂体验和参与，提升课堂教学效率，培养学生规范答题的习惯，平时多做示范，表扬优秀，把分值高的计算题的分值细化，培养学生将复杂问题细化成物理中的一个个简单的知识点，培养学生多列单个的方程式、少写综合式的做题习惯。同时综合考试要跟进，考卷要二次回收过关，落实错题收集整理和滚动练习，注重试题命制的全面性和有效性，组题时适当加大计算题的计算量。

三轮考前冲刺（5 月初—6 月）

踩题复习，回归教材。回归课本不是拿着课本从头到尾翻翻看看，要有针对性，要有实效，强化基础不是一味多做基础题，只做基础题，而是练好基本知识点、触类旁通，保障基础题不丢分。往往很多高考试题就教材中的例题、经典习题或拓展内容。如 2017 年全国卷 3 第 23 题就来源于教材 3－1 第二章第八节。

1.2.2 模拟试题的命制要科学、有针对性

要注重试题与答案是否有科学性的错误，有无重要知识点遗漏，有无知识点重复，有无超纲或者超前的知识点，知识与题型是否匹配、是否吻合，高考易、中、难试题的比例。同时随时关注各地区的诊断考试试题，剖析它命题的

方向和题型，不断提升模拟试题的质量和有效性。

1.3 考前对 2021 年高考预估

1.3.1 考查知识点范围的预估

（1）一定不考的：偏、难、怪、冷的知识点。

（2）一定会考的：主干知识，如牛顿运动定律、万有引力定律、机械能守恒定律、动量守恒定律、磁场和电磁感应、光的反射和折射等。

（3）多加关注的：矢量运算，计算能力，开放性实验题，计算题结果讨论，图像，磁场难度降低，电场中的多过程运动，多练习与体育运动中的起跳、冰球的运动、冰壶的运动、舰载飞机的起飞等理论联系实际的题型。

1.3.2 强调考生多注意解题规范化

（1）语言表达要规范。

（2）作图的规范化，需用尺子和圆规作图。

（3）方程式和主要步骤书写的规范化。

（4）解题结果的规范化。

（5）解题过程中运用数学的方式要规范。

（6）各种字母符号使用要规范。

2 2021 年高考试卷分析

2021 年高考物理试题进一步加强考查有利于学生终身发展的关键能力，特别是信息获取与整理能力、批判性思维能力、复杂数据计算能力、学术语言表达能力等，重点考查学生运用所学知识分析问题和解决问题的能力。

2.1 试题形式创新，加强情境设计，注重联系社会生活实际，考查考生对基本概念及公式的理解，指导考生回归教材，注重基础

第 14 题考查运动学基本公式，但应用了铁架台、木板搭建的斜面，让人联想到装卸货物是用木板和货车搭建的斜面。

第 15 题考查圆周运动基本公式，但应用了旋转纽扣游戏情景导入，使试题更生活化。

第 17 题打破了直接给衰变方程求 β 衰变的次数的常规考法，而是给考生衰变前后元素的中子、质子数的变化曲线，这种出题形式让人耳目一新，题目不难，但考查了考生的识图能力和对衰变机制的理解。

第 18 题就近期我国热点事件“天问一号”火星探测器进入环绕火星椭圆停泊轨道为情景考查开普勒第三定律等卫星问题，鼓励学生拓宽视野，关注科学前沿科技，增强民族自信心和自豪感。

第 22 题更是利用手机、瓷砖、铜块等生活中常见的物品完成了加速度、动摩擦因数的测量，加强了对考生理论联系实际能力的考查。

2.2 数据运算量大，加强数学方法在物理模型的应用

第 14、34 题运用了三角函数关系及极值法，第 18 题运用了估算法，第 22 题用了逐差法，第 24、25 题运用了平均值、不等式、三角函数，考查了考生将题干的约束条件用数学公式表达的能力。对考生应用数学处理物理问题提出了较高要求。

2.3 题意描述角度、方法、创造情境新颖，加强考生的分析、推理、迁移能力和物理模型的建构能力

第 24 题设计无动力小车通过减速带的情景，让小车通过第 30 个减速带后，在相邻减速带间的平均速度相同，暗示小车运动可近似为速度不变的运动，即小车与减速带碰撞损失的能量仅为减少的重力势能，也就是第一小问中的机械能损失。第 34 题第二小题要求考生理解“此后每隔 0.6 s 两者平衡位置的位移大小相等、方向相同”的含义，能够分析出 A、B 的振动关系，从而列出振动方程求解。

总之，这套高考题对学生的基本知识、构建物理模型、综合应用理解能力都提出了较高的要求。

3 备考复习和高考考题及考试效果对比总结以及 2022 年备考建议

3.1 备考复习效果总结

通过对 2021 年全国甲卷的分析可知，我们一年的备考贴近高考要求，基本做到了知识点全方位无死角覆盖，平常练习的题型都在高考中有所体现，并且训练的题量合适，一周至少有一套物理试题的训练，使学生解题的速度和准确率都比刚上高三时要提高很多。但对 2021 年高考物理考生反映偏难，不易得分，我认为有三点原因。

3.1.1 考生对题意的理解能力差

备考都是以三卷为模本，而在2020年以前的高考试题相对简单，题型也相对固定，题意表达简洁清楚，所以平时备考所出考题题意表达都比较传统，基本上都是用的物理模型中的专业术语，如在平抛运动中、在自由落体中、在圆周运动中、在光滑斜面上等等，考生可快速找出题中的物理模型并解答。而2021年考题在题意的表达上更注重生活化、实际化，有意避免了专业术语的出现，它希望考生从描述中自己先提炼出对应的物理模型，再根据条件求解，这种考法在考生能读懂题意的情况下解题并不难，但大部分考生并不能很好地理解题意，不知题目想要干什么，更不能建立起对应的物理模型，所以容易失分。这种考法与《中国高考评价体系》中提出的要求是一致的，主要是防止考生备考运用“题海战术”“刷题战术”，它更注重考生对基本知识的理解和理论联系实际的灵活运用。因此备考后考生的知识体系、模型储备都没问题，问题出现在考生的阅读理解能力，即信息获取与整理能力上。

3.1.2 试题运算量大，时间短

备考练习题略显简单，运算量不够大，大题不够新颖，变化不多使考生的运算能力不足。而2021年高考试题阅读量和运算量都大的情况下，大多数考生因试题未做完而失分。

3.1.3 考生的心态不稳定

理科综合考试由于时间紧、题量大，本来就是大部分考生最紧张的考试，当物理题目新颖，读题读不懂的时候，考生的焦虑和不安就会被放大，使考生无法正常地思考和解答问题，从而失分。

3.2 对2022年高考备考的建议

通过上述分析，我认为上述备考的方案是非常合理的，实施是有效的，但应加强题型的创新与变化、加强试题与实际的生活、生产相结合，加强考生应用数学知识解决物理问题的能力，加强考生阅读理解能力的培养，不断增加运用理论联系实际的探究式题目的练习，用于增强考生的物理建模能力和知识灵活运用能力，为我国建设成社会主义强国培养出高质优秀的人才。

参考文献：

［1］教育部考试中心．中国高考评价体系［M］．北京：人民教育出版社，2019.

［2］教育部考试中心．中国高考评价体系说明［M］．北京：人民教育出版社，2019.

作者简介：肖艳珠，中学一级教师，中共党员。在从事高中物理教育的15年中，不断钻研教育教学，不断提升自己的教学水平，曾荣获绵阳市高考物理学科优秀教师、绵阳市A1组学校物理学科特等奖、绵阳市物理学科课堂展示活动一等奖、绵阳南山中学高考“优秀骨干教师”等。论文《高三物理复习教学方法思考》发表于《中国教育探索学刊》并获一等奖。

教学对端高效、科学备考——“高考物理”

四川省绵阳南山中学　颜佳清

1　第一阶段：一轮复习主攻提升基础

基础再现—规范强化—拓展延伸，以教材内容为主线按知识的难易和抽象性进行基础搭建，这一阶段是高三用时最长的。让学生掌握解决高中物理的三把钥匙：牛顿运动定律、功能关系、动量。下面仅例举笔者教学的部分内容。

必修1：力与直线运动，掌握牛顿运动定律。此部分内容能与生活实际相联系，学生要学会将物理知识反映为具体物理情景：对研究对象进行受力分析，从而指导做出过程分析。这种能力的训练也是学习整个高中物理的基本条件。

必修2：曲线运动和功能关系。该部分内容让学生根据运动掌握功能关系解题的特点：既能解直线也能解曲线，涉及多过程既可分段也可整体。

选修3-1：电、磁场，这部分内容是纯抽象性的，学生初期掌握很困难，所以第一轮复习要给学生留够接受的时间，当学生具有场的意识之后应用是容易上手的。

选修3-2：电路和电磁感应。理解电路的相关规律，应用规律来设计相关电学实验为该部分重点同时也是高考的一个难点。电磁感应是将电路、力、运动结合的一个板块，综合性极高，是对前面内容掌握情况的一个检验。

选修3-4：机械振动机械波、电磁波，几何光学和物理光学。按选考板块这部分的分数是比较高的，同时也是比较容易上手的。

选修3-5：碰撞动量及核物理记忆性较强。动量作为第三种解题方法，在处理问题时也如牛顿运动定律和功能关系一样需要反复训练。

合理制订课堂教学计划：课前、课后任务安排，力争将教学做到科学合理、复习高效。基础构建应至少做到以下几点：

（1）以一本教材为单位让学生在复习前完整地看一遍，这也能对后期物理框架建立有个铺垫。学生根据高一高二已学情况，结合自己的理解，有意识地去看教材需弄清楚：哪些内容自己能懂、哪些内容自己不懂。从而指导在课堂上听课能有的放矢，理解并掌握课堂的教学重难点。

（2）课堂教学课时划分：第一课时基础再现，第二（或三）课时解题套路规范化，第三课时知识点拓展延伸。

第一课时基础再现要有区分度的再现：了解记忆型不应占过多时间，但是记忆的准确性可以在课堂上快速用练习题反映出来，题型以选择题为主。理解应用型就应讲透，借助一些教学方法，比如：类比法、演示实验法、归纳总结法等。让学生掌握知识点的形成原理、影响因素、适用条件，同时检验学生是否理解了正确的方式，同样应该跟几道练习。让学生通过练习结果对正确的理解进行刺激强化，重新订正错误的理解，这种通过自己二次加工出来的结果比教师直接告知的印象要深刻，才能真正转化为学生自己的。课堂练习以大多数学生的练习时间为界，激励学生对练习题的专注度与正确性，可以提高学生的解题速度。同时教师可以根据一个班课堂练习情况对课后作业量布置安排有个时间了解。第一课时后作业的布置也应以基础训练为主。

第二课时解题套路规范化：无论是解选择题还是计算题，规范的解题思路和技巧都是正确应用物理规律最高效的检验形式。在课堂上教师就应正确地示范：审题的已知信息和突破口、根据条件对题进行受力分析和过程分析、选定研究对象和解题过程、规范书写答题格式。学生对知识的掌握情况最后一定是以卷面分数加以反映，好的答题习惯不仅可以提高计算题的分数，也可以保证解选择题的正确性。学生的计算题书写往往是差距很大的，教师在平时课堂教学中就要强调每一个物理表达式如何规范书写。如答题时交代每一个必要方程和公式是针对哪一位置受力分析和哪一段运动过程，并附带简要的文字叙述。格式书写要遵循物理规律，尽量和教材呈现一致。可一步到位的就不能写得很烦琐，也不能过于简化，甚至不能左右颠倒。为了刺激学生的抢分意识，教师在板书示范的时候就可以对这道题赋分，让学生明确哪些为抢分点。一道大题即使得不了满分也应该最大限度地写到自己的满意程度，这有助于学生养成在答综合科目时的抢分意识，不至于一到计算题就望而却步。

第三课时将基础知识进行拓展延伸是对基础知识的再加工，同时也是检验学生的举一反三应用能力。本知识点与其他知识点相联系，同时借助生活实际的物理知识进行应用。物理是一门源于生活用于指导科学技术发展的学科，拓宽学生的视野为国家选拔科技人才是高考的最终指向。

然而物理这门学科练习是必不可少的，在各学科都要应付的大前提下，作业量的把控是非常考查老师教学技术的。有物理自习的当天，正课是一定要复习新知识点这样让学生能通过自习达到足够的训练量，教学任务重只有合理划分才能见到很好的效果。没有晚自习的当天正课常评讲习题，课外布置少量的练习同时鼓励学生进行纠错积累。每个周末为一个时间节点安排学生完成本周学习的问题梳理，同时归纳总结，以纠错本、好题本为最终载体。关于题型、错因、正解都得展现：

表 1

题型板块	题干：
	错因：
	正解：

2 第二阶段：二轮专题提升

按高考热点分专题集中训练，不能完全按教辅资料进行，而是挑选重要同时班级掌握情况较弱部分进行。在一轮详细复习的基础上进行精简，主要专题有力与运动、动量和功能关系、电磁场、电路电磁感应、电学实验。将专题套路给学生训练到位，可以快速提升答题速度，对整个理科综合答题都是有收益的。三轮进行套题训练：可以单科按高考题形式训练也应联合化学、生物，尽量做到每周一套理科综合训练。提升解题速度的同时还应有查漏补缺地进行专题总结，做到练大于讲。这一阶段要让学生解题有套路，同时还得构建他的高中物理框架，让其明白框架里面应有哪些考点必考。所以这一阶段对学生的纠错引导有所不同，不能见错就改。按考点将错题集中，一个考点按可能涉及的解题方法逐一梳理，争取在自己的物理框架中尽可能地把认为成立的考点都搞懂。

3 第三阶段：自主提升

临近高考，学生的自主复习将知识进行内化是需要时间进行梳理的。前一半时间让学生对高考物理 21 个必考考点进行逐一梳理，尽量做到无大的知识点遗漏。而学生的资料来源应以平时的纠错本和错题练习为主，做到尽可能把面撒广，尽量无考点遗漏。后一半时间根据梳理结果将不熟练的考点结合错题归纳提升，并加以冲刺训练，必须进行专门突破。可从三个方面进行教学引导：

表 2

第一页	第二页	第三页
要求梳理薄弱和重要考点： （一）选择题 四力 四电 （二）选考题 振动和波 光学 （三）计算题 一力一电 （四）实验题 一力一电	复习资料推荐： （一）纠错本、错题卷为主 （二）六本教材 （三）教辅资料 （四）记背型资料 （五）价值高，已完成好的套题	高考 21 个必考考点排列（让学生针对考点排列进行查漏式复习） 考场易失性失误： ①选考题填涂错误 ②答案：有效数、方向 ③简单题：过程和结果要规范 ④计算题：方程和公式完整才给分

通过一年的积极备考，让学生通过“理解基础—学会套路—举一反三”，真正弄清物理规律，得到思维训练。为大学的选拔人才做到充分训练，也让学生能够在以后的专业中具有物理思维品质，为成功驾驭自己的专业知识提供保障。

参考文献：

［1］王邦平，徐晶．科学高效物理备考［J］．考试：高考理科版，2009（7）：74－75.

［2］周春平．物理高考科学备考高效复习策略探讨［J］．青年时代，2014（4）：121.

作者简介：颜佳清，中学一级教师，从教十多年以来秉承：教学应遵循知识构建体系，遵循学生认知发展规律，循循善诱。获绵阳南山中学巾帼建功标兵、优秀教师、优秀共产党员、十佳青年教师标兵称号。获 2012 级高考绵阳市物理学科一等奖、2015 级高考绵阳市物理学科特等奖。多篇论文在国家级、省级刊物上发表。

例析动能定理和能量守恒定律的应用技巧

四川省绵阳南山中学　帖丽娟

1　学情分析

能量守恒定律，是自然界中最普遍的规律之一，是高中物理力学、电磁学领域的综合解题方法之一，贯穿着整个高中物理，可见其重要性。动能定理也是能量解题观点中非常重要的一种方法。但由于能量本身比较抽象，并且随着力的种类的增加，能的种类的增加，且力做功的功能关系的不一致（例如，有的力做正功，对应能增加，而有的力做正功，对应能减少），学生用能量观点解题时总会犯一些漏力、漏能、混淆正负号的错误，而且不能判断自己的解答式是应用的动能定理还是能量守恒定律。基于以上情况，本文对动能定理和能量守恒定律的应用技巧通过相关例题做简单分析和归纳。

2　动能定理和能量守恒定律

2.1　内容

（1）动能定理：合外力所做的功等于物体动能的变化。

表达式：$W_{合} = \Delta E_k$。

（2）能量守恒定律：能量既不会凭空产生，也不会凭空消失，它只能从一种形式转化为另一种形式，或者从一个物体转移到另一个物体，在转化或转移的过程中其总量保持不变。

表达式：$E_1 = E_2$，$\Delta E_k = -\Delta E_p$，$\Delta E_A = -\Delta E_B$。

2.2　适用范围

两个规律均适用于恒力作用、变力作用、直线运动、曲线运动、单个物体、多个物体组成的系统。

2.3 解题步骤

两个规律的解题步骤也极为相似，具体分析如下：

（1）选对象（单个物体还是系统）；

（2）选过程（明确所选择过程的初末状态、运动性质、受力情况、做功情况、能量转化情况）；

（3）选方法（用动能定理还是用能量守恒定律列表达式）。

3 例题分析

3.1 板块类型

【例 1】如图 1 所示，一质量 $M=4$ kg 的小车静置于光滑水平地面上，其左侧用固定在地面上的销钉挡住。小车上表面由光滑圆弧轨道 BC 和粗糙水平轨道 CD 组成，圆弧轨道 BC 与水平轨道 CD 相切于 C 处，圆弧 BC 所对应的圆心角 $\theta=37°$，半径 $R=2.75$ m，CD 的长度 $L=6$ m。质量 $m=1$ kg 的小物块（可视为质点）从某一高度处的 A 点以大小 $v_0=4$ m/s 的速度水平抛出，恰好沿切线方向从 B 点进入圆弧轨道，物块恰好不滑离小车。$g=10$ m/s^2，$\sin37°=0.6$，$\cos37°=0.8$，忽略空气阻力。求：

（1）A、B 间的水平距离 x；

（2）物块滑到圆弧轨道的 C 点时对圆弧轨道的压力 N；（结果保留两位小数）

（3）物块与水平轨道 CD 间的动摩擦因数 μ。

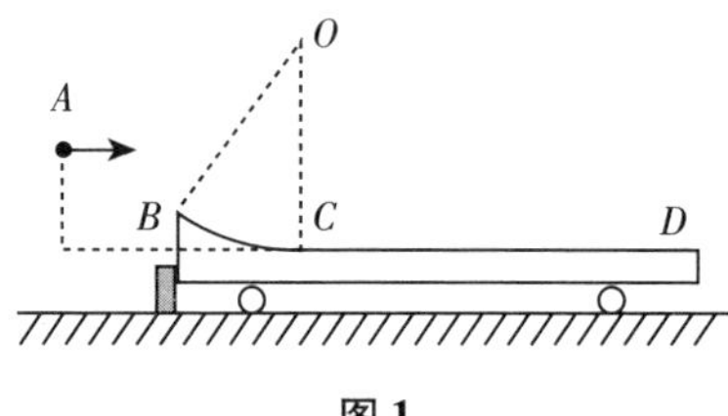

图 1

分析：研究 $B\to C$ 时：由动能定理：$mgR(1-\cos\theta)=\frac{1}{2}mv_C^2-\frac{1}{2}mv_B^2$（重力对小物块做的功等于小物块动能的改变量）。

由能量守恒定律：$mgR(1-\cos\theta)=\frac{1}{2}mv_C^2-\frac{1}{2}mv_B^2$（小物块重力势能的减少量等于动能的增加量）。

在该过程中，我们发现两种方法的表达式可以完全一致，但是 $mgR(1-\cos\theta)$ 在两个表达式中的含义不一样，之所以有相等的关系，这来源于功能关系：重力对小物块做的功等于小物块重力势能的减少量。

研究小物块与小车相对运动的过程时：

由动能定理：$fx_{车}-fx_{块}=\frac{1}{2}(m+M)v_{共}^2-\frac{1}{2}mv_C^2$，

且 $x_{块}-x_{车}=L$（摩擦力对系统做的功等于系统动能的改变量）。

由能量守恒定律：$fL=\frac{1}{2}mv_C^2-\frac{1}{2}(m+M)v_{共}^2$（系统产生的摩擦热等于系统动能的减少量）。

在该过程中，我们发现两种方法的表达式是略有不同的，做功需使用各对象对地的位移，而摩擦热的多少需要通过功能关系寻找：系统克服摩擦力做的功 = 系统产生的摩擦热。

3.2　弹簧类型

【例 2】如图 2 所示，光滑半圆形轨道的半径为 R，水平面粗糙，弹簧自由端 D 与轨道最低点 C 之间的距离为 $4R$，一质量为 m 可视为质点的小物块自圆轨道中点 B 由静止释放，压缩弹簧后被弹回到 D 点恰好静止。已知小物块与水平面间的动摩擦因数为 0.2，重力加速度为 g，弹簧始终处在弹性限度内。

（1）求弹簧的最大压缩量和最大弹性势能；

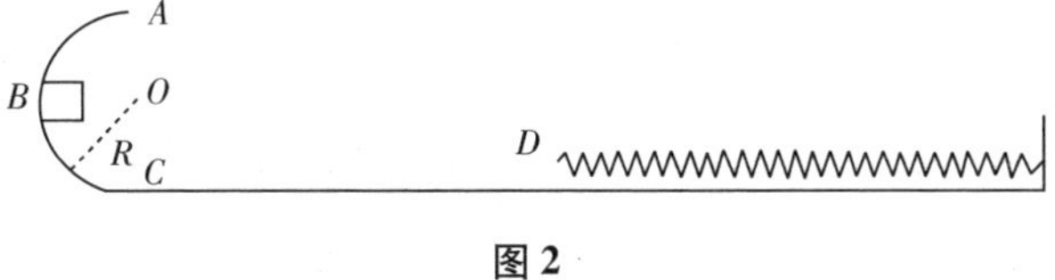

图 2

（2）现把 D 点右侧水平面打磨光滑，且已知弹簧压缩时弹性势能与压缩量的平方成正比。现使小物块压缩弹簧，释放后能通过半圆形轨道最高点 A，求压缩量至少是多少？

分析：对（1）设弹簧的最大压缩量为 x，最大弹性势能为 E_p，对小物块，

从 B 到 D 再压缩弹簧又被弹回到 D。

由动能定理：$mgR - \mu mg(4R + 2x) = 0$（重力和摩擦力做的功等于小物块动能的改变量）。

由能量守恒定律：$mgR = \mu mg(4R + 2x)$（小物块重力势能的减少量等于产生的摩擦热）。

小物块从压缩弹簧最短到返回至 D，

由动能定理：$W_{弹} - \mu mgx = 0$ 且 $W_{弹} = -(0 - E_p)$，

由能量守恒定律：$E_p = \mu mgx$。

由上述分析可见，所选过程没有弹簧弹力做功时，动能定理和能量守恒定律表达式差异不大，但所选过程涉及弹簧弹力做功时，用动能定理解题需要写出弹簧弹力做功和弹性势能改变量间的功能关系：$W_{弹} = -\Delta E_p$，为避免遗漏“－”号，因此建议用能量守恒定律解题。

3.3 连接体类型

【例 3】如图 3A 所示，足够长的光滑平行金属导轨的间距为 $L = 0.2$ m，底端接有一阻值为 $R = 0.8\Omega$ 的定值电阻，导轨平面与水平面间的夹角为 $\theta = 30°$，整个装置处在垂直导轨向上的匀强磁场中，现有一电阻为 $r = 0.2\Omega$、长度为 L 的金属棒通过跨过定滑轮的细线和质量为 M 的物块相连，改变物块的质量并由静止释放，测出金属棒匀速运动时的速度大小，得到 $M - v$ 图像如图 3B 所示，已知定滑轮左侧细线与金属导轨平行，金属棒运动过程中始终与导轨垂直且接触良好，重力加速度 $g = 10\ \mathrm{m/s^2}$，求：

（1）金属棒的质量 m 和磁感应强度 B 的大小；

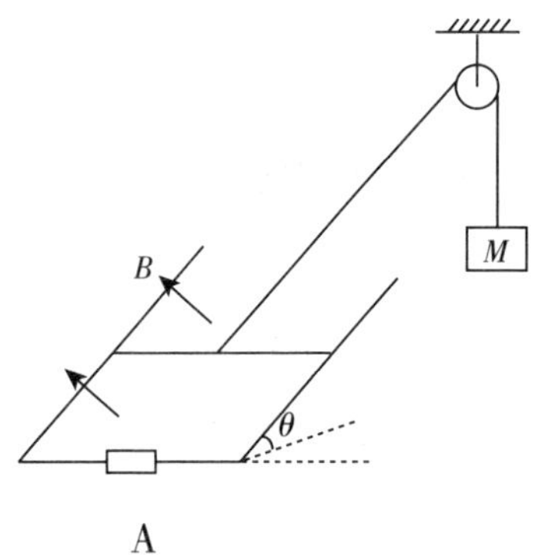

A

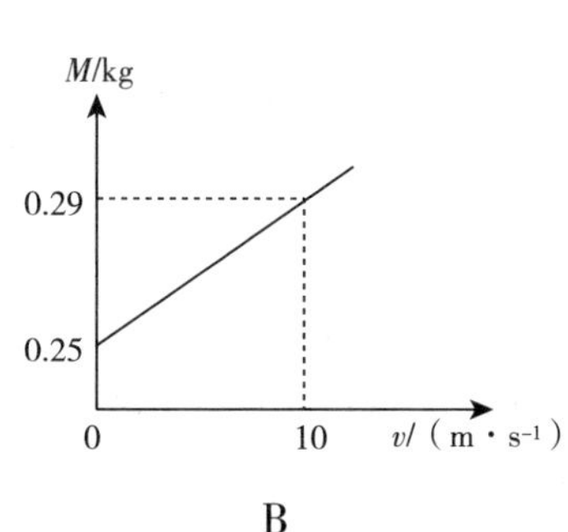

B

图 3

（2）当悬挂的物块质量为 $M_1=0.4\ \mathrm{kg}$ 时，将金属棒由静止开始释放，当金属棒的加速度大小减为 $a=1.4\ \mathrm{m/s^2}$ 时，测得流过定值电阻 R 的电荷量为 $q=2.4\ \mathrm{C}$，求在此过程中定值电阻 R 上产生的焦耳热。

分析：在第（2）问中，首先根据 a 找到此时的 v，根据 q 找到 x。

然后根据动能定理：$Mgx - mg\sin\theta x - W_{克安} = \frac{1}{2}(m+M)v^2$，

（合外力对系统做的功等于系统动能的改变量）

且 $W_{克安} = Q$，$Q_R = \frac{R}{R+r}Q$。

由能量守恒定律：$Mgx = mg\sin\theta x + Q + \frac{1}{2}(M+m)v^2$，

（系统减少的能量等于系统增加的能量）

$$Q_R = \frac{R}{R+r}Q。$$

我们发现两种方法的表达式略有不同，除了需要移项变形外，在动能定理的应用时还需写出 $W_{克安} = Q$ 的功能关系，因此此时更建议用能量守恒定律解题。

如果本题还要求解该过程绳子拉力做的功时，就建议对金属棒或重物列动能定理方程。其一，绳子拉力是变力。其二，没有学生熟悉的关于绳子拉力做功的功能关系。

对金属棒，由动能定理：$W_T - mg\sin\theta x - W_{克安} = \frac{1}{2}mv^2$，

对重物，由动能定理：$Mgx - W_T = \frac{1}{2}Mv^2$。

3.4 受外力类型

【例4】如图4所示，粗糙水平面与半径 $R=1.5\ \mathrm{m}$ 的光滑 $\frac{1}{4}$ 圆弧轨道相切于 B 点，静止于 A 处 $m=1\ \mathrm{kg}$ 的物体在大小为 10 N，方向与水平面成37°角的拉力 F 作用下沿水平面运动，到达 B 点时立刻撤去 F，物体沿光滑圆弧向上冲并越过 C 点，然后返回经过 B 处的速度 $v_B=15\ \mathrm{m/s}$。已知 $s_{AB}=15\ \mathrm{m}$，$g=10\ \mathrm{m/s^2}$，$\sin 37°=0.6$，$\cos 37°=0.8$。求：

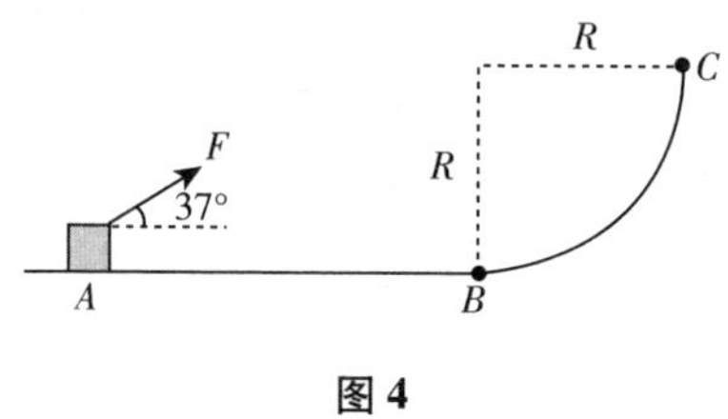

图 4

（1）物体到达 C 点时对轨道的压力；

（2）物体与水平面间的动摩擦因数 μ。

分析：在第（2）问中，研究 $A \to B$ 的过程，

根据动能定理：

$$F\cos 37° s_{AB} - \mu(mg - F\sin 37°) s_{AB} = \frac{1}{2}mv_B^2,$$

（合外力做的功等于物体动能的改变量）

由功能关系得：$F\cos 37° s_{AB} = \frac{1}{2}mv_B^2 + \mu(mg - F\sin 37°) s_{AB}$，

（F 做的功等于物体能量的增加量）

此时我们发现用动能定理比用能量守恒定律更容易理解。

4 应用技巧归纳

根据经验，将动能定理和能量守恒定律的应用技巧归纳如下表：

表 1

	动能定理	功能关系	能量守恒定律
优先选择原则	（1）需要求变力做功时； （2）有外力 F 作用时	$W_G = -\Delta E_p$ $W_{弹} = -\Delta E_p$ $W_{电} = -\Delta E_p$ $W_{合} = \Delta E_k$ $W_{其} = \Delta E_{机}$ $W_{克摩} = Q_{摩}$ $W_{克安} = Q_{焦}$	（1）有两个及以上的物体时（尤其是内力对系统做的总功不为零时）； （2）有功能关系互为相反数时（尤其是求弹性势能和克服安培力做功而产生的焦耳热时）

通过以上例题和更多事实表明：动能定理和能量守恒定律的解题表达式是可以通过功能关系进行替换和变形而达到一致的结果，说明学生应加强对功能关系（即力对物体做功的情况及物体所具有能的转化、转移）的理解，重视分

析过程、方能灵活运用动能定理和能量守恒定律。

参考文献：

［1］代娟娟．力学中三个能量守恒定律的应用［J］．湖南中学物理，2009（10）：56－58.

［2］柏静，李轶．能量守恒定律在解决物理问题方面的应用［J］．中学物理教学参考，2019（12）：79.

［3］王经天，刘湘中．借助板块问题和弹簧问题区别功能关系和能量守恒定律［J］．数学考试，2021（5）：21－24.

作者简介：帖丽娟，西南大学理学学士，教育学硕士，毕业至今一直在南山中学工作。工作期间踏实肯干，勇于创新，多次获南山中学“巾帼建功标兵”“优秀共产党员”称号，获绵阳市“一师一优课”一等奖，绵阳市中小学实验说课比赛二等奖；多次获得南山中学期末质量考核班科集体和备课组突出贡献奖；2017 年获绵阳市教育质量综合评价 A 组学校特等奖。所写论文分别获校级、市级奖励，且在省级刊物上发表。

基于高考评价体系的物理电学实验命题特点的研究

——以 2021 年全国卷及浙、粤、湘、冀自主命题卷为主

四川省绵阳南山中学　王凤娇　贺祟

物理学科是一门自然学科，每年高考都会考电学实验题，也是高中阶段物理教学的重点和难点。2021 年高考理综全国甲、乙卷及浙、粤、湘、冀自主命题试卷中的物理试题都紧紧围绕《中国高考评价体系》，以“一核、四层、四翼”为依托，稳中求进，注重基础知识考查。本文对 2021 年高考理综全国甲、乙卷及浙、粤、湘、冀自主命题卷分析试卷中的物理电学实验题，进行解读，深入分析试题特点，为 2022 年参加高考的学生提供有益电学实验复习建议。

1　高考评价体系对物理命题的指导要求

高考物理试题的命制，要基于“四层”考查内容，即以核心价值观为引领，以学科素养为导向，以试题情境为载体，考查学生的关键能力和必备知识．命题还要体现出“四翼”的考查要求，即“基础性、综合性、应用型、创新性”，各类型的试题分配要合理。

表 1

	内容	解释	回答
“一核”	考查的目的，即“立德树人、服务选才、引导教学”	素质教育中高考核心功能的概括	为什么考
“四层”	考查的内容，即“核心价值、学科素养、关键能力、必备知识”	素质教育目标在高考内容中的提炼	考什么
“四翼”	考查的要求，即“基础性、综合性、应用性、创新性”	素质教育的评价维度在高考中的体现	怎么考

2 2021年高考理综全国甲、乙卷及浙、粤、湘、冀自主命题试卷中电学实验题特点分析

高考评价体系提出高考考查的内容是“四层”：核心价值、学科素养、关键能力和必备知识。将2021年高考理综全国甲、乙卷及浙、粤、湘、冀自主命题试卷中电学实验题所涉及的基础实验、素养立意、素材来源及关键能力梳理如表2所示。

表2

电学实验题				
分类	基础实验	素养立意	素材来源	关键能力
2021年全国甲卷	探究小灯泡的伏安特性	①串并联电路定量计算 ②保护电路安全的意识 ③电表量程的改装 ④利用 $U-I$ 图表定性分析小灯泡阻值变化趋势，定量计算其功率大小	教科版选修3－1第二章直流电路第一节欧姆定律 学生实验：描绘小灯泡的伏安特性曲线	①信息获取与整理能力 ②图形转换能力 ③实验探究能力 ④分析综合能力与运算能力
2021年全国乙卷	测量电源电动势 E 和内阻 r	①闭合电路欧姆定律 ②电压表的误差分析 ③保护电路安全的意识 ④利用数形结合突出学科内的综合	教科版选修3－1第二章直流电路第五节 学生实验：测量电源的电动势和内阻	①应用数学工具解决物理问题的能力 ②信息获取与整理能力 ③分析综合能力与运算能力 ④图形转换能力
浙江卷	测量一电阻 R_x 的阻值	①电流表的读数 ②结合电路图，电压表和电流表的读数判断内外接 ③根据实物图画电路图 ④电阻箱的误差分析	教科版选修3－1第二章直流电路第二节电阻定律 学生实验：探究决定导体电阻的因素	①信息获取与整理能力 ②分析综合能力与运算能力 ③图形转换能力 ④实验探究能力
广东卷	研究热敏电阻阻值随温度的变化趋势	①多用电表的欧姆调零 ②保护电路安全的意识，滑动变阻器的使用 ③结合电路图，电流表内外接的误差分析 ④等效替代法	教科版选修3－1第二章直流电路第二节电阻定律 学生实验：探究决定导体电阻的因素	①信息获取与整理能力 ②实验操作能力 ③分析综合能力与运算能力

续 表

电学实验题				
分类	基础实验	素养立意	素材来源	关键能力
湖南卷	测量电源电动势 E 和内阻 r	①保护电路安全的意识，滑动变阻器的使用 ②闭合电路欧姆定律，利用$\frac{1}{I}-\theta$图表定量计算电池的电动势和内阻 ③根据实物图画电路图 ④利用数形结合突出学科内的综合，等效替代法	教科版选修 3 - 1 第二章直流电路第五节 学生实验：测量电源的电动势和内阻	①信息获取与整理能力 ②应用数学工具解决物理问题的能力 ③图形转换能力 ④分析综合能力与运算能力
河北卷	探究小灯泡的伏安特性	①根据实物图连接电路图 ②误差分析 ③根据图像计算小灯泡的瞬时电阻 ④根据图像定性了解小灯泡的电阻随电压的变化	教科版选 3 - 1 第二章直流电路第一节欧姆定律 学生实验：描绘小灯泡的伏安特性曲线： 伏安特性曲线	①信息获取与整理能力 ②实验探究能力 ③分析综合能力与运算能力

2.1 注重基础实验的考查，凸显物理实验的基础性

2021 年全国甲卷第 23 题和河北卷 11 题是“探究小灯泡的伏安特性”，2021 年全国乙卷第 23 题、湖南卷 12 题是“测量电源电动势 E 和内阻 r”，2021 年浙江卷 6 月 18 题和广东卷 12 题是“测量一电阻 R_x 的阻值、电阻率”。这些实验均来源于教材中经典的基础实验，所考查的知识内容涉及串并联电路的分析及特点、滑动变阻器的保护、欧姆定律及其基本应用、电阻箱的等效替代法、实物图画电路图或者电路图连接实物图、利用数形结合求解电动势和内阻、电表的改装、电功率的计算、误差分析等。按照教材中实验探究的基本思路，从实验器材的选择、实验原理、实验步骤、数据处理、误差分析五个维度进行考查，引导学生正确把握物理实验设计的一般思路。

2.1.1 对学生保护电路的基本安全意识进行了考查

如全国甲卷第 23 题第（2）问、湖南卷第 12 题第（2）问、广东卷第 12 题第（2）①问，闭合开关前，全国甲卷分压式电路（图 1）中滑动变阻器的滑片移动到变阻器的最左端，使变阻器的阻值全部接入到电路中，起到保护电路

的作用；湖南卷、广东卷限流式电路（图2、图3）中滑动变阻器的滑片移动到 b 端，使变阻器的阻值全部接入到电路中，起到保护电路的作用。

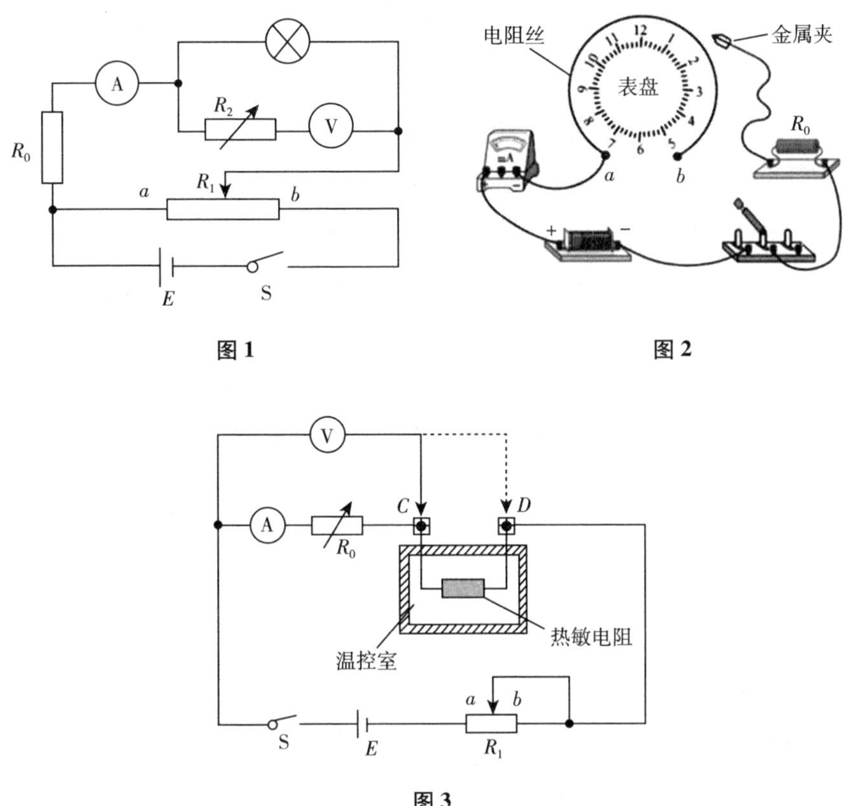

图1　　图2

图3

全国乙卷第23题第（1）问，测量电源电动势和内阻的实验电路图中（图4），根据电压表和定值电阻的相关参数，选择阻值较大的电阻箱来保护电压表，浙江卷试题中根据电流表分压明显，因此采用电流表外接，起到保护电路的作用。

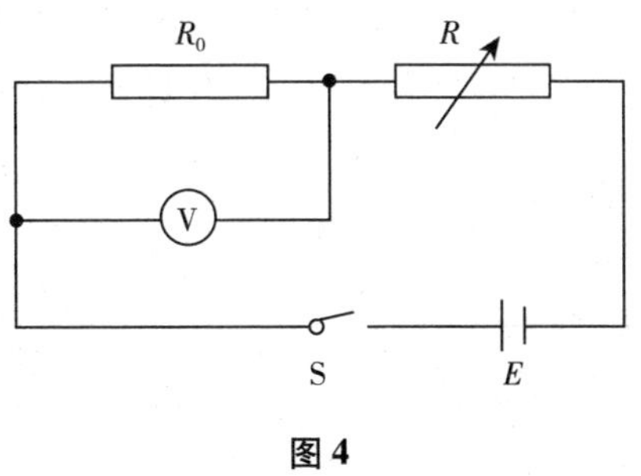

图4

2.1.2　实验原理

（1）欧姆定律半定量分析：2021 年全国甲卷第 23 题第（1）（3）问，河北卷第 11 题第（3）问，广东卷第 12 题第（2）②问。甲卷第（1）问，因为小灯泡额定电压 2.5 V，电动势 6 V，则滑动滑动变阻器时，为了保证电路安全，需要定值电阻分担的电压 $U = 6\ \text{V} - 2.5\ \text{V} = 3.5\ \text{V}$，则有 $R_0 = \frac{3.5\ \text{V}}{0.3\ \text{A}} \approx 11.7\ \Omega$，则需要描绘小灯泡在 0 ~ 300 mA 的伏安特性曲线，即 R_0 应选取阻值为 10 Ω；第（3）问，由图可知当流过电流表的电流为 10 mA 时，电压为 7 mV，则小灯泡的电阻为 $R = \frac{7 \times 10^{-3}}{10 \times 10^{-3}}\ \Omega = 0.7\ \Omega$。河北卷第（3）问根据小灯泡的伏安特性曲线可知在 P 点时的电压和电流分别为 $U = 2\ \text{V}$，$I = 74\ \text{mA}$，根据欧姆定律 $I = \frac{U}{R}$ 可知小灯泡的电阻约为 27 Ω。广东卷第 12 题第（2）②问，因两次电压表和电流表的示数相同，因为 $R_{01} = R_{02} + R_T$，即 $R_T = R_{01} - R_{02}$，可知 R_{01} 大于 R_{02}。

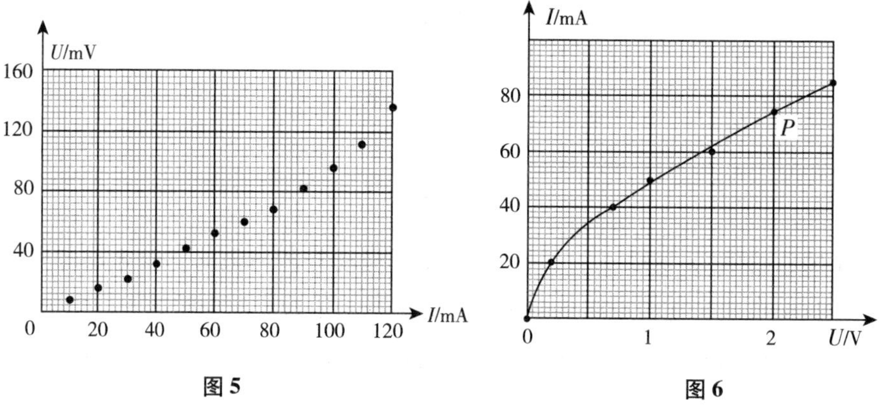

图 5　　　　图 6

（2）闭合电路欧姆定律：2021 年全国乙卷第 23 题第（3）（6）问，湖南卷第 12 题第（4）问。乙卷第 23 题第（3）问由闭合回路的欧姆定律可得 $E = U + \frac{U}{\frac{R_V R_0}{R_V + R_0}}(R + r)$，化简可得 $\frac{1}{U} = \frac{R_0 + R_V}{E R_V R_0} \cdot R + \frac{1}{E} + \frac{R_V + R_0}{E R_V R_0} r$；第（6）问，如果电压表为理想电压表，则可有 $\frac{1}{U} = \frac{1}{E} + \frac{r}{E R_0} + \frac{1}{E R_0} R$，则此时 $E' = \frac{1}{20k}$，

因此误差为 $\eta = \left|\dfrac{\dfrac{1}{20k}-\dfrac{1}{19k}}{\dfrac{1}{19k}}\right| \times 100\% = 5\%$。湖南卷，设圆心角为 θ 时，电阻丝接入电路中的电阻为 θr_0，根据闭合电路欧姆定律 $E = U + Ir$ 可知 $E = I(R_A + R_0 + \theta r_0) + Ir$，整理得 $\dfrac{1}{I} = \dfrac{r_0}{E}\theta + \dfrac{R_A + R_0 + r}{E}$。结合图像的斜率和截距满足，$\dfrac{r_0}{E} = k$，$\dfrac{R_A + R_0 + r}{E} = d$，解得电源电动势和内阻为 $E = \dfrac{r_0}{k}$，$r = \dfrac{r_0 d}{k} - R_0 - R_A$。

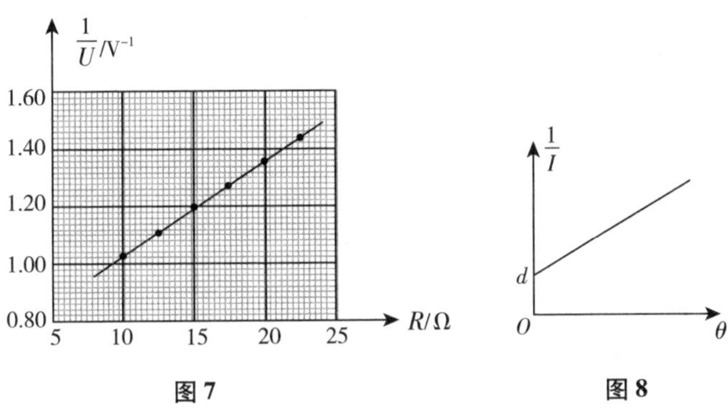

图 7　　图 8

对基础性实验的考查，教师必须注重于课本上的基础实验，有利于引导物理教学认真积极开展基础实验，突出物理实验的基础性地位，培养学生扎实的实验能力。

2.2 注重函数图像的应用，凸显学科知识的综合性、数形结合思想

高考试题在考查基础知识的同时注重综合性能力。2021 年全国甲、乙卷、河北卷、湖南卷试题均以函数图像的形式，强化应用数学工具解决物理问题的关键能力，将数学知识和物理问题的解决结合起来，凸显学科知识的综合性，彰显数形结合思想。如甲卷第 23 题第（3）（5）问，利用 $U-I$ 图像（图 9）求解小灯泡的电阻值和灯丝电阻的变化趋势；河北卷第 11 题第（3）问，利用 $I-U$ 图像求小灯泡的电阻。乙卷第 23 题第（3）（5）问，利用 $\dfrac{1}{U}-R$ 图像（图 10）写出函数表达式，湖南卷第 12 题第（4）问利用 $\dfrac{1}{I}-\theta$ 图像（图 12）写出函数表达式，根据表达式的斜率和截距求出电源电动势和内阻。

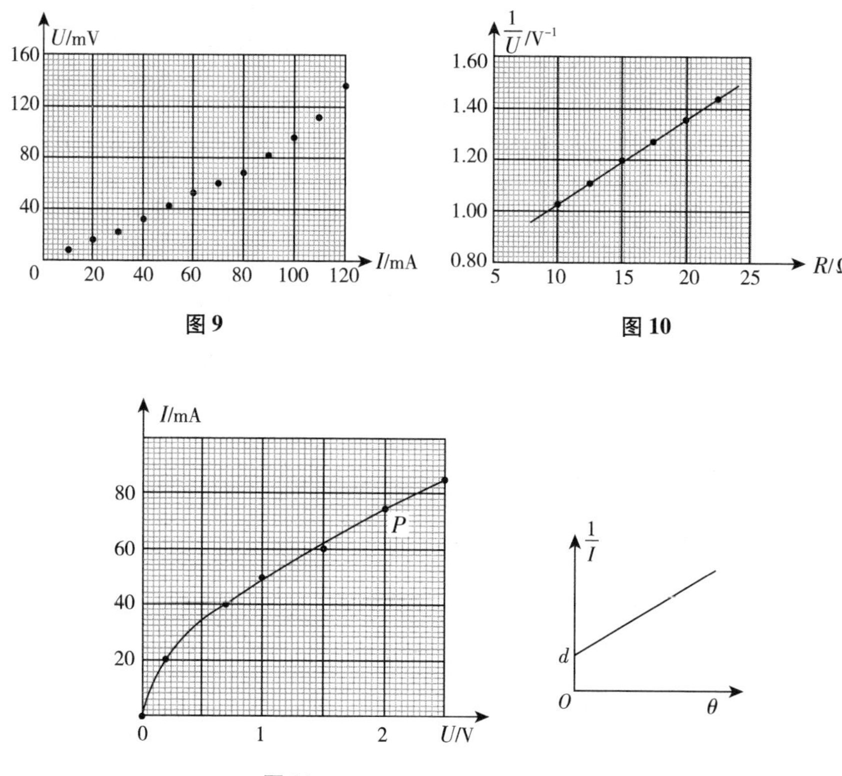

图 9　　图 10

图 11　　图 12

应用数学工具解决物理问题，2021 年全国甲、乙卷、河北卷、湖南卷考查的维度各有不同。通过比较可知，两者间的共同点是都需要对图像信息进行处理与转换；不同点是甲卷和河北卷侧重从 $U-I$ 图中读出相应的电压值和电流值，进行图像的简单定量计算，考查的难度系数较小，如功率和电阻的计算。乙卷和湖南卷侧重利用闭合电路欧姆定律写出函数关系式，将其变换成所需要的函数形式，根据横坐标，纵坐标变换函数关系，再根据函数图像的斜率和截距，定量求出电动势 E 和内阻 r 的值，所要求的数学运算能力较强，考查的难度系数较大，特别是乙卷计算量是相当的大。

解答此题的关键，在于对函数图像信息的处理、基本物理原理和学科知识间的转换，并利用数学工具解决物理问题。因此，将函数图像的表征转换为物理问题的求解是提升学科关键能力及考查核心素养的重要手段。

2.3　注重数据结果分析，凸显探究能力的应用性，提高创新能力

实验数据分析与处理的能力是探究能力突出的表现，只有准确分析数据，

才能将创新能力再上一个层次。全国甲、乙卷中的电学实验题注重考查考生数据分析与结果处理的探究能力，湖南卷更注重靠学生的创新能力，探究能力贯穿于整个实验的数据分析中，创新能力则在探究能力之上，难度系数更大。总体来说必须将数据结果分析弄清楚，才能将这些能力应用于不同的问题情境。

如甲卷第23题第（3）问至第（6）问，要求考生利用实验测得的 $U-I$ 数据对小灯泡的相关电学量进行定性分析和定量计算。第（3）问当电阻箱阻值调为零时，电压表、电流表的数据结果呈现在 $U-I$ 图中，通过读取图像中电流表示数为10 mA时所对应的电压值，即可求出小灯泡的电阻。第（4）问，改装电压表量程，改装前量程为0.3 V，内阻300 Ω（这里就需要提醒学生，当电压表、电流表内阻已知时都可能会出现改装电表），将其与电阻箱 R_2 串联，改装后量程为3 V，计算出 R_2 的大小，为第（6）问的数据分析做铺垫。第（5）问根据电表改装后的 $U-I$ 数据表，根据欧姆定律定性分析小灯泡的阻值变化趋势。第（6）问利用改装后得到的数据分析得出电表量程扩大为原来的10倍，定量计算出此时小灯泡的电功率。

乙卷第23题第（5）和第（6）问，利用数学表达式求解物理问题。第（5）问必须利用第（3）问的函数表达式，结合第（4）问实验数据所描绘的函数图像，利用图像的斜率和截距求出电动势 E 和内阻 r；第（6）问是教学中最简单的物理公式，在“是否忽略理想电表内阻”的情况下，列出函数关系，分别求出两种不同情况下电动势 E 和 E' 的值，进而求出并所产生的实验误差值。

湖南卷第12题第（4）问和第（5）问，利用数学表达式求解物理问题以及根据原理自己设计电路，体现学生的创新能力。第（4）问根据闭合电路欧姆定律列出函数表达式，结合第（3）问通过实验数据，得出 $\frac{1}{I}-\theta$ 图像，将表达式变形，利用图像的斜率和截距求出电动势 E 和内阻 r。第（5）问利用提供的实验器材，自己设计实验电路，学生需要很扎实的基本知识，还需要有一定的探究能力，能够举一反三，电路图在之前的做题中学生一定是见过的，但是那个时候是教师给图，然后提问，由学生答。现在是教师提问，学生设计，需要学生有很强的综合能力和创新能力。

3 教学启示

3.1 实验复习的出发点——回归教材中的实验

高考实验试题的命制以教材中的实验为基础，源于教材，但不拘泥于教材，高于教材，具有灵活性，这就需要学生具有“以不变应万变”“举一反三”的思想意识和能力。如“探究小灯泡的伏安特性”“测量一电阻 R_x 的阻值”“测量电源电动势 E 和内阻 r”，这几个实验均来源于教材中经典的基础实验。

表 3

其中课程标准列出的电学实验	观察电容器的充、放电现象
	测量金属丝的电阻率
	用多用电表测量电学中的物理量
	探究影响感应电流方向的因素
	探究变压器原、副线圈电压与匝数的关系
	测量电源的电动势和内阻
	利用传感器制作简单的自动控制装置

在实际的高中物理实验复习教学中，教师要以教材实验为核心，深入挖掘课程标准和教材的实验资源，提升实验的教学功能，多让学生做实验，引导学生真做实验、做真实验，并学会正确评价教材中的实验，正确对待实验结果，认真分析。学生可以在原有教材实验的基础上进行深入思考，多带学生去实验室，带着学生探讨实验，让他们思考能否对教材实验进行改进、是否有其他方法完成该实验等，从而培养学生的科学思维能力和实验创新意识。让学生成为课堂的主体，追本溯源、回归教材，是实验复习的出发点。

3.2 实验复习的落脚点——落实实验原理

实验原理是实验设计的基本思路和依据。高考所呈现的实验试题并不一定是教材中的实验原题，实验器材、实验图均可发生变化，但实验目的是不变的，实验目的不变，实验原理基本不变，只是在原有实验的基础上进行改造、改进和创新。学生在面对同一实验目的的不同情境时会产生困难，主要原因是学生对实验原理理解不透彻，知识迁移能力、求异思维和发散思维能力有所欠缺。因此，在解决新的实验问题情境时，需要学生清楚实验目的，回忆相对应的实验原理，除了掌握实验原理，还需要对基本实验原理进行知识迁移、变形，只有不断地迁移、应用，才可以有效促进问题的解决。

物理实验试题情境有很多，教师最主要的是引导学生回归教材书上最基本的实验原理，这才是实验复习的落脚点。要求教师在复习时一定要回归教材，抓住其核心——实验原理，拓展实验问题，引导学生深入理解实验原理并设计实验方案。一定要非常熟悉实验的一般解题思路，才可做到举一反三。

3.3 实验复习的长分点——分析实验数据

实验数据是依据实验现象收集的真实数据，数据处理体现了物理学科的学科素养，试题的难易程度也体现在数据分析上。高考评价体系中是以情境为载体，而实验数据是符合真实情境的最佳体现，着重考查学生的实验探究能力。课程标准对收集与获得数据、分析与处理数据提出了不同水平的要求。高考评价体系提出要强化学生利用数学工具解决物理问题的关键能力，要求数理不分家。教师要引导学生回归实验数据，学会分析与处理实验数据，深入挖掘实验数据所隐藏的信息与结论，还要引导学生正确处理数据中的有效数字和实验误差，提高学生的综合分析能力、逻辑推理能力及实验素养。回归实验数据，才是实验复习的生长点。

总而言之，在高三实验复习课的教学中，教师要注重回归教材实验，以教材实验为基础，拓展学生的实验思维能力、探究能力；回到实验原理的出发点，让学生熟悉实验原理，能够进行迁移、变形；教会学生处理实验数据，使学生通过实验数据提出自己的猜想，利用实验原理设计实验方法，进行实验操作，解决实验问题。从而有效培养学生科学探究的能力、创新实验能力。

参考文献：

[1] 左祥胜．基于高考评价体系下的物理试题特点及对教学启示——以2020年全国卷、北京卷、山东卷试题为例［J］．物理教师，2021，42（5）：67－71，74.

[2] 蒋炜波，赵坚．基于高考评价体系的物理学科命题体现与教学启示——以2021年八省联考物理试题为例［J］．中学物理（高中版），2021，39（5）：52－57.

[3] 蒋炜波，赵坚．高考评价体系在物理学科命题中的体现及对教学的启

示［J］. 物理通报，2020（3）：2－8.

［4］杨奥龙，熊建文. 以基础实验叩开高中物理实验教学之门——2021年高考理综全国卷物理电学实验题解读［J］. 基础教育课程，2021（15）：60－65.

［5］曹义才，柯晓露. 深化高考内容改革 强化关键能力考查——2016年全国新课标Ⅰ卷物理试题分析与启示［J］. 物理教师，2017，38（1）：77－80.

［6］孟拥军. 百花齐放引领潮流——2012年高考物理实验题分析与思考［J］. 物理教师，2012（11）：62－64.

［7］曹义才. 高考实验复习应回归本源——近五年全国课标卷实验题分析与教学启示［J］. 物理教学，2015，37（11）：71－73.

作者简介：王凤娇，中共党员，毕业于华中师范大学，获得理学学士学位，现为在职研究生。获得绵阳市课堂教学展示一等奖、绵阳南山中学师德标兵、三八红旗手、期末统考质量突出贡献奖。现担任直播班物理教学工作、物理竞赛兼职教练，为“四川省直播课堂教学骨干者国培项目”策划人。

贺粜，绵阳市南山中学行政后勤党总支书记，绵阳市南山中学总务处主任，获得绵阳市教育局优秀共产党员、优秀党务工作者、优秀教育工作者称号。

基于高考评价体系物理学科关键能力的培养

四川省绵阳南山中学　白晓洁　胡志刚

习近平总书记在2018年召开的全国教育大会上的重要讲话中为教育理念的改革提出了新的方向，也为高考内容改革提出了符合国情的更高、更新的要求。为更好保证高考在教育中的指挥棒作用，保证教育改革的理论成果在指导实践方面能更加长久、有效，教育部考试中心就高考制定了理论性与实践性并存、基础教育与高等教育衔接的《中国高考评价体系》。

1　高考评价体系及物理学科关键能力的认识

1.1　对高考评价体系的认识

高考评价体系由“一核、四层、四翼”三部分组成。其中，“一核”即“立德树人、服务选才、引导教学”，其回答了“为什么考”的问题，是高考功能的核心；“四层”即“核心价值、学科素养、关键能力、必备知识”，其主要回答了“考什么”的问题，是素质教育目标在高考中的提炼；“四翼”即“基础性、综合性、应用性、创新性”，其主要回答了“怎么考”的问题，是素质教育的评价维度在高考中的体现。

1.2　对物理关键能力的解读

《中国高考评价体系》对关键能力的界定为“关键能力是指即将进入高等学校的学习者在面对与学科相关的生活实践或学习探索问题情境时，高质量地认识问题、分析问题、解决问题所必须具备的能力。它是使学习者适应时代要求并支撑其终身发展的能力，是培育核心价值、发展学科素养所必须具备的能力基础，是高水平人才素质的重要组成部分”。

基于学科素养导向，承接学科素养要求，结合学生认知发展过程，高考评价体系确立了分考试评价规律的三个方面的关键能力群：第一方面是以认识世界为核心的知识获取能力群；第二方面是以解决实际问题为核心的实践操作能力群；第三方面是涵盖了各种关键思维能力的思维认知能力群。根据高考的特征，高考评价体系将这三方面关键能力的发展水平作为主要考查内容以区分学生综合水平能力的高低，这也为一线物理教育教学的开展指明了方向。

在《中国高考评价体系》的指导下，教育部考试中心专家程力、李勇在《基于高考评价体系的物理科考试内容改革实施路径》中对物理学科关键能力进行了解读，这也是新时期高考综合改革背景下对物理学科能力的最新描述：物理科考试内容改革要坚持关键能力的考查，关键能力的构建依据课程标准。在《普通高中物理课程标准》提出的四个学科核心素养中，“物理观念”代表知识的内化，是其他核心素养的基础，“科学思维”和“科学探究”是关键能力，“科学态度与责任”是必备品格。《普通高中物理课程标准》明确“科学思维”包括模型建构、科学推理、科学论证、质疑创新等要素，“科学探究”包括问题、证据、解释、交流等要素“科学思维”和“科学探究”。包含的要素是构建物理科考试关键能力的重要基础：将“科学思维”中的科学推理、科学论证合并为“推理论证能力”；在“模型建构”“质疑创新”的基础上，提出“模型建构能力”和“创新能力”；将物理学科所要求的实验能力与科学探究整合为“实验探究能力”；“理解能力”主要对应学科素养中的“物理观念”，强调对于物理概念、规律的深度理解与灵活应用。综上所述，物理学科考试提出了包括“理解能力、推理论证能力、模型建构能力、实验探究能力、创新能力”的五种关键能力。

2 在高考物理评价体系下对物理学科关键能力的考查现状

2.1 对各关键能力考查占比分析

笔者分析了在2020年初高考评价体系发布前后（2018—2021）高考物理全国卷及甲乙卷中物理学科对于关键能力的考查，并将最终结果统计如表1.1所示：

表 1

年份 \ 关键能力点		理解能力	推理论证能力	模型构建能力	实验探究能力	创新能力
2018 年	Ⅰ	11	5	0	2	0
	占比	61.1%	27.8%	0%	11.1%	0%
	Ⅱ	11	6	1	2	0
	占比	55.0%	30.0%	5.0%	10.0%	0%
	Ⅲ	11	2	1	2	0
	占比	68.8%	12.5%	6.2%	12.5%	0%
	占比平均值	61.6%	19.8%	3.7%	11.2%	0%
2019 年	Ⅰ	11	7	2	2	0
	占比	50.0%	31.8%	9.1%	9.1%	0%
	Ⅱ	11	7	2	1	0
	占比	52.4%	33.3%	9.5%	4.8%	0%
	Ⅲ	11	5	0	2	0
	占比	61.1%	27.8%	0%	11.1%	0%
	占比平均值	54.5%	30.9%	3.2%	8.3%	0%
2020 年	Ⅰ	11	8	3	2	0
	占比	45.8%	33.3%	12.5%	8.3%	0%
	Ⅱ	11	6	3	2	0
	占比	50.0%	27.3%	13.6%	9.1%	0%
	Ⅲ	11	8	2	2	1
	占比	45.8%	33.3%	8.3%	8.3%	4.2%
	占比平均值	47.2%	31.3%	11.5%	8.6%	1.4%
2021 年	甲	11	8	3	2	1
	占比	44.0%	32.0%	12.0%	8.0%	4.0%
	乙	11	9	2	2	0
	占比	45.8%	37.5%	8.3%	8.3%	0%
	占比平均值	44.9%	34.8%	10.2%	8.2%	2.0%

为了更好地进行比较，笔者算出2018年、2019年及2020年的三套试卷和2021年的两套试卷均考查的能力在总考查能力点中所占的比例，再对各年份的同种能力求比例的平均值，将得到的各年各能力点的值绘入图像，形成最终的折线图，以便更直观、形象地呈现出2020年高考评价体系出版前后物理高考试题对于关键能力考查的变化。

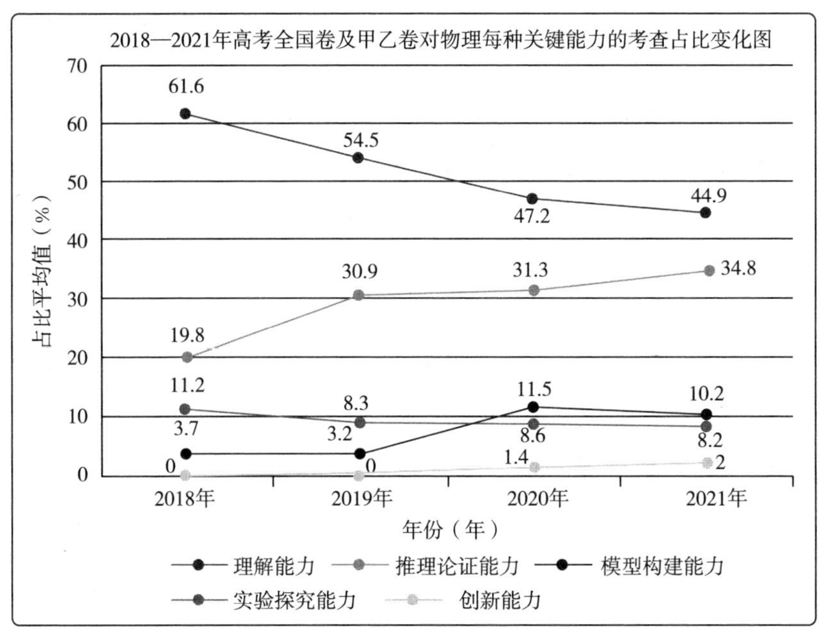

图1

从该图像中可以看出，在高考评价体系出版前后，对于关键能力的考查整体上呈现出从单独考查“理解能力”更多地向“理解能力”“模型构建能力”及“推理论证能力”综合考查转变的趋势。这就意味着现在的高考试题更多地从以前的学生是否记忆了该知识向学生是否理解知识、是否将其内化成为自己的能力转化。整体而言现在的高考题更加注重学生是否将知识内化成了自己的能力而非单纯的记忆。同时，模型构建能力的考查题目占比升高，也意味着现在的高考试题在逐步向高考评价体系的理念靠近，更多地希望学生不是单纯地学习和掌握这些知识，而是要将其内化成自己的物理能力，能够通过物理知识的学习掌握高考评价体系中要求的能力，即“学习者在面对与学科相关的生活实践或学习探索问题情境时，高质量地认识问题、分析问题、解决问题所必须具备的能力”。那么当前的物理教学就不能只是停留在知识的理解掌握层面了，还得将知识内化，转化成自身解决实际问题的能力。

从以上图表可以看出，对创新能力的考查也呈现出上升趋势，这要求学生在掌握已有物理知识模型的基础上还要勇于思考、勤于思考，要对已有的东西进行创新。创新是推动科技发展的命脉，唯有不断创新，科学的发展才不会停滞。这也要求一线物理教师在教学过程中要注重学生创新思维的发展，可以一题多解，培养发散思维和创新以上，使学生未来在遇到真实生活问题时具有探寻最优解的精神和意识，在探寻过程中会不断创新。

2.2 每题考查关键能力个数分析

同时笔者还将高考评价体系发布前后两年，即 2018—2021 年高考题中考查各能力点时单独考查和多项能力考查的占比也进行了统计，现将统计结果呈现如下：

表 2

每题涉及关键能力个数 / 年份		1			2			3		
		理解能力	占比	占比平均值	理解能力+推理论证能力或理解能力+模型建构能力	占比	占比平均值	理解能力+推理论证能力+模型构建能力	占比	占比平均值
2018 年	Ⅰ	9	69.2%	61.5%	4	30.8%	35.9%	0	0%	2.6%
	Ⅱ	7	53.8%		5	38.5%		1	7.7%	
	Ⅲ	8	61.5%		5	38.5%		0	0%	
2019 年	Ⅰ	5	38.5%	48.7%	7	53.8%	43.6%	1	7.7%	7.7%
	Ⅱ	6	46.2%		5	38.5%		2	15.4%	
	Ⅲ	8	61.5%		5	38.5%		0	0%	
2020 年	Ⅰ	3	23.1%	30.8%	9	69.2%	56.4%	1	7.7%	12.8%
	Ⅱ	5	38.5%		5	38.5%		3	23.1%	
	Ⅲ	4	30.8%		8	61.5%		1	7.7%	
2021 年	甲	3	23.1%	27.0%	9	69.2%	61.5%	1	7.7%	11.5%
	乙	4	30.8%		7	53.8%		2	15.4%	

为更直观地呈现出每个题目中关键能力考查个数在 2018—2021 年在全国卷及甲乙卷中的变化趋势，笔者将其制成了图表，如图 2 所示：

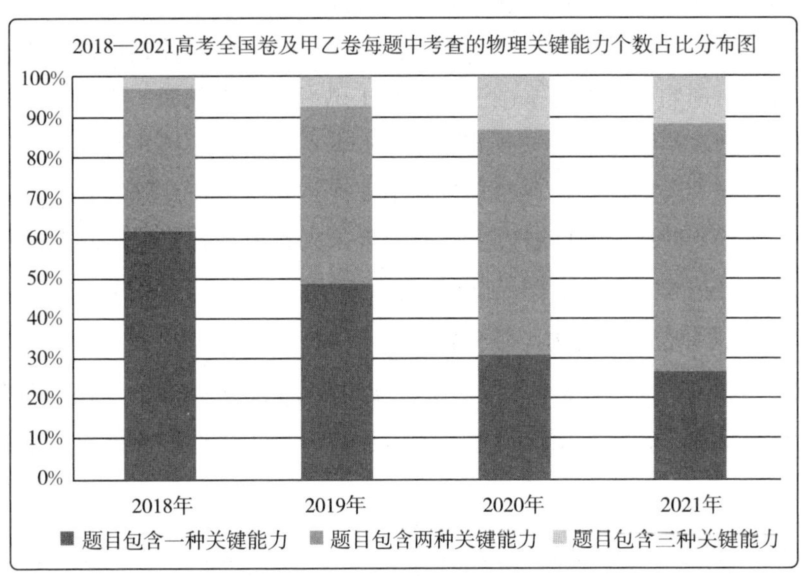

图 2

从表格中可以非常直观地看出，在 2020 年初的高考评价体系出版前后全国卷及甲乙卷对于物理关键能力考查时的综合性发生了较大的改变。从图表中可以看出，2018 年及 2019 年高考题中仅仅考查理解能力的题目占比是最大的，对多个关键能力的考查占比相对较少；而在 2020 年及 2021 年的高考试卷中对于多种物理关键能力的考查比例显著增加。这对教师的一线物理教学也带来了启发：现在需要教师在教授过程中以学生为主体，注重学生多种能力的综合培养；同时鼓励学生多用已学的物理知识去解决生活实际问题，鼓励学生多发现生活中的物理现象，多思考和观察生活中的物理模型，以此来培养学生对于知识的深度理解及将真实物理情景抽象成物理模型的模型构建能力。

3 基于高考体系对关键能力的培养

在高考体系的要求下，对于学生物理关键能力的培养应该涵盖到各个方面。基于刚才对于高考试题的数据分析，在实际教学过程中，我们可以采取重点突破、点线面结合的系统教学方式。本文就从统计规律出发，阐述了对于培养学生关键能力的几点思考。

3.1 重视知识理解掌握，提高解决生活实际问题的能力

从试题统计结果图像来看，高考评价体系出版后的高考试题呈现出理解性试题增多，要求模型建构能力的试题增多的态势。要求知识的内化掌握的推理论证能力的试题占比从 2018 年的 19.8% 一路上升，一直到 2021 年上升到了 34.8%；要求模型建构能力的试题占比也从 2018 年的 3.7% 上升到了 2020 年的 11.5%，说明当前的高考题不再局限于对知识的掌握，而在于要将知识内化，变成自己能在之后的学习生活中解决实际问题的能力，这一内容也与罗莹对于物理学科关键能力测评研究的结果基本吻合。

当然，新的教育改革背景下，高考评价体系也为当前的一线物理教育给出启示：一线教师需要紧跟教育改革，深入落实学生应用实践能力的培养；比如说可以在课堂上多列举生活实例引导学生进行思考，鼓励学生多发现身边的物理现象和物理问题并尝试用物理知识对其进行解决等，侧重于对学生物理能力的培养。

3.2 注重相干知识的联系，建立知识体系，多项能力共举

分析 11 套高考试卷内容，可以发现从 2020 年开始，也就是在高考评价体系出版之后，对于物理关键能力的综合考查的题目数量显著增多。从最初 2018 年的多项能力考查题目仅占 35.9% 到 2021 年对多项能力的考查达到了 61.5%，其增长不可谓不迅速，这也意味着我国现在已经开始重视多项能力的融合和共同发展。

当然这样的数据也为一线教学给出了启示：在物理教育板块，不能将各项能力拆分来培养，而是应该各项能力并举，综合培养学生的能力。同时，综合能力的背后是综合性的系统性的知识。所以教学过程中要注重不同知识、不同章节、不同板块之间知识的联系，让学生系统地对知识进行理解和内化，提升学生多项物理学科关键能力。

3.3 强化实验能力，注重创新精神

物理是一门以实验为基础的学科，分析 11 套高考试题对于不同关键能力的考查占比，可以看出对实验能力的考查在每一套试卷中都必不可少且占比较大，基本稳定在 11.1% 左右；这表明实验作为物理学科的基础，在学科能力培养上占据着不可撼动的地位。另外，创新能力的考查在统计表格中呈现出上涨趋势，从 2018 年的 0% 到 2021 年的 2.0%；这表明了我们正在探索更好的方式对学生

创新能力进行考查，非常重视学生创新能力的发展。

通过分析也能得出对一线物理教学的启示：在教学过程中，需要注重学生创新能力的启发和培养。教师可以在课堂上采用一题多解，学生自主原创物理试题等方式让学生拥有创新意识，强化其发散思维。

作者简介：白晓洁，中学二级教师，西南大学硕士研究生，绵阳市优秀教师，四川省中学物理竞赛优秀教练，所教班级多次获得“期末统考质量突出贡献奖”，发表省级期刊1篇，曾获四川省作业设计大赛二等奖，绵阳市课堂展示活动一等奖，多篇论文获绵阳市学科论文比赛一等奖。一直坚持将“全心全意教书，一点一滴育人”的教育理念贯彻教学和生活，深受学生喜爱。

胡志刚，中学一级教师，四川省中学物理优秀教练，发表国家级科研论文3篇，国家级教学论文1篇，省级教学论文7篇。

新高考背景下物理试题对高中物理教学的导向作用

——以广东省2021、2022年高考试题为例

四川省绵阳南山中学　王凤娇　胡志刚

2022年四川省首次加入新高考“3+1+2”模式，为了符合新高考，四川省使用了新教材（2019年教科版）。新教材和旧教材主干内容基本一致，课程结构、内容都有所变化，如表1新旧教材课程结构对比。新教材、新高考的改变对于物理试题将会有哪些变化呢？目前，通过分析2021、2022年广东新高考试题找到应对新高考的教学策略。

五版新教材中，在难度上新教科版最大，在“应用”深度上新教科排名第三。

表1

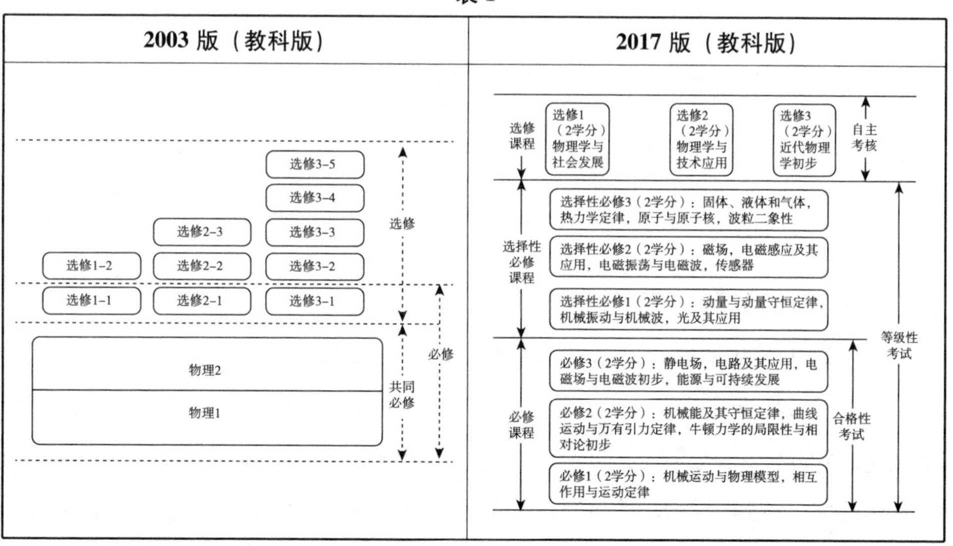

1 高考评价体系下广东卷试题特点

试题符合《中国高考评价体系》的“一核、四层、四翼”，把立德树人具体诠释为“引导学生培育和践行社会主义核心价值观，弘扬中华优秀传统文化、革命文化和社会主义先进文化，树立正确的历史观、民族观、国家观、文化观，切实增强中国特色社会主义道路自信、理论自信、制度自信、文化自信”，评价转化为“价值引领、素养导向、能力为重、知识为基”的综合评价。试卷大部分真实情景来源于前沿科技、生产实践、体育运动、传统文化。

1.1 结合学科核心素养，落实立德树人根本目标

前沿科技情境增强学生的民族自豪感和家国情怀的气息，潜移默化彰显了物理学科特有的育人功能。表 2 前沿科技情境在高考物理试卷中的分析。

表 2

题号	情境分析	考查内容
2021 年广东卷第 2 题	以“天和”核心舱为命题情境。一方面，“天和”核心舱是中国空间站“天宫”的组成部分，“天和”核心舱的成功发射，预示着我国的航天事业进入到一个全新的发展阶段。以此为例。另一方面，考查了学生应用万有引力、圆周运动及牛顿定律求解中心天体质量问题的能力	万有引力定律
2022 年广东卷第 2 题	该教材习题以航天科技——“祝融号”火星车为问题情境，问题情境引导学生比较火星和地球的线速度、角速度半径加速度，重点考查学生在科技情境中解决实际问题的能力	万有引力定律
总结：2021、2022 前沿科技情境在高考试题所创设的情境基本一致。教材呈现的“嫦娥工程”绕月做圆周运动的情境，教师要充分利用物理教材中所呈现的科技情境素材，并在此基础上进行拓展和改编，激发学生对科技的兴趣，培养学生为科技事业添砖加瓦的社会责任感		

1.2 题干紧扣实际，结合古代和现代的生活情境

近年高考物理广东卷试卷具有鲜明的“高起点、低落点”特点，践行了“理论联系实际”“从生活走向物理、从物理走向社会”的教育理念，是培养学生学科兴趣、增强学科认同感的优质素材，而题设又紧扣高中物理学科知识，引导学生运用物理思维来建构合适的物理模型，从而进行解题，都在引导学生

参与实践劳动。

表 3

题号	情境分析	考查内容
2021 年广东卷第 3 题	本题以唐代《耒耜经》记载了曲辕犁为背景，一方面考查力的正交分解方法。另一方面，相比直辕犁，曲辕犁转弯灵活，轻便省力，便于深耕。本题通过考查力的正交分解方法，很好地解释了曲辕犁便于深耕的原因。通过此题，可以引导考生思考劳动过程中的物理规律，了解我国古代劳动人民的聪明才智，同时在考试中渗透劳动教育	共点力的合成与分解
2022 年广东卷 13 题	从自动雨伞的开伞过程入手，将其简化为物理课程中常见的滑杆、滑块模型，从而实现了题目的创新命制	动量、匀变速直线运动的规律、牛顿定律
总结：在未来的高考中，物理题目一定会更加注重对学生拆解具体题干情境能力的考查，其价值一方面在于可以引导学生努力做到“物理知识取之于生活所见，用之于生活所需”，真正打破理论学习与实践应用之间的壁垒；另一方面在于引导学生在备考过程中不断强化自身的科学思维与物理模型建构能力，做到知识的“活学活用”。学生应重点提升自己对全新情境的理解能力，并将其转化成为自己在过往练习中的常见模型，进而破题。教师在教学过程中，则应注重解题过程的前置，重点培养学生拆解题干、提炼信息、构建模型的思维能力，避免学生对典型题目的“死记硬背”		

1.3 体育运动情境在 2021、2022 年高考试题情境的呈现方式、考查的内容和对学生能力的要求

体育运动情境在直线、平抛、圆周运动等中层出不穷。常见的体育运动有跑步、滑雪等。基本都是通过文字和图像结合的方式来呈现试题情境，考查学生获取多方面信息解决问题的能力。

表 4

题号	情境分析	考查内容
2021 年广东卷第 8 题	该题以“赛龙舟”为背景，一方面通过是 $x-t$ 图像、$v-t$图像在体育运动中的应用，通过绘制的运动图形可判断龙舟的追击、相遇情况；考查了速度、位移、加速度等基础知识和学生的读图、识图能力，突出物理与数学相结合的思想法。 另一方面充分发挥物理学科特色优势，让学生在完成题目过程中，想象赛龙舟时你追我赶的比赛场面	运动图像

续表

题号	情境分析	考查内容
2022 年	以 2022 年北京冬奥会的时代背景下，以滑雪为情境来命制抛体题目。一方面考查了抛体运动的速度、加速度变化，利用 $v-t$、$a-t$ 图像分析运动过程；另一方面使得学生能够将生活中的实际运动状态与理想模型有机结合	运动图像
总结：2021 年该题以“赛龙舟”为背景，一方面考查运动分析和追击相遇问题，另一方面充分发挥物理学科特色优势；2022 年该题以冬奥会滑雪为背景，将生活中的实际运动与理想模型联系起来。教师应当善用教材中的体育运动情境，培养学生的科学思维能力		

2 适应新高考的课堂教学改革

2.1 物理基础知识和基本规律是教学的重点

新高考试题有所增加，物理基础知识覆盖面更广阔。教师应整合不同版本的教材，进行深度备课，从多个情境中理解某一知识点。以教材为依据，改变教学模式，借助多媒体技术打造信息课堂，了解最新知识和事例，培养学生分析能力和解决问题能力。

2.2 重视知识与生产生活的联系，关注现代科技，归纳情境提炼解题策略

在教学过程中教师应该利用好课后习题中的原始物理问题和最新的现代科技，让学生多做情景化试题，使学生能抓住主干因素，忽略次要因素，构建物理模型。以后的教学都要围绕生活实际为情境，在其中去提升物理模型和核心素养。

2.3 培养学生的实验能力和探究能力，重视演示教学和实验课

广东省 2021、2022 年的实验题不再是课本上的实验，而是将实验进行了设计、改编。平时实验教学中教师应重视培养学生的基本实验思维和实验操作能力，多做一些开放性实验。教学过程中为了让学生理解得更清楚，可以多做一些简单的演示实验，当学生理解不了时可以尽量亲自动手验证实验结果，有助于提高学生学习物理的兴趣。

参考文献：

[1] 中华人民共和国教育部．普通高中物理课程标准（2017 年版）[M]．北京：人民教育出版社，2018.

[2] 黎锦志．探索试题特色助力教学改革——以“2021 年广东新高考物理卷”为例 [J]．湖南中学物理，2022，37 (1)：86 - 89 + 67.

[3] 吕俊君．高考物理试题与《中国高考评价体系》的一致性研究——以 2021 年全国甲卷和乙卷为例 [J]．中学物理教学参考，2021，50 (31)：55 - 61.

[4] 姚海军．新高考物理试题对高中物理教学的导向作用——以广东省 2021 年考物理试题为例 [J]．新课程导学，2022，(17)：1 - 3 + 16.

[5] 邱佳乐，杨奥龙，许桂清，等．高考物理试题情境与新教材习题情境的关联性分析及启示——以 2021 年高考广东省物理试题和新教材习题为例 [J]．物理通报，2022，(8)：58 - 62.

[6] 丁超凡，彭宜琴．新高考物理，新在哪里？——2022 年高考物理广东卷命题特点评析 [J]．求学，2022，(15)：62 - 64.

[7] 张俊．新高考改革背景下物理教学策略分析 [J]．高考，2022，(15)：24 - 26.

作者简介：王凤娇，中共党员，华中师范大学在职研究生，获绵阳市课堂教学展示一等奖、绵阳南山中学师德标兵、三八红旗手、期末统考质量突出贡献奖。

胡志刚，中学一级教师，四川省中学物理优秀教练，发表国家级科研论文 3 篇，国家级教学论文 1 篇，省级教学论文 7 篇。

新高考背景下的互助自主式校本研修的建构

四川省绵阳南山中学　王静

校本研修是提升教师专业素养，发挥教师个体创造力和群体合作力的有效途径。新高考背景下的互助自主式校本研修是教师基于个人愿望自主结成的校本研修互助联合体，它是在新一轮高考改革的背景下，它以问题解决为核心，以促进学生全面发展为目标，立足课堂主阵地，通过“首席专家”和“学科首席专家”帮助一线教师捕捉、研究、解决教育教学现实问题，从而实现立德树人目标，使教师获得专业发展，并促进学校发展。

1　互助自主式校本研修的价值内涵

互助自主式校本研修立足于互助，它是一群有共同追求、性格互补、知识结构互补、教育教学经验互补的教师自愿形成的教研训共同体。成员之间没有年龄、教龄、教学经历等方面的差异及身份、职务等上下级的差别，互助学习，共同进步，真正展开对话，畅所欲言，各抒己见，分享各自的观点和见解，实现互惠互利，为教师的自主发展创造空间。

互助自主式校本研修立足于自主，它是由一群热衷于教育公益、有一定教育教学专业本领、有教育情怀、有干事创业激情的教师自愿成立的以“解决教育教学问题”为导向，以立德树人为目标，借助“互联网+”，通过“教育资源整合共享产生价值、教师专业特长优势互补”的理念进行教育教学校本研修的联合体。

互助自主式校本研修是指校本研修共同体内的教师在教育教学活动中相互合作、相互欣赏、共同切磋、协同发展，从而形成科学合理的价值取向、研修氛围、行为模式，形成自己的教学风格，促进自身专业成长。

“新教育”思想认为，教师应该过一种幸福完整的教育生活。“教师应放弃传统的独自开展教学活动的方式，设法转型为教师团队中的合作教学，作为教师，他首先代表自我而存在，但他更是教师团队中的一分子”。互助自主式校本研修正是部分教师对教育的终极目标和意义深层思考后的产物。在《关于全面深化新时代教师队伍建设改革的意见》贯彻落实的今天，在《四川省中小学（含幼儿园、职业学校）校本研修工作实施意见》即将出台的背景下，教师自发进行互助自主式校本研修的有益探索，必将有助于校本研修制度不断完善、形式不断丰富，让校本研修成为教师职业生涯中常态化的专业研修行为，促进教师的专业成长和学生的健康成长，促进学校又快又好发展。

2 互助自主式校本研修的建构可能

现实校本研修困境为互助自主式校本研修提供实践机会。由于学校行政执行不力、督促监管不到位、保障措施不跟进等原因，当前校本研修存在着存在校本研修与教师发展需求错位、校本研修忽视教师主体参与、校本研修缺乏有效管理、教师专业发展被漠视、教专业发展难以自主等问题，部分教师之间疏于合作、羞于评定、信奉独立、相互隔离，不愿意和其他教师沟通、学习交流。互助自主式校本研修不依靠行政命令、上级规定，是教师自主决定自愿合作的价值成长共同体。这种合作不会流于形式，教师会自愿交流经验、相互学习，共同探讨解决问题的方法，“自发、自愿、自主、超越时空”，在互联网背景下，既可以在学校内部教师间进行互助自主，也可以与别的学校老师进行互助自主。

习近平总书记“五位一体”的青年成长观为互助自主式校本研修提供了理论基础。在习近平总书记关于青年成长的论述中，五个关键词是“理想、能力、创新、奋斗、品德”，这五个要素与中华民族伟大复兴的中国梦紧紧联系在一起。理想作为中国梦的信念支撑，关乎青年人生格局；能力作为中国梦的根本依靠，关乎青年的成才基础；创新作为中国梦的关键要素，关乎青年的生命状态；奋斗作为中国梦的重要途径，关乎青年的成长速度；品德作为中国梦的精神支柱，关乎青年的成长耐力。不仅是青年成长，学生的全面发展也与这五个要素紧密结合，任何一个要素发生了问题，必然影响其他几个要素的协同发展。仅仅依靠教师个人的人格魅力，并不能解决学生学习生活中的问题。“见多”

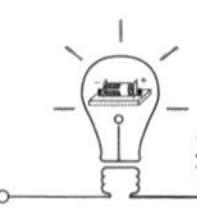

才能“识广”，很多对教育教学有研究的一线教师凝聚在一起，最大限度地提升了教师的见识，也为解决教育教学中的各种问题提供了可能，进而为学生的“五位一体”成长创造了条件。

新课程改革为互助自主式校本研修提供了发展空间。新课程强调以创新精神和实践能力的培养为重点，提倡、引导并促进学生建立新的学习方式。改革以课堂教学为重心，以课程开发、实施、评价为核心，需要在继承传统的基础上，进行重大创新和突破，它要求广大教师重塑自我，这就给教师的专业发展提出了严峻的挑战。在新时代，课程资源的整合不再是一个老师能够完成的任务，往往涉及学科的跨界融合。在信息化 2.0 时代，海量的信息都可以纳入课堂教学，这些资源的筛选、甄别、组合、重构，也需要不同学科、不同年龄、不同学校的有教育情怀的老师立足自身教学实际，协同探索，共同进步，促使教师课程能力不断提高。

互助自主式校本研修作为校本研修新途径，突出了教师的主体地位，能够最大限度地创设一切便利条件，充分发挥共同体内教师智慧，调动、释放教师的才情与生命活力，改善教学行为，促进教师群体持续不断的互动学习与实践，实现教师专业跨界整合发展，提升教学质量，成为学校为教师成长创设的一个特定平台。

3 互助自主式校本研修的建构原则

3.1 自主性原则

互助自主式校本研修是教师有内在价值需求的基础上，自愿结合的教研训共同体。因此，教师自我发展的内驱力，参与校本研修的自主性必须得到尊重。这种研修主要还是以教师立足自身课堂教学，在校内独立、自主进行研修与反思，转变教育观念与教学行为。

3.2 促进发展原则

互助自主式校本研修旨在通过提高教师专业水平，促进教师、学生、学校的整体发展。与传统校本研修不同的是，它在探索本校特点的研修内容、研修方式、运行机制和管理办法的基础上，更重视教师课堂教学的问题解决。同时，从教师内需角度加强校际教师合作力度，整合不同区域、学校资源，聚焦问题，更有针对性，提高研修质量和效果，对教师的专业成长更有利。

3.3 问题导向原则

学校是校本研修主阵地。互助自主式校本研修针对学校的问题，组织教师共同探讨、分析、形成解决方案，聚焦课程，推动国家课程校本化、校本课程特色化，将教研活动、课程开发和教师培训有机结合，通过实践反思、伙伴合作、专业引领、强化课堂质量评价等推动教师专业发展，以研促教、以研促训，切实提高校本研修的针对性和实效性。

4 互助自主式校本研修的建构思路

互助自主式校本研修以问题解决为导向，以专业成长为目标，主要提升教师两方面的能力：一是提升专业修养，主要集中在师德素养、专业理念上体现的个人修养与行为，包括社会主义核心价值观内化，对教师职业理解与认识，对学生学习态度与行为的评价，对学科教学的态度与行为；二是提升专业技能，主要集中在对教育教学问题的归因和提出解决措施，包括对学科素养的整体把握，对青少年成长的生理心理因素的科学预判，对校本教材体系的系统整合，以及教育教学设计能力、组织与实施能力、激励与评价能力、沟通与合作能力等。

要提高这两方面的能力，需要遵循的基本环节是“问题求助——主题分析、案例分享、措施预设——形成方案——实践验证、跟踪分析——方案完善、问题解决——成果提炼与分享”，开展专业对话，突破教室封闭、教师孤立的防卫状态，促进教师的专业成长。

互助自主式校本研修成员有三类教师组成：一类是“首席专家”，团体内教师公认的教育教学教师；一类是“学科首席专家”，各学段各学科首席精英教师；一类是有教育情怀愿意分享和学习提高的一线教师。“首席专家”和“学科首席专家”定期为教师整理一批领域内重要书籍和著作目录，组织进行阅读，并开展活动，促进提高，同时，针对成员教师提出的问题，引导展开交流，讨论，提出解决方案，将问题解决后形成的成果分享在研修平台，供大家学习借鉴，共同提高。

互助自主式校本研修的研修形式有教育沙龙式主题学习、课堂聚焦式研课磨课、师徒结对式关心帮扶。以教育沙龙为例，根据需要，一般每学员或两学月安排一次，由“首席专家”和“学科首席专家”组织实施，通过“主题确定

—计划制订—前期准备—网上交流—成果归纳”等流程，促进教师主动学习，提升素养。

5 互助自主式校本研修的实施策略

5.1 以问题为中心的内容策略

互助自主式校本研修着眼于“问题”的解决，焦点在抛出“问题”和解答“问题”，目的是通过众人的力量促进教师经验转化和教育行为的提高、提升、提拔，在解决问题中提高教师问题判断力，形成案例，提升实践力，探讨策略，提拔研究力，凝结智慧。

互助自主式校本研修首先要引导和帮助教师发现问题，学会发现“问题”，在“首席专家”和“学科首席专家”的支持下，设计“问题清单”，印发纸质文本或发布在网络平台，引导一线教师围绕“问题清单”找准自身教育教学存在的急需解决的问题。经过汇总后，围绕共性和个性问题，制订阅读主题，进行资料收集，探讨解决问题的措施，多方融合，最后形成初步解决方案。

解决方案出来后，教师个人结合自身学校实际，设计自我校本研修计划，明确阶段重点，细化阶段内容，形成自我解决方案，发布在研修平台，“首席专家”和“学科首席专家”组织进行相关课程资料的培训，并提供相关的校本研修资源，做好教师的专业引领。

5.2 以学习为中心的实施策略

互助自主式校本研修以“解决问题和促进专业发展”为目标，强调教师个体主观能动性，以紧扣时代主题的学习来统整研修过程，教师“研”、“修”结合，促进教师自主研训，逐步提升能力，提高专业素养。

以学习为中心要紧扣新时代教育教学发展。分层分类开展教师培训、凸显专业技术人员的专业性、大课程观、立德树人、教育信息化 2.0、教育现代化 2035、以人为本的教学及学生观等是当前的教育热点，要围绕这些热点设计学习主题，比如设计“习近平新时代中国特色社会主义思想指引下的校本课程开发”项目阅读活动。

以学习为中心要由一系列实践活动组成，做到线上与线下结合，理论与实践结合。如课堂聚焦式研课磨课活动分两个学习环节构成：研课、磨课，每个环节有相应的活动推进，如个人初备—问题诊断—集体研讨—名师示范—教案修正——课堂跟踪—反思提升—教案修正—课堂跟踪—成果提炼—总结提升等，根据每个活动的任务，采用有针对性的方式方法，突出互助诊断、课例运用、实践指导、成果评价、生成性资源分享，确保实效。

以学习为中心要做到做（实践与行动）、学（学习与交流）、思（反思与体验）、写（提炼与提升）、研（钻研与探究）多种方式的结合。如师徒结对式帮扶项目可以通过指导教师撰写教学案例、课后反思、学生成长案例等的方式，落实教育教学实践活动，促进教师听中学、做中学、研中学，把听懂的做出来，把做好的说出来，把心得写出来。

5.3 以课堂为阵地的务实策略

课堂是校本研修的主阵地，研究课堂，解决问题，改善教学，才能赢在课堂。“教师的水平只有在课堂的拼搏中才能成长。”

立足课堂，互助自主式校本研修要解决四个问题：“教什么”“怎么教”“怎么学”“学得如何”。围绕这四个问题，成员教师在“首席专家”和“学科首席专家”的组织下，要以课标为导向，从学生五位一体发展的角度，整体分析和反思自己的教学设计、教学过程和教学效果，针对问题，完成“疑问—设计—反思—行动—观察—反思—设计”的互助自主研修过程，结合团队的力量，解决课堂上的问题和困惑。

立足课堂，互助自主式校本研修要强化对教学活动的反思，做好教学前、教学中、教学后的反思，深入剖析课堂上问题，就教学环节设计、实施、不足和改进与同行探讨交流，聚焦问题解决，撰写教学反思。

6 结论

“以问题定研修”的前提是教师专业性。“问题”是教师当下的状态，是研修的起点，“研修”是“问题解决”的过程。互助自主式校本研修把方向盯住教育教学“实践”，把目标定位于“问题”，帮助教师个体判断专业发展目标，有利于教师在自我的纵向比较和与校外同行的横向比较中实现从“要我学”向“我要学”的转化，“把自己的事做得更好”，使校本研修实施更接“地气”。

参考文献：

［1］刘芳．有效学校［M］．大连：辽宁师范大学出版社，2006.
［2］陈永康．基于现场的校本分层研修课程体系建设探究［M］．上海：上海交通大学出版社，2014.
［3］周小山，严先元．怎样引导学生习得新的学习方式［M］．长春：东北师范大学出版社，2004.
［4］四川省教育科学研究所．四川民族地区校本研训组织与管理经验成果集［M］．成都：四川教育出版社，2014.
［5］李永培等．做更好的教师——生态校本研修的实践探索［M］．上海：华东师范大学出版社，2012.
［6］马英志．校本研修面面观［M］．长春：东北师范大学出版社，2010.

作者简介：王静，中学一级教师，绵阳市优秀教师、绵阳市优秀骨干教师、绵阳市优秀班主任、绵阳市优秀共产党员。所教班级连续 7 年获得“期末统考质量突出贡献奖”10 余次，高考获得市特等奖和物理学科突出贡献奖，多篇论文在省级以上刊物发表。坚持以“教育无大事，无需高谈阔论，惊天动地；教育无小事，只需事事用心，润物无声”的教育理念，不忘初心、坚韧前行，不断追寻“求真、行善、至美”的教育理想。

第六章

物理学史

霍尔效应家族的发展历程

四川省绵阳南山中学　毛永辉　卢礼金

自从 1897 年美国物理学家霍尔（Edwin Herbert Hall）发现经典霍尔效应以来，科学家们对霍尔效应从来没有停止过研究。反常霍尔效应、整数量子霍尔效应、分数量子霍尔效应、自旋霍尔效应、量子自旋霍尔效应、量子反常霍尔效应等相继被发现，构成了一个庞大的霍尔效应家族。

1　从经典霍尔效应到量子霍尔效应

1.1　经典霍尔效应

如图 1 所示，有一个厚度为 d、宽为 l 的导电薄片放置，沿 x 轴通有电流强度 I。当在 y 轴方向外加匀强磁场 B 时，薄片中的载流子受到磁场的洛伦兹力的作用而在 z 方向产生附加的横向运动。这横向运动将造成薄片两侧电荷积累，从而沿 z 方向产生一横向霍尔电压 V_H（图 1 中 A、A'两点的电势差）。这种现象称为经典霍尔效应。

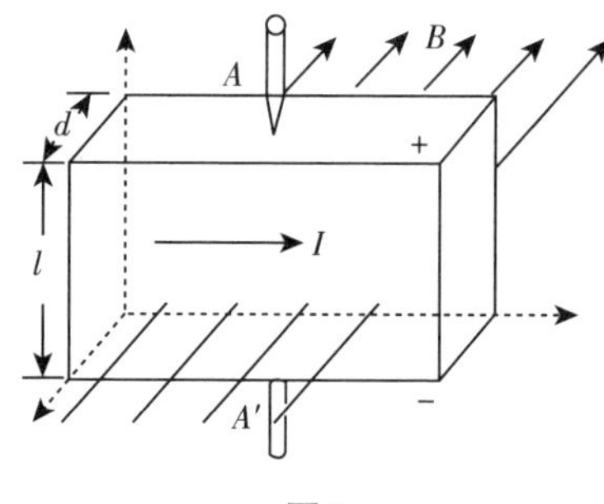

图 1

可以证明，霍尔电压 $V_H = K \cdot \frac{IB}{d}$，式中 K 为霍尔系数，由导体（或半导体）材料的性质决定。

利用霍尔效应做成的霍尔元件是磁感应元件，能感应一切与磁有关的物理量，并能输出控制信号，有很多方面的用途：测量磁场、测量直流和交流电路中的电流强度和功率、转换信号等。

1.2　量子霍尔效应

量子霍尔效应一般被看作整数量子霍尔效应和分数量子霍尔效应的统称。作为微观电子世界的量子行为在宏观尺度上的完美体现，量子霍尔效应一直在凝聚态物理研究中占据着极其重要的地位。1980 年，德国科学家冯·克利青发现整数量子霍尔效应，于 1985 年获得诺贝尔物理学奖。1982 年，美籍华裔物理学家崔琦、美国物理学家施特默等发现了分数量子霍尔效应，这个效应不久由另一位美国物理学家劳克林给出理论解释，三人共同分享了 1998 年诺贝尔物理奖。

1.2.1　整数量子霍尔效应

1980 年，德国物理学家冯·克利青等在实验室中研究硅－金属氧化物半导体效应管（Si－MOSFET）的半导体氧化物界面上二维电子气体的性质时，发现在极低温 1.5 K 和强磁场 18 T 作用下，霍尔电阻的线性规律被破坏了，呈现出阶梯状的增长，霍尔电阻的数值在阶梯的平台上是 h/e^2 的整数倍，这个现象被称为整数量子霍尔效应。这是一种宏观量子化现象，实验测量的精度达到 10^{-9} 数量级。所以，1990 年以后，国际绝对电阻标准改为由整数量子霍尔效应来定义。

此外，由于光速是一个可以精确测量的量，与整数量子霍尔效应的电阻单位 h/e^2 相结合，可以精确测出量子电动力学中具有重要意义的精细结构常数 e^2/ch。这样，使得精细结构常数值有了独立于量子电动力学的检验。因此，整数量子霍尔效应的发现对于测量学的意义是革命性的。

1.2.2　分数量子霍尔效应

1982 年，普林斯顿大学大学的美籍华人雀琦与哥伦比亚大学的德国人施特默用了更低的温度和更强的磁场研究霍尔效应。首先，他们建立了一个独立的实验环境，用一个量子阱去限制电子成为二维电子气：这是将两种不同的半导体材料夹在一起，一面是 GaAs，另一面是 GaAlAs，这样电子被限制在两种材料的接触面上。然后，他们将电子阱的温度降至绝对温度的 0.1 度，磁场加到几乎 30 T（是地球磁场的 100 万倍），使他们惊奇的是，霍尔电阻的平台具有更精细的结构，这些平台对应的不是原来 h/e^2 的整数倍，而是分数倍，如 1/3，2/5 等，因此称为分数量子霍尔效应。

分数量子霍尔效应反映了在低温强磁场条件下，电子间的强关联相互作用在近理想的二维体系中形成了新的、不可压缩的量子液体态。

2 从反常霍尔效应到量子反常霍尔效应

2.1 反常霍尔效应

1881 年，霍尔进一步发现，在铁磁性金属中，霍尔效应会比在非磁导体中更强。这额外的部分是因铁磁性金属中存在自发的磁性长程序，这使得即使不加外磁场也能观测到霍尔效应。这种现象称为反常霍尔效应。

反常霍尔效应是探究和表征铁磁材料中巡游电子输运特性的重要手段和工具之一。它的测量技术被广泛应用于许多领域，最重要的应用是在新兴的自旋电子学方面。例如，在 Ⅲ－Ⅴ 族半导体中掺入磁性锰原子，从而实现材料铁磁性与半导体性的人工联姻，促进了稀磁半导体（DMS）材料的诞生，稀磁半导体材料最初就是通过在低温和高温范围内测量样品的反常霍尔效应发现的，而且反常霍尔效应在稀磁半导体材料整个应用过程中的性能表征都有着不可替代的作用。

2.2 量子反常霍尔效应

2.2.1 量子反常霍尔效应的提出

1988 年，美国物理学家霍尔丹提出可能存在不需要外磁场的量子霍尔效应（即量子反常霍尔效应），但是多年来一直未能找到能实现这一特殊量子效应的材料体系和具体的物理途径。

2.2.2 自旋霍尔效应的发现

电子除了电荷，还有自旋，自旋可能向上或向下。在外加电场中，材料中的自旋向上的电子和自旋向下的电子由于各自形成的磁场方向相反，会各自向相反的两边堆积，这就是自旋霍尔效应。与引起经典霍尔效应中霍尔电压的样品两侧的电荷累积相似，在自旋霍尔效应中的样品两侧将出现自旋的累积。

2004 年，美国加州大学圣巴巴拉分校艾维萨洛姆等首次在实验上观测到自旋霍尔效应。由于电子的自旋与电荷一样，可以用来存储和传递信息，而且自旋霍尔效应中的电流几乎没有能量损失，也就是说不会发热，因而引发了科学界对研制新的电子元器件的设想，已成为目前凝聚态物理中一个相当热门的研究方向。

2.2.3 量子自旋霍尔效应的提出与发现

2006 年，斯坦福大学教授、美籍华人张首晟领导的研究团队提出了量子自旋霍尔效应。2007 年，这一理论预言被德国维尔茨堡大学实验小组通过实验证实。

量子自旋霍尔效应与霍尔效应一样，电子在边界上移动，不需要磁场，但材料需要有强的自旋轨道耦合，而有强自旋轨道耦合将导致能带反转。在二维体系的表面边缘将出现自旋电流，上下自旋电流反向传播，所以没有电荷电流，也没有霍尔电阻。但是这两种沿不同方向传播的电子自旋方向相反，有一个净的自旋流，而且类似于经典霍尔效应，这个自旋流的自旋电阻也是量子化的。

量子自旋霍尔效应找到了电子自转方向与电流方向之间的规律。利用这个规律可以使电子以新的姿势非常有序地“舞蹈”，从而使能量耗散降到很低。这种新奇的物理现象有可能给未来的信息革命带来重大影响，计算机甚至量子计算都将随之发生巨大改变。

2.2.4 量子反常霍尔效应的发现

2013 年，由清华大学薛其坤院士领衔的科研团队在量子反常霍尔效应研究中终于取得了重大突破，他们从实验中首次观测到量子反常霍尔效应，这是物理学领域基础研究的一项重要科学发现，因为量子反常霍尔效应被认为可能是“霍尔效应家族的最后一个重要成员”。

由薛其坤院士率领的团队经过近 4 年的研究，生长测量了 1000 多个样品，利用分子束外延方法，生长出了高质量的拓扑绝缘体。这是一种性能独特的量子材料，既具有拓扑非平庸的绝缘性体电子结构，又具有受时间反演对称性保护的金属性表面态。此后他们又制备出不依赖于载流子类型和浓度的铁磁性拓扑绝缘体薄膜，为发现与理论预期相符的反常霍尔效应扫除了最后的障碍。

量子反常霍尔效应的发现有重要应用前景。我们通常使用的电子元器件，其中的电子运动没有特定的轨道、相互碰撞从而发生能量损耗，导致发热。量子霍尔效应状态下的电子在各自的跑道上互不干扰、畅通无阻运动，这可大大减少能耗，而且量子霍尔效应对应的状态具有拓扑性质，可不受局域扰动的影响，如果用该状态编码信息，则可用来实现容错量子计算。然而，量子霍尔效应的产生需要巨大的磁铁产生的磁场（磁铁约有相应计算机的10倍大），这不但体积庞大，而且价格昂贵。而量子反常霍尔效应的美妙之处是不需要任何外加磁场，在零磁场中就可以实现量子霍尔态，更容易应用到人们日常所需的电子器件中，在计算机和信息领域有巨大的应用前景。

3 霍尔效应家族的发展动力

一百多年来，霍尔效应一直是物理学家研究的热点，其发展轨迹见表1。那么，霍尔效应家族不断发展的动力是什么呢？答案是新材料的发展。

表1

<table>
<tr><th>时间</th><th>国籍</th><th>主要贡献者</th><th>主要贡献</th><th>获奖情况</th></tr>
<tr><td>1897年</td><td>美国</td><td>霍尔</td><td>发现并解释经典霍尔效应</td><td></td></tr>
<tr><td>1881年</td><td>美国</td><td>霍尔</td><td>发现并解释反常霍尔效应</td><td></td></tr>
<tr><td>1980年</td><td>德国</td><td>冯·克利青等</td><td>发现并解释整数量子霍尔效应</td><td>1985年诺贝尔物理学奖</td></tr>
<tr><td rowspan="2">1982年</td><td>美国</td><td>崔琦</td><td rowspan="2">发现分数量子霍尔效应</td><td rowspan="3">1998年诺贝尔物理学奖</td></tr>
<tr><td>德国</td><td>施特默</td></tr>
<tr><td>1983年</td><td>美国</td><td>劳克林</td><td>解释分数量子霍尔效应</td></tr>
<tr><td>1971年</td><td>美国</td><td>迪阿科诺夫等</td><td>预言自旋霍尔效应</td><td></td></tr>
<tr><td>2004年</td><td>美国</td><td>艾维萨洛姆</td><td>发现自旋霍尔效应</td><td></td></tr>
<tr><td>2005年</td><td>英国</td><td>海姆
诺沃肖洛夫</td><td>发现石墨烯中的半整数量子霍尔效应</td><td>2010年诺贝尔物理学奖</td></tr>
<tr><td>2006年</td><td>美国</td><td>张首晟</td><td>预言量子自旋霍尔效应</td><td rowspan="2">被《科学》杂志评为2007年“全球十大重要科学突破之一”、2010年欧洲物理奖、2012年美国物理学会巴克利奖</td></tr>
<tr><td>2007年</td><td>德国</td><td>维尔茨堡大学实验小组</td><td>发现量子自旋霍尔效应</td></tr>
<tr><td>1988年</td><td>美国</td><td>霍尔丹</td><td>预言量子反常霍尔效应</td><td></td></tr>
<tr><td>2013年</td><td>中国</td><td>薛其坤</td><td>发现量子反常霍尔效应</td><td></td></tr>
</table>

3.1 霍尔效应与半导体材料的发展

半导体的霍尔系数比金属导体大得多，所以半导体能产生较大的霍尔电压，即半导体的霍尔效应非常显著。因此，制作霍尔元件往往采用半导体材料而不是金属材料。目前采用比较多的半导体材料有硅、砷化镓和磷化铟。

据《SST－AP－NMD》2007年第5期报道，美国斯坦福大学的研究小组宣布发现了一种物质的新状态——量子自旋霍尔效应，具有“特别的”半导体性能，包括更低的能量损耗和更少的发热量。

3.2 霍尔效应与纳米材料的发展

纳米材料又称为超微颗粒材料，由纳米粒子组成。科学家对磁性纳米薄膜的研究较多。磁性纳米薄膜属于低维磁性纳米材料，存在巨霍尔效应，它是制造霍尔传感器的理想材料，开辟了磁记录领域的新天地。磁传感器不易受到污染和高温环境的影响，它将是工作在特殊环境下的新一代霍尔传感器产品。

3.3 量子霍尔效应与石墨烯材料的发展

英国物理学家安德烈·海姆和康斯坦丁·诺沃肖洛夫于2004年发现了石墨烯。石墨烯，名单层石墨，只有一个碳原子的厚度，它是从石墨材料中剥离出来的一种由六角形蜂巢晶格排列的碳原子组成的平面薄膜。

石墨烯特有的能带结构使空穴和电子相互分离，导致了石墨烯的电子运输特性，它表现出了异常的整数量子霍尔效应，且可以在室温下观测到。

科学家发现，石墨烯还是目前已知导电性能最出色的材料，它在室温下传递电子的速度比已知导体都快。石墨烯在太阳能电池传感器、纳米电子学高性能纳米电子器件、复合材料、场发射材料、气体传感器及能量存储等领域将具有广泛的应用。

3.4 量子霍尔效应与拓扑绝缘体材料的发展

科学家把量子自旋霍尔绝缘体称为拓扑绝缘体，其基本特征都是利用物质中电子能带的拓扑性质来实现各种新奇的物理性质。拓扑绝缘体的出现和飞速发展给实现量子化反常霍尔效应提供了新的思路和途径。正如前文所述，我国科学家从实验中首次观测到量子反常霍尔效应。

作为具有高速、稳定和低耗散电子性能的新型材料，拓扑绝缘体具有普通材料不可替代的重大应用前景，尤其是在传统信息材料日益逼近性能极限、降低能耗成为时代主题的今天。

综上所述，霍尔效应家族的发展历程伴随着许多新材料的发现和制备，这也是霍尔效应始终受到物理学家关注的原因。

参考文献：

[1] 梁灿彬，秦光戎，梁竹健，等. 电磁学（第2版）[M]. 北京：高等教育出版社，2010.

[2] 虞跃. 量子霍尔效应和诺贝尔物理学奖 [J]. 科学，1999，51（1）：55－57.

[3] 韩燕丽，刘树勇. 量子霍尔效应的发展历程 [J]. 物理，2000，29（8）：459－501.

[4] 梁拥成等. 反常霍尔效应理论的研究进展 [J]. 物理，2007，36（5）：385－386.

[5] 刘林森. 量子反常霍尔效应——打开诺贝尔奖富矿的钥匙 [J]. 科学24小时，2013，33（9）：48－51.

[6] 陈平形，李承祖. 量子反常霍尔效应及其应用前景 [J]. 国防科技，2013，34（4）：30－32.

[7] 杨锡震，杨道生，田强. 异常霍尔效应和自旋霍尔效应 [J]. 物理实验，2005，25（10）：3－6.

[8] 孙庆丰，谢心澄. 铁磁石墨烯体系的CT不变量子自旋霍尔效应 [J]. 物理，2010，39（6）：416－418.

[9] 李翔，曹灿华，翟堃，等. 半导体材料的浅释 [J]. 科技传播，2011（6）：154＋137.

[10] 翁红明，戴希，方忠. 磁性拓扑绝缘体与量子反常霍尔效应 [J]. 物理学进展，2014，34（1）：1－7.

作者简介：毛永辉，教育硕士（物理学科教学），中学一级教师，绵阳市高中物理骨干教师，绵阳市初高中衔接教学方案学科专家，绵阳市明星班主任，绵阳市优秀班主任，四川省卢礼金物理名师工作坊成员，校级十大杰出青年教师，四川省方永根名师鼎兴工作室成员，绵阳市教体局党委表彰优秀共产党员，绵阳市赛课一等奖；多次获得绵阳市高考评价物理学科特等奖，多次参与绵阳市中考和高中市级统考试题命制；多次获得校级教育科研先进个人；六篇论文获省、市优秀论文评比一等奖，在省级刊物发表论文二十余篇；主研多项国家、省、市课题。

卢礼金，中学正高级教师，四川省特级教师，绵阳市突出贡献教师。在长期的教学实践中，卢礼金名师工作坊团队总结出了高中物理“三块四环”的独特课堂教学模式，深受同行推崇；卢礼金凭着“生活即教育”的教育理念和“轻松、愉快、高效”的教学风格，深受学生爱戴。主研完成省级以上课题3项，在省级以上刊物发表论文18篇，出版教学专著6本，为省、市骨干教师做专题报告20多次。

（本文是中国教育学会物理教学专业委员会2013—2016年一般课题“现代教育技术支持物理新课程改革成功案例研究”阶段研究成果。）

浅谈“两弹元勋”邓稼先的“功”与“失”

四川省绵阳南山中学　兰建

1　邓稼先生平

1924年的6月25日，在安徽怀宁邓家“铁砚山房”，一个男孩出生了——邓稼先。“稼先”，《说文解字》中说：稼，禾之秀实为稼，茎节为禾。“稼先”，预示着这位邓家后代根植于中华大地，并且早早地秀实和成熟，成为造福民众的沧海之一粟。

1.1　远渡重洋终回国，欲将此身寄山河

1950年，邓稼先拿到了美国普渡大学的博士学位，由于攻读的时间远远短于同门，他被称为“娃娃博士”。面对这样一位成绩优异的学生，老师与同学们都极力挽留，但邓稼先没有忘记赴美留学的初心：掌握更先进的知识后，报效祖国。一回到祖国，邓稼先就同老师一起投入中国近代物理研究所的建设。当时，中央决定依靠自己的力量发展原子弹。1958年，时任第二机械工业部副部长和原子能研究所所长的钱三强找到邓稼先，说“国家要放一个‘大炮仗’”，询问他是否愿意参与。这句话一说出来，邓稼先立刻就明白了，这个大炮仗就是原子弹！而这句话也开启了他长达28年隐姓埋名的生活。邓稼先的新岗位，是新筹建的中国核武器研究所理论部主任。

1.2　红云冲天照九霄，千钧核力动地摇

1964年10月16日，新疆罗布泊这一古战场上，折戟沉沙铁未销，新的武器威风凛凛，新中国的第一颗原子弹，矗立在荒漠戈壁之上，点火发射后，闪耀出漫天黄沙都阻挡不住的皇皇光芒，让全世界都眼前一亮。原子弹发射成功后，邓稼先便投身到氢弹研究中。邓稼先把机房当成了家，晚上或是在机房的

地板上和衣而卧，或是彻夜不眠，和其他几位副主任一起通宵达旦地干。1967年6月17日，我国第一颗氢弹成功爆炸。世界再次震惊了。从原子弹到氢弹，美国用了七年零四个月，苏联人用了四年，英国人用了四年零七个月，法国人用了八年零六个月，而中国，却仅仅用了两年零八个月。

2 邓稼先的贡献

2.1 选定主攻方向，突破计算难关

邓稼先选中了中子物理、流体力学和高温高压下的物理性质，这三个方面作为研制我国第一颗原子弹的主攻方向。但仅找到了方向远远不够，美国氢弹之父特勒曾经说过，在研制原子弹和氢弹中，还有一座不可逾越的计算高山。当年美国研制原子弹时拥有世界上最先进的计算机，相比之下，中国的研究设备极其原始简陋——几台简易的手摇计算机、计算尺，甚至算盘都成了宝贝。

手摇计算机是一个机械装置，把数据输入进去之后，用手摇算出结果。用很原始的手摇计算机进行最现代的理论计算，在当时这种景象是长期存在的。

当年苏联专家撤走时曾留下一个技术参数，令人意想不到的是，原以为是助力的参数，却给邓稼先他们带来了巨大的麻烦。为了验证这个参数，邓稼先带领理论小组开启了攻关。一个内容要进行九次运算，每算一遍，要有几万个网点，每个网点要解五六个方程，手摇计算机哒哒的敲击键盘声见证着科学家们夜以继日上万次的方程式推算。斗转星移，历时9个多月时间，他们用来装草稿纸和计算机打孔纸带的大麻袋一直堆到屋顶上。

经过大家对每一个数值反复计算核对后，确定了邓稼先带领的理论部得出的参数才是准确的，苏联专家给的数据是错误的，扫清了中国自行设计原子弹道路上的“拦路虎”。后来著名数学家华罗庚对这次演算评价为，这是集世界数学难题之大成的成果。

2.2 研制氢弹

在原子弹试爆成功后，邓稼先又马不停蹄地加入了氢弹的理论研究设计工作。当时，全中国只有两台每秒运算可以达到5万次的计算机，一台在中国科学院，一台在上海华东计算机研究所。邓稼先留守北京，派于敏坐镇上海。随后于敏在上海取得重大突破，发现了热核燃料自持燃烧的关键所在，一举解决了氢弹原理的重要问题。随后，邓稼先也赶赴上海，和于敏及团队一起，通宵

达旦地推演和计算，最终奠定了氢弹的理论研究设计基础。1967 年 6 月 17 日，中国第一颗氢弹试爆成功。

3 邓稼先的失去

3.1 失去英国深造机会

1950 年 8 月 20 日，邓稼先以《氘核的光致蜕变》一文获得哲学博士学位，这一年，他 26 岁。如此勤奋、聪慧的学生，导师德尔哈尔教授十分欣赏，有意带他去英国继续深入研究，那里平台更大，前景会更广阔。但他没有片刻犹豫，婉拒了导师的好意，拿到学位的第九天，邓稼先就登上了回国的轮船。东方，有他的父母和爱人，东方，还有一个崭新的中国！

3.2 失去健康

1986 年 6 月 24 日，坐落在北京各处的许多大小报刊亭生意异常火爆。这一天的《人民日报》《解放军报》在头版头条刊登了《两弹元勋——邓稼先》的长篇报道，报道了两弹元勋邓稼先为了研制我国原子弹、氢弹等核武器，与爱人许鹿希分别 28 年，隐姓埋名，艰苦奋斗，为祖国奉献了一生的光辉岁月。

而此时，在解放军 301 医院南楼 5 层的 16 病床上，虚弱的邓稼先正躺着接受输血。他的生命已经进入最后阶段。

许鹿希在病床边，为邓稼先念着刊登了他奋斗岁月的特别报道，念着念着，她的声音哽咽了，邓稼先的身体在床上缩成一团，许鹿希知道，晚期癌症疼痛的频繁复发，像个恶魔一样又开始折磨自己的丈夫了。

而作为医学教授的她，对此却束手无策……

1986 年 7 月 29 日，著名科学家、两弹元勋邓稼先因癌症晚期全身大出血逝世。那一年，邓稼先 62 岁。

3.3 失去名利，隐姓埋名

1962 年 9 月，随着中国第一颗原子弹理论设计方案形成，一切终于将转向实战。

1963 年，邓稼先和一大批中国科学家一起，义无反顾地奔向了青海金银滩——这个地方随即从中国的地图上神秘消失了。不过对于邓稼先他们来说，这种“隐姓埋名”算不了什么，比如“邓稼先”这个名字，早就从中国的所有理论刊物和公开报道中消失了好几年了。

4 启示

“热爱祖国、无私奉献；自力更生、艰苦奋斗；大力协同、勇于登攀”的“两弹一星”精神，是邓稼先留给我们的宝贵财富。

科学成就离不开精神支撑，一部科学史，也是一部书写科学家精神的历史。

“科学无国界，科学家有祖国。”习近平总书记这样阐释科学家精神。

一代又一代科学家怀着深厚的爱国主义情怀，凭借精湛的学术造诣、宽广的科学视野，为祖国和人民作出了彪炳史册的重大贡献。从李四光、钱学森、钱三强、邓稼先等一大批老一辈科学家，到陈景润、黄大年、南仁东等一大批新中国成立后成长起来的杰出科学家，都是爱国科学家的典范。

邓稼先牺牲了个人的健康、小家的团圆、个人的名利，换来了举世震惊的护国重器，“鞠躬尽瘁，死而后已”是他一生真实的写照。

殷殷爱国情，拳拳赤子心。新时代更需要继承发扬以国家民族命运为己任的爱国主义精神，更需要继续发扬以爱国主义为底色的科学家精神，把科技成果应用在实现国家现代化的伟大事业中，把人生理想融入为实现中华民族伟大复兴的中国梦的奋斗中。

参考文献：

[1] 彭继超．东方巨响——中国核武器试验纪实［M］．北京：中共中央党校出版社，2005.

[2] 孟昭瑞．梦醒．中国蘑菇云［M］．沈阳：辽宁人民出版社，2008.

[3] 中共中央办公厅，国务院办公厅．关于进一步弘扬科学家精神加强作风和学风建设的意见［Z］．中华人民共和国国务院公报，2019.

[4] 李睿，刘钰汶，祖明远．“两弹一星”邓稼先［J］．我是党史领学人，2021（7）．

作者简介：兰建，绵阳南山中学物理教师，物理组备课组长，优秀骨干教师，新加坡公派留学优秀教练员。多次在国家级、省级刊物上发表论文，多次获高考质量评估特等奖、突出贡献奖。